TRANSTORNOS

DISSOCIATIVOS

Diagnóstico e Tratamento

Anabel González

TRANSTORNOS DISSOCIATIVOS

Diagnóstico e Tratamento

Anabel González

TraumaClinic
Edições

Título: **Transtornos Dissociativos: Diagnóstico e Tratamento**

© 2014 Anabel González
Publicado originalmente em espanhol em 2010.

TraumaClinic Edições
ISBN-13: 978-1-941727-07-2
ISBN-10: 1941727077

Capa: Claudio Ferreira da Silva
Layout: Marcella Fialho
Tradução: Clarissa Cardoso

Para Andrea e Diego

TraumaClinic Edições
SEPS 705/905 Ed. Santa Cruz sala 441
70.390-055 Brasília, DF - Brasil
vendas@traumaclinicedicoes.com.br
www.traumaclincedicoes.com.br

Índice

6: Por Que Ocorrem os Transtornos Dissociativos?   85

7: Neurobiologia e Dissociação 99

8: Corpo e Dissociação 113

II. Tratamento 121

9: Tratamento: Aspectos Gerais121

10: A Relação com O Paciente Dissociativo   131

11: As Etapas do Tratamento: Estabilização   159

12: Trabalho com as Partes   189

13: Tratamento: Processar O Trauma   213

14: Integração e Pós-Integração   231

Bibliografia   247

Mais Livros da TraumaClinic Edições   266

**Para conhecer mais o material da TraumaClinic Edições visite nosso
site:** www.traumaclinicedicoes.com.br

**Para receber mais notícias e aviso de promoções do nosso material,
inscreva-se aqui:**
https://app.e2ma.net/app2/audience/signup/1766739/1732906/?v=a

Paciente com transtorno dissociativo:

Quando tinha 12 anos, comecei a brincar com minha consciência; a mantinha alerta quando queria e, quando não queria, a desligava, como se houvesse um botão voluntário. Decidia quando estar consciente e quando não perceber, ainda que continuasse ali de forma aparentemente normal, participando de uma conversa como uma pessoa qualquer, mesmo que minha boca falasse automaticamente, como se minha mente relegasse tudo ao hábito adquirido pelo meu corpo. É como estar em uma bolha de cristal no meu corpo, o qual atua automaticamente enquanto a outra parte dorme impassível.

Em minha casa ocorreram maus tratos físicos e psicológicos.

Com 14 anos me diagnosticaram com diabetes. Aos 19, anorexia e bulimia. Mais tarde, depressão e ansiedade...

Depois, passei por psiquiatras e psicólogos por outras razões, sou um pouco instável. A questão é que não dão importância ao que descrevi. Nunca deram importância, porque dizem que é um sintoma, mas não de quê. Talvez seja uma doença por si mesma, ou não? Se é, tem tratamento?

Prefácio

Há 10 anos comecei a dedicar-me preferencialmente ao tratamento de pessoas com diversos tipos de traumas. Trabalhava há anos como psiquiatra e, desde o início, havia tratado pacientes com estresse pós-traumático. Entretanto, diagnosticava muito poucos casos de transtornos dissociativos, e nos que diagnosticava, não havia critérios muito bem definidos; consistia mais em um diagnóstico por exclusão. O conceito de estresse pós-traumático complexo não fazia parte do meu marco conceitual.

Tudo mudou quando comecei a trabalhar com o EMDR (*Eye Movement Desensitization and Reprocessing*; em português: *dessensibilização e reprocessamento por meio dosmovimentos oculares*), uma terapia que oferecia resultados muito bons para o transtorno por estresse pós-traumático (TEPT). Dado que deve-se manejá-la com cuidado, e utiliza-se em pacientes gravemente traumatizados ou com dissociação não detectada, comecei a usar escalas de valoração. E, para minha surpresa, os paciente começaram a falar de sintomas que até então não haviam relatado espontaneamente, e que não faziam parte da minha exploração psicopatológica habitual. Eram muitas as pessoas que descreviam esses sintomas que, para meu assombro, durante anos me haviam passado completamente inadvertidos. Como costuma citar um colega e amigo: "A teoria precede a observação". E eu não havia encontrado, até então, uma teoria adequada para avaliar os transtornos dissociativos.

Desde então, continuei me aprofundando no tema, tive debates intermináveis com meus colegas, tratei muitos pacientes e acredito que ainda faltam mil coisas para aprender. Apesar disso, creio ser necessário escrever este livro, para adiantar aos leitores parte do trajeto que venho percorrendo.

Aqui, muitas coisas estão reunidas. Está o quanto meus pacientes têm me ensinado, não somente sobre sua doença, mas também sobre a maneira como os seres humanos sobrevivem às histórias mais duras. Também tentei responder as dúvidas mais habituais, especialmente a todas que meus colegas colocaram com respeito às teorias que lhes apresentei e ao meu modo de trabalhar com esses casos. Reuni a experiência dos alunos que assistiram as minhas aulas, a maneira como aproximaram-se do tema e começaram a aplicá-loem seus pacientes. Tentei refletir tudo que aprendi de tantos especialistas neste campo, aos quais escutei ou li a respeito do tema. Este livro não é um trabalho individual, mas sim a soma de muitas contribuições.

Espero que o resultado seja prático e útil para os leitores. Minha intenção é que os terapeutas adquiram ideias claras de como avaliar a dissociação em seus pacientes e captem os aspectos gerais do tratamento. A abordagem dos transtornos dissociativos não constitui uma terapia, mas a integração de enfoques e orientações bem diferentes, que têm em comum um esquema do processo terapêutico. O leitor não terá que abandonar o paradigma com o qual trabalha, mas incluí-lo dentro deste esquema geral.

Entretanto, é importante deixar claro que este livro não constitui um manual de receitas e nem um tratado aprofundado sobre o tema. Os pacientes com dissociação e trauma complexo requerem, às vezes, intervenções elaboradas e prolongadas. Não é possível resumir os conceitos teóricos, as estratégias terapêuticas e as possíveis situações que apresentam-se em terapia, em um livro introdutório como este. Por isso, as intervenções pontuais que se expõem devem ser manejadas com prudência e sentido clínico.

Os pacientes que sofreram traumas graves precisam de ajuda e de um tratamento que os ajude a superar o dano sofrido, sendo por isso importante que nos aprofundemos sobre esses transtornos e sobre qual terapia deve ser aplicada. A severidade das experiências pelas quais passaram os fazem especialmente vulneráveis às nossas intervenções. Por esta razão, é importante extremar o respeito e cuidado, consolidar nossos conhecimentos e supervisar adequadamente os processos psicoterapêuticos. Este livro não substitui um treinamento específico e nem pode ser entendido como tal.

As perguntas da paciente com as quais este livro começa reflete muito bem a experiência subjetiva de muitos indivíduos que sofrem as consequências crônicas e invalidantes de experiências traumáticas graves. Minha intenção era de que fosse a reflexão de uma paciente, e não a de um autor ou um ditado célebre que encabeçasse o livro. Como profissionais, devemos potencializar a capacidade de escutar, a qual foi reduzida nas últimas décadas, por conta de nossas consultas saturadas e avaliações estandardizadas. As questões colocadas por esta paciente são as que este livro tentará resolver.

Anabel González

Introdução

Paula tem 21 anos. Há dois ingressa em um hospital psiquiátrico, onde diagnosticam um transtorno alimentar não especificado. Outro profissional faz esse mesmo diagnóstico e além disso considera que tem um transtorno limite de personalidade (TLP). Seu estado de ânimo é variável. Um dia seu terapeuta verifica que ela tem cortes superficiais na pele e é comprovado que tem múltiplas cicatrizes de lesões similares em distintas zonas de seu corpo. Reage dando pouca importância, considerando um evento antigo; fala de abusos sexuais na infância com grande distanciamento emocional. Em uma das revisões comenta que tem uma irmã imaginária, dado que seu terapeuta junta à história, mas ao qual não dá relevância.

Esta paciente padece de algum tipo de transtorno dissociativo? Por onde continuaríamos a entrevista a fim de explorar a fundo esta possibilidade? Faríamos isso de fato? Por que entre os diagnósticos recebidos não figura o transtorno dissociativo?

Por quê não se pensou na possibilidade de diagnosticar um transtorno dissociativo nesta paciente?

Existem várias explicações possíveis para isso:

1. A exploração psicopatológica habitual não inclui sintomas dissociativos.
2. Acreditamos que os pacientes dissociativos simulam ou exageram e evitamos fazer perguntas por medo de induzir a sintomatologia.
3. Os casos de abusos sexuais e traumas infantis graves são especialmente severos e muitos profissionais evitam aprofundar-se neles.

1. A exploração psicopatológica habital não inclui sintomas dissociativos

Uma boa exploração psicopatológica é a base do diagnóstico clínico, mas dentro das avaliações iniciais não incluímos aspectos relacionados à dissociação. Refletimos sobre quais perguntas concretas faríamos para explorar sintomas dissociativos neste ou outro paciente...; provavelmente não vem muitas em mente.

Não indagamos sobre a presença de sintomas dissociativos com a mesma minuciosidadecom a qual indagamos sobre a presença de sintomas ansioso-depressivos. Nestes campos exploramos sistematicamente alguns dados, não ficamos somente com o relato espontâneo do paciente. Mas com a dissociação adotamos uma postura distinta, não interrogamos de forma direta: ou o paciente nos conta espontaneamente, ou consideramos que não existe. E, mesmo que nos deem pistas, como a menção de uma irmã imaginária no caso que descrevemos, não vamos a fundo. Por quê?

Mas a questão vai mais além, muitas vezes o diagnóstico de dissociação é um diagnóstico "por defeito", ou seja, não baseia-se na existência de sintomas positivos de dissociação, mas no fato de que não encontramos outra origem clara para o diagnóstico clínico do paciente: por exemplo, uma amnésia sem base neurológica, ou uma quadro alucinatório-delirante que não apresenta os sintomas típicos da esquizofrenia.

As entrevistas estandardizadas de psicopatologia e diagnóstico não incluem sintomas dissociativos, conforme veremos com mais profundidade no capítulo sobre diagnóstico. Quando estudos de prevalência são realizados, as seguintes escalas são usadas: como vamos encontrar um transtorno pelo qual não perguntamos? Encontraríamos a maior parte dos sintamos que vemos se não indagássemos explicitamente por sua existência? Se fizéssemos em outras áreas o mesmo que no campo da dissociação, apenas saberíamos aquilo que o paciente sente como mais angustiante e negativo, e disto, aquilo que o paciente considera que pode ou deve nos contar. Poderiam passar completamente despercebidos sintomas como agorafobia (o paciente ansioso tende a relatar mais os ataques de pânico), compulsões (o paciente pode relatar um estado depressivo, mas talvez não os sintomas obsessivos), alucinações ou delírios (quando o paciente é muito suspicaz ou não tem consciência da doença) e muitos outros. A dissociação não constitui um sintoma diferente: ainda que esteja presente e seja clinicamente relevante, se não a exploramos, muitas vezes não a detectamos.

2. Acreditamos que os pacientes dissociativos simulam ou exageram e evitamos fazer perguntas por medo de induzir a sintomatologia

Geralmente, associamos os sintomas dissociativos à histeria, e a histeria à fantasia e à simulação. Portanto, pensamos em pacientes altamente sugestionáveis e que com o nosso interrogatório, vamos induzir sintomas que eles não têm. Os paciente histriônicos, por sua teatralidade e tendência a "chamar a atenção", responderão afirmativamente sem os sintomas estarem realmente presentes, ou nos farão ver que têm muito mais intensidade do que existe.

Esta atitude dos profissionais não aparece em outros campos das doenças mentais. Por exemplo, perguntamos por sintomas afetivos e muitos pacientes depressivos assumem um papel de doente ou simulam uma doença para obter uma licença ou benefício. Como profissionais experientes, não deixamos de entrevistar os pacientes e de acordo com o que e como nos respondem, temos ideia do quanto as respostas podem ou não ser verdadeiras. Por quê não fazemos isso no campo da dissociação?

Esta associação entre transtorno histriônico de personalidade e transtorno dissociativos está muito arraigada, mas não foi demonstrada empiricamente. De fato, há numerosos estudos que contradizem estas afirmações. Os pacientes dissociativos não só não apresentam rasgos típicos de personalidade histriônica, como nos testes psicométricos de personalidade, associam-se com mais frequência às elevações nas escalas de evitamento, autoagressão, *borderline* e passivo-agressivo (Dell, 1998). Também foi visto uma associação com a escala de paranoia no MMPI-2 (Inventário Multifásico de Personalidade de Minesota-2), o que pode ser igualmente observado nos pacientes com transtorno de estresse pós-traumático (TEPT) (Elhai et al., 2003). Nos pacientes com dissociação mais grave observou-se uma alteração das escalas de MMPI-2 tipicamente associadas com sintomas psicóticos (Allen y Coyne, 1995).

3. Os casos de abusos sexuais e traumas infantis graves são especialmente severos e muitos profissionais evitamprofundar-se neles

Os transtornos dissociativos foram associados a traumas graves e abusos na infância. Nas pessoas que conhecem bem o tema e os sistema de exploração, produz-se, às vezes, uma rejeição emocional diante da severidade dessas histórias, uma espécie de "não querer ver". Não é incomum registrar esse dado no histórico, mas não relacioná-lo à psicopatologia atual. Também não é incomum que o paciente queira falar de um abuso do passado e o terapeuta interprete como uma negação em entrar nos seus "verdadeiros" problemas atuais. Isto varia muitos entre diferentes profissionais, mas não é raro que ocorra.

Muitas vezes, alguns pacientes parecem captar isso de algum modo. Um comentário frequente entre terapeutas que começam aaprofundar-se no campo do trauma psíquico é que os pacientes comentam mais facilmente histórias de abuso ou maus-tratos do que faziam em seus muitos anos de exercício profissional. É possível que isto deva-sea uma atitude diferente por parte do terapeuta na hora de perguntar, ou ao fato dos pacientes intuírem, de algum modo, uma predisposição a serem ouvidos.Para que uma pessoa possa nos dizer "quero contar algo que nunca contei antes a ninguém", deve sentir que de fato pode nos contar isso. Isto dependerá da qualidade da relação terapêutica, mas também da receptividade que o paciente percebe em nós.

Por quê este quadro não foi considerado como um transtorno pós-traumático?

A paciente fala de abusos sexuais na infância. Entretanto, este dado não é considerado nos relatórios anteriores e aparece registrado no histórico apenas como um dado a mais. Além disso, havia vários eventos graves em sua infância e adolescência que incluíam maus-tratos físicos, abusos sexuais intrafamiliares por mais de um abusador e algumas figuras primárias de apego com transtornos mentais importantes.

As classificações internacionais apresentam inconsistência na defesa de uma tipologia descritiva das doenças mentais pretensamente "ateóricas" e não centrada nos mecanismos causais. Mas, ao mesmo tempo, definem entidades como os transtornos mentais orgânicos ou o TEPT, baseando-se em sua etiologia. Entretanto, a predominância do descritivo nas classificações contribui para a minimização dos fatores que geram e mantêm os transtornos mentais na nossa conceptualização dos casos.

No campo da psicoterapia, também assistimos a oscilação entre o maior peso das conceptualizações psicanalíticas no passado e o domínio mais recente da terapia cognitiva comportamental (TCC). A ênfase que a TCC coloca no aqui e agora, diminuindo a importância do passado, provavelmente também contribui para a minimização do papel do trauma na psicopatologia.

Por último, pela forma como o TEPT está definido na Classificação Estatística Internacional de Doenças e outros Problemas Relacionados com a Saúde (CID-10) e no *Manual Diagnóstico e Estatístico dos Transtornos Mentais* (DSM-IV), não há espaço para os transtornos por trauma complexo (Herman, 1992; Van der Kolk, et al. 1993; Pelcovitz, et al., 1997; Roth, et al., 1997). Os eventos traumáticos nos primeiros anos de vida, crônicos, ou reiterados, assim como os problemas de apego, provocam graves alterações na personalidade e no funcionamento geral do indivíduo, e, enquanto um conceito que reflita esse conjunto sintomático não for oficializado, os pacientes continuarão sendo diagnosticados frequentemente com transtorno de personalidade limite (Classen, et al., 2006).

Os TEPT, os transtornos de personalidade limite com base traumática e os transtornos dissociativos e conversivos estão classificados de forma separada. Se existisse um capítulo chamado "transtornos secundários a experiências traumáticas", assim como existe um capítulo para os "transtornos secundários ao abuso de substâncias", e fossemincluídas essas três categorias, provavelmente teríamos um conceito mais unificado que nos permitiria entender melhor o caso de Paula.

Como continuamos explorando sintomas dissociativos neste caso?

Suponhamos que queiramos fazer uma exploração psicopatológica de dissociação. Quais perguntas faríamos ou em quais dados nos fixaríamos?

Um bom ponto de partida é a busca pelos *lapsos de tempo perdido*, períodos fora da consciência do paciente. A pessoa pode relatar que às vezes não sabe o que fez durante horas ou minutos. Pode estar consciente dessa lacuna de informação ou não. No caso que descrevi antes, a paciente não estava: afirmava passar o fim de semana inteiro (três dias completos!) literalmente dormindo. Para ela parecia a coisa mais normal do mundo e era absolutamente incapaz de dar-se conta do que aconteceu nestes três dias. Em outra sessão, entretanto, podia relatar perfeitamente com quem havia saído no fim de semana, mas era incapaz de dizer algo concreto sobre seu trabalho.

Outro sintoma muito importante em Paula, inicialmente oculto, era a presença de *alucinações auditivas*. Ao contar, sente medo de ser considerada esquizofrênica. Tratam-se de vozes múltiplas, que dialogam entre si e com a paciente, com diferentes gêneros e idade. Uma delas é, segundo Paula, responsável por suas autolesões. Além disso, o contato é sintônico e o curso de pensamento normal. E, o mais importante no diagnóstico diferencial, diminuíram com psicoterapia e sem neurolépticos.

Na história inicial, houve a necessidade de fixar-se na alusão que a paciente fez à *irmã imaginária*. Se perguntamos à Paula por ela, descreve detalhadamente uma parte dissociada, dizendo que tem um nome próprio, que interage com ela e que às vezes assume o controle de sua conduta.

É também de nosso interesse que nos descreva *como as autolesões aconteceram*. Inicialmente não dá importância a suas cicatrizes, mas se continuamos perguntando, fica evidente que a paciente não recorda como as provocou. Explica que algumas vezes, de repente depara-se com cortes em seus braços e vê as paredes de sua casa manchadas de sangue, mas não sabe como isso aconteceu. Sua atitude em relação a esses fatos é mais de minimização e ocultação do que de histrionismo.

A história de *abuso sexual* é importante, mesmo que às vezes, não seja conveniente indagar muito em uma primeira entrevista. Deve-se sim, tomar nota do relato espontâneo da paciente e da falta de congruência entre o que conta e a repercussão emocional aparente, o que indica uma dissociação dos elementos da memória traumática.

Isso tudo tem a alguma coisa a ver com o transtorno de personalidade múltipla?

Mesmo havendo reunido todos esses dados na nossa avaliação do paciente, para alguns profissionais é difícil encaixá-los nos critérios de diagnósticos do transtorno de personalidade múltipla. Na classificação americana de transtornos mentais (DSM-IV) utiliza-se o termo transtorno de identidade dissociativo (TID), que será o mesmo que utilizaremos ao longo deste livro. A classificação europeia (CID-10) continua usando a denominação "transtorno de personalidade múltipla"(o emprego da palavra "personalidade" tem sido questionado por muitos autores, uma vez que as partes dissociadas não podem ser consideradas como "personalidades"), confere menos relevância dentro do campo dos transtornos dissociativos e inclusive, questiona a validade do diagnóstico, coisa que não ocorre dentro de nenhum outro grupo de doenças mentais. Esta discrepância entre as duas classificações é o reflexo da controvérsia entre a psiquiatria americana e a europeia em relação ao tema.

O caso que descrevemos cumpre com todos os critérios do DSM-IV para o TID:

Critério A: Presença de duas ou mais identidades ou estados de personalidade (cada uma com um padrão próprio e relativamente persistente de percepção, interação e concepção do entorno e de si mesma).

Paula tem uma "irmã" em sua mente que a induz a auto lesionar-se. Além disso, as vozes na sua cabeça podem ser percebidas com identidades separadas: têm uma existência própria, são vozes definidas e diferentes, com traços característicos, com os quais a paciente mantem diálogos. Cada uma das vozes apresenta uma emoção predominante (tristeza, raiva...) e um padrão característico de conduta: uma delas critica e desqualifica a paciente, a outra chora e grita, outra preocupa-se em manter a ordem...As respostas que dá são coerentes com estes traços.

Critério B: Ao menos duas destas identidades ou estados de personalidade controlam de forma recorrente o comportamento do indivíduo.

Durante horas ou dias, Paula tem o controle. Trabalha e o faz de forma eficiente. Não experimenta mudanças. De repente "desperta" e vê as paredes de sua casa manchadas com sangue: é seu. Há cortes em seus braços. Ela não lembra de tê-los feito. Mas atribui à Rita (a gêmea) essas condutas.

Quando experimenta mudanças na identidade dominante durante a entrevista e o estado mental, "Rita" domina a conduta, manifesta emoções de medo e raiva, tenta cortar-se com diversos objetos que estão sobre a mesa e desenha facas (neste estado, mal pode falar).

Critério C: Grande incapacidade de lembrar de informações pessoais importantes, ao ponto de não poder ser explicada pelo esquecimento comum.

Paula vem um dia para a consulta e fala de seu trabalho. Comporta-se como uma pessoa responsável, um pouco obsessiva e perfeccionista. Neste estado, não se lembra de nenhuma atividade do fim de semana: afirma ter dormido durante três dias seguidos. Outro dia, ou em outro momento da mesma consulta, com uma atitude mais alegre e despreocupada, conta sobre a excursão que fez com seu companheiro e amigos nesse mesmo fim de semana. Do trabalho não consegue dar nenhum detalhe: apenas sabe que foi trabalhar. Estas mudanças entre estados de conduta/memória diferentes ocorrem de uma forma consistente ao longo do tratamento.

Depois de quatro sessões de terapia, um dia chega à consulta desconcertada, não sabe por que tinha que vir, mas traz um papel com a marcação da consulta. Não me reconhece, mas cumprimenta efusivamente o psicólogo que a atendeu pela primeira vez. Ambos conhecíamos a diferentes partes de Paula, mesmo que aqui não houvesse uma conduta que, à simples vista, parecesse extremamente diferente.

Paul Dell (2006) faz uma crítica sobre os critérios de diagnóstico do DSM-IV, afirmando, assim como muitos outros especialistas no campo da dissociação, que estes deveriam ser reformulados. Segundo Dell, o TID apresenta dois grandes grupos de fenômenos dissociativos, dos quais apenas um deles está descrito no DSM-IV: a mudança de uma personalidade para outra com amnésia concomitante. O segundo grupo de fenômenos dissociativos do TID são as intrusões no funcionamento executivo e o sentido de si mesmo por outras personalidades que o DSM-IV não menciona. Esta deficiente definição dos critérios de diagnósticos contribui ainda mais para a importante confusão existente neste campo.

As dificuldades de diagnótico

Há várias razões para que a aplicação destes critérios de diagnóstico não sejam evidentes para a maioria dos profissionais quando estão com seus pacientes:

1. A atitude de ocultação ou minimização

Paula dá pouca importância a muitos de seus sintomas, como as autolesões; de certo modo, acostumou-se a viver com elas. Os transtornos dissociativos são gerados na infância, têm uma continuidade evolutiva e não implicam, em geral, em uma mudança na experiência subjetiva do paciente, o qual cresce com seus sintomas e muitas vezes os considera normais.

Em outros momentos oculta deliberadamente algumas experiências, como as alucinações auditivas. Aqui dá-se conta de que isto não acontece com todo mundo e não comenta nada até adquirir confiança conosco e, então, o faz com medo de que a consideremos louca. Diferente do esquizofrênico, que ouve vozes, o paciente dissociativo tem na maior parte das vezes uma capacidade de razoamento lógico e um juízo da realidade que lhe permite cogitar o que o outro pensará sobre o que se passa em sua cabeça.

Em um número importante de casos, a pessoa não tem consciência do que acontece com ela, por isso apenas podemos obter informação a partir de indicadores indiretos. A paciente não nos diz na primeira consulta que tem lapsos de perda de memória, mas, quando relata suas atividades da semana, fica evidente que há fragmentos da atividade (no fim de semana) dos quais não consegue nos contar nenhum detalhe. Não nos explica que a outra parte dela assume o controle de sua conduta, mas de fato, encontra provas de coisas que ela não se lembra de ter feito.

2. A avaliação da amnésia

A amnésia no TID não se apresenta como nos casos de amnésia dissociativa que certamente nos são mais familiares. O paciente não chega na consulta desorientado sobre quem é ou com esquecimentos evidentes de informações pessoais. O TID é um transtorno crônico e a amnésia apresenta-se de modo episódico ao longo dos anos. Em algumas ocasiões acontece na nossa frente, como quando a Paula chega e não reconhece um ou outro terapeuta que já havia visto várias vezes. Mas a maioria das vezes acontece em sua vida cotidiana e nos comenta posteriormente na consulta: o relato da vida cotidiana é incompleto ou com lacunas, "desperta" no meio de uma atividade que não entende por quê está fazendo, quando nos conta sua biografia não é capaz de dar nenhuma informação sobre determinados anos ou de um evento concreto...O paciente pode estar ou não consciente de suas lacunas de memória.

Às vezes, essas amnésias apresentam-seem forma de contradições em um relato. Por exemplo, em um estado mental, uma paciente pode descrever uma infância feliz, inclusive especialmente bucólica. Em outro momento, pode relatar um evento traumático, como um abuso sexual, informação que posteriormente pode negar. Estas contradições podem ser interpretadas pelo terapeuta como falsidades, mesmo que não exista uma finalidade ou ganho evidente que motive essa conduta.

Em outros transtornos dissociativos ou em transtornos por trauma complexo pode existir amnésia de determinados períodos associados a vivências traumáticas. O paciente pode nos relatar isso de modo espontâneo, nos contando logo no início os sintomas que representam para ele um sofrimento subjetivo. Vejamos um exemplo: uma paciente é encaminhada para avaliação de um quadro de pseudocrise epilética sem origem neurológica, descartada depois uma exaustiva exploração. Não são registrados sintomas dissociativos fora dos episódios de crise dos últimos anos, mas destaca, ao fazer o histórico bibliográfico, que a paciente não tem recordações de infância e adolescência, lembra de sensações, mas não de situações ou momentos concretos. Este dado é muito importante e indica um elemento que nos permite fazer diagnósticos de transtorno dissociativo com mais segurança. Até então, o diagnóstico embasava-se exclusivamente em "não ter encontrado causa orgânica".

3. A presença de partes dissociadas

Esta paciente fazia referências espontâneas sobre a presença de uma identidade alternativa, que ela descrevia como uma "irmã gêmea". Não se trata de um sintoma que estamos habituados a explorar e muitos terapeutas acabam passando por alto, mesmo que a pessoa o exponha. Na maioria dos casos, entretanto, trata-se de um dado que os pacientes ocultam por diversos motivos: para que não pensemos que são loucos, porque acreditam que isso acontece com todos, ou por um segredo que rodeia todos os sintomas (isso é mais frequente quando há antecedentes de abuso sexual). Este fenômeno foi denominado de várias formas, subpersonalidades, álter, estados de ego, estados mentais, ou partes dissociativas. Ao longo deste livro serão utilizados, sobretudo, as duas últimas denominações.

Outro indicador de partes dissociadas são as alucinações auditivas. Existe a crença implícita entre os terapeutas de que as alucinações dissociativas não são alucinações "verdadeiras" e tendem a considerar como elaborações fantásticas ou simulações deliberadas. As características psicopatológicas são diferentes das alucinações esquizofrênicas, mas o paciente consegue descrevê-las como vozes autênticas na sua cabeça, que interagem, ou comentam com ele sobre diversos assuntos. No caso de Paula, havia diversas vozes que falavam com ela e dentre outras coisasessas vozes a ameaçavam, a aconselhavam, a animavam...tinham gêneros e idades distintas e um padrão consistente de atitudes e emoções cada vez que apareciam. Foi ficando claro ao longo da terapia que essas vozes correspondiam-se com partes que, em distintas circunstâncias controlavam a conduta da paciente. Existiam barreiras amnésicas entre elas: em um estado mental não lembrava de coisas que aconteciam, em outro tinha memórias biográficas diferentes...

O caso que usamos como exemplo é de um TID, porque é provavelmente o quadro mais controverso dentro dos transtornos dissociativos. Faremos referência no capítulo 4 a outros quadros incluídos dentro dos transtornos dissociativos, assim como a categoria de transtorno por estresse extremo (DESNOS, de acordo com a sigla em inglês) proposta para sua inclusão no futuro DSM-V.

I. Conceito, Diagnóstico e Etiologia

1: Os Dados Não se Encaixam

Discrepância na prevalência entre distintos países

Provavelmente não exista hoje em dia, dentro do campo das doenças mentais, um terreno mais controverso que o dos transtornos dissociativos. Em países como os Estados Unidos, fala-se de porcentagens em torno de 15-30% (Kluft Foote, 1999; Ross, et al., 1991; Saxe, et al., 1993; Foote, et al., 2006) de diagnósticos de transtornos dissociativos entre os pacientes psiquiátricos. Em outros países são considerados fenômenos bem raros, sobretudo se nos referimos ao transtorno de identidade dissociativo (TID).

Entretanto, os estudos de prevalência não mostram as discrepâncias significativas entre uns e outros, quando empregam-se escalas ou entrevistas estruturadas que avaliam a dissociação (o que não ocorre na maioria dos estudos de prevalência de transtornos mentais em geral). Estudos recentes confirmam a alta prevalência dos transtornos dissociativos (Horen, et al, 1995; Latz, et al., 1995; Knudsen, et al., 1995; Tutkun, et al., 1998; Rifkin, et al., 1998; Friedl y Draijer, 2000; Gast et a;., 2001. Foote, et al., (2006) encontram uma frequência de transtornos dissociativos em pacientes psiquiátricos extra hospitalares de 29%, dos quais 6% teria um TID. Sar (2006) revisa estudos sobre transtornos dissociativos em pacientes psiquiátricos em países como Turquia, Suíça, Alemanha, e Holanda, os quais apontam uma frequência desses quadros entre 4,3% e 10,2% em pacientes hospitalizados, e entre 12% e 13,8% em pacientes psiquiátricos ambulatoriais e de 39,5% na urgência psiquiátrica (Sar, et al., 2007). Nestes estudos foram utilizadas entrevistas psiquiátricas estruturadas amplamente reconhecidas, como a SCID-D (Structured Clinical Interview for DSM-IV DissociativeDisorders) (Steinberg, 1994a) e a DDIS (DissociativeDisorders Interview Schedule) (Ross, 1989).

Alguns estudos sobre psicopatologia geral, que começam a incluir avaliações sistemáticas de sintomatologia dissociativa, destacam que esta está entre os diagnósticos mais prevalentes. Por exemplo, Fortes, et al. (2008) aponta que entre pacientes de atenção primária, 56% apresentava transtornos mentais. Os mais comuns eram a depressão e a ansiedade, junto com o transtorno de estresse pós-traumático (TEPT), dor somatoforme e os transtornos dissociativos. As porcentagens de transtornos afetivos e por ansiedade eram concordantes com outros estudos de prevalência, mas, ao incluir avaliações especificas de dissociação, TEPT, (que não haviam sido usadas em outros estudos), e transtornos somatoformes, comprova-se que estes são igualmente frequentes.

Essas diferenças são mais percebidas se falamos, em particular, do transtorno de identidade dissociativo (*Manual diagnóstico e estatístico dos transtornos mentais* [DSM-IV]), ou transtorno de personalidade múltipla (Classificação Estatística Internacional de Doenças e outros Problemas Relacionados com a Saúde [CID-10]): diversos trabalhos mostram uma prevalência de TID entre distintas populações de pacientes psiquiátricos internados. Sar (2006) reúne, no estudo citado anteriormente, números de diagnósticos de TID entre 0,4% e 5,4 % em pacientes internados, entre 2% e 2,5% em contextos ambulatoriais e de 13% na urgência psiquiátrica. O mesmo pode-se ver em estudos sobre populações gerais: Sar (2007) encontra uma prevalência de TID de 1,1% e de transtorno dissociativo não especificado (TDNE) de 8,3% em mulheres, em um estudo sobre população geral na Turquia.

Em um questionário informal realizado entre meus colegas, todos profissionais experientes, a imensa maioria só recordava, ao longo de sua vida profissional, de um ou dois casos de TID, e inclusive com esses poucos pacientes surgiam grandes dúvidas relativas ao diagnóstico. Alguns deles chegaram a afirmar categoricamente que o transtorno de personalidade múltipla era "uma invenção dos americanos". Inclusive em estudos que apontam uma porcentagem mais reduzida, um a cada 50 pacientes de consulta ambulatorial e um a cada 200 pacientes internados em uma unidade hospitalar psiquiátrica teriam um diagnóstico de TID. Os dados dos estudos partem de diferentes pesquisadores e não são comentários de casos clínicos, e sim diagnósticos feitos com base em uma entrevista padronizada comum. A conclusão mais lógica para esta discrepância é que não utilizamos o mesmo tipo de avaliação clínica para realizar nossos diagnósticos.

Essa situação estende-se à Europa. Van der Hart (1993) faz uma revisão de diversos estudos e afirma que na maior parte dos países europeus, a atitude profissional mais adotada é dizer que "o transtorno de personalidade múltipla não existe aqui". Entretanto, esta atitude está mudando, mesmo que em velocidades diferentes entre alguns países e outros, sendo os Países Baixos e Suíça, os lugares onde mais se diagnosticam e tratam os transtornos dissociativos, onde observa-se uma atitude mais favorável dos profissionais, e onde mais pesquisas estão sendo realizadas.

Leonard, Brann e Tiller (2005) analisam a situação entre os profissionais e pacientes. Apenas 21% dos profissionais experientes relatou ter tratado mais de seis casos de transtornos dissociativos (não especificamente TID). A metade mostrava-se cética ou em dúvida quanto àvalidez do diagnóstico de transtorno dissociativo. Os pacientes, por sua vez, relatavam uma demora no diagnóstico (57% de mais de 3 anos e 25% de mais de 10 anos) 80% havia percebido uma atitude cética ou antagonismo por parte dos profissionais, sendo que 48% sentiu, inclusive, hostilidade.

Os estudos de prevalência em distintas localizações geográficas, realizados por distintos autores, falam de uma frequência desses transtornos que entra em completa contradição com a opinião dos profissionais. Foram descritos casos em países como a China (Xiao, et al., 2006), onde não se é de esperar nenhum tipo de potencialização do diagnóstico por parte dos profissionais. Não há nenhum resultado que sustente que os transtornos dissociativos são casos raros ou que o TID é um fenômeno restrito a determinadas zonas geográficas. Tampouco comprovou-se uma frequência mais alta em países onde o diagnóstico é mais popular ou a predisposição dos profissionais a aceitá-lo é maior. Mesmo que estudos empíricos ainda estejam por ser feitosem muitas áreas, os resultados que dispomos até o momento não sustentam a existência de uma diferença significativa entre alguns países e outros, pelo contrário, confirmam a alta prevalência dos transtornos dissociativos em geral, e em particular, do TID.

Com respeito à apresentação clínica,Coons et al. (1991) destacam que foram descritos casos em muitas regiões e que a sintomatologia é muito similar a dos pacientes descritos na América do Norte, concluindo que o TID não é uma síndrome ligada auma determinada cultura e que provavelmente tem uma distribuição mundial.

O mesmo ocorre de forma mais geral com todos os transtornos de base traumática. Van der Hart et al. (2006) apontam que, em geral, não se estabelece uma conexão entre a sintomatologia do paciente e as situações traumáticas nas quais origina-se, quando estas ocorreram nas primeiras etapas da vida. Se os transtornos de estresse extremo (DESNOS) (Van der Kolk, et al., 2005) forem incluídos como categoria na nova edição do DSM, isto provavelmente favorecerá, em parte, a mudança dessa situação.

É possível que profissionais predispostos a encontrar dissociação façam um diagnóstico errôneo ou excessivo?

É possível dizer que quando começamos a nos aprofundar em um tema, tendemos a enxergá-lo com mais facilidade. E também pode-se dizer que sempre que um diagnóstico inovador é proposto, reagimos com uma mistura de curiosidade e ceticismo. Entretanto, no campo dos transtornos dissociativos, a postura cética é a predominante.

Ainda que a grande quantidade de estudos e literatura existentes sobre dissociação não tenham tido, até o momento, muita difusão no nosso país, conseguimos levar para o outro lado do Atlântico várias polêmicas importantes que desenvolveram-se em torno do TID.Uma delas é a possibilidade que alguns autores apontam de que a alta prevalência do TID esteja ocorrendo de forma iatrogênica, na medida em que profissionais predispostos aos diagnóstico estejam induzindo sintomas inexistentes em pacientes sugestionáveis. Outra polêmica é das falsas memórias, a qual questionou a veracidade das informações sobre abusos sexuais na infância, muitas vezes associados ao diagnóstico de TID. Por último, alguns profissionais questionam o transtorno dissociativo como um diagnóstico independente, considerando-o mais como um elemento assessório de outros quadros clínicos.

A. A evidência empírica confirma a origem traumática da dissociação e não a hipótese iatrogênica (modelo sócio-cognitivo)

Na psiquiatria Americana, Spanos (1994, 1996) defendeu o que denomina de modelo sócio-cognitivo, que afirma que o TID é um fenômeno gerado de forma iatrogênica, a partir de uma entrevista tendenciosa que induz determinadas respostas em pacientes sugestionáveis. Diversos autores expõem como é possível criar sintomas do TID por meio de manipulação experimental ou sugestão e induzir condutas parecidas em sujeitos sugestionáveis. Entretanto, o fato de ser possível induzir sintomas similares a de um transtorno, não significa que o transtorno em si seja uma construção. É possível provocar reações de ansiedade ou depressivas a partir de situações experimentais e isso não nos leva a pensar que os transtornos de pânico, ou que os episódios depressivos sejam "artefatos". Como afirma Kluft (1993), a maioria dos profissionais formados no tema não acredita que um TID completo seja um artefato iatrogênico, mesmo que pensem que os fatores iatrogênicos compliquem ou piorem o transtorno. Tem havido muitas críticas ao modelo iatrogênico, com base na crescente pesquisa sobre o TID (Gleaves, 1996; Cardeña, 1997; Elzinga, 1998; Ross, 1989). Isto tudo, somado à falta de sustentação empírica da hipótese iatrogênica, gerou a recomendação de abandonar esta teoria como uma das explicações etiológicas do TID (Gleaves, 1996).

Mais recentemente, Dell (2006) apresentou as descobertas de seu estudo com o Inventário Multidimensional de Dissociação (MID), que oferece uma evidência importante para a refutação do modelo sócio-cognitivo. Muitos dos sintomas encontrados são subjetivos e não fenômenos externos observáveis pelo terapeuta. Dos 23 sintomas subjetivos encontrados, 15 não eram conhecidos pelos pacientes e nem pelamaioria dos profissionais da saúde mental. Um transtorno induzido pelas influências socioculturais ou pelos profissionais somente apresentaria os sintomas que geralmente associam-se às versões "cinematográficas" do TID.

Outro estudo muito esclarecedor nesse sentido é o de Ross et al. (2008). Os autores comparam duas amostras com níveis similares de maus-tratos físicos e abuso sexual na infância, em dois países bem diferentes: Canadá e China. Entre a população chinesa, a difusão cultural do TID é quase inexistente. Praticamente não há nenhum conhecimento, nem popular nem profissional, sobre o TID neste país, não sendo possível esperar algum tipo de contaminação ou predisposição entre os profissionais, como sugere o modelo sócio-cognitivo. O modelo do trauma da dissociação sustenta que os níveis de dissociação serão similares em diferentes culturas se os níveis de trauma forem similares. O modelo sócio-cognitivo sustenta, ao contrário, que a dissociação não está relacionada com o trauma e que deve-seà contaminação cultural e dos profissionais.

Em países onde esta contaminação não existe, os transtornos dissociativos não deveriam estar presentes. Entretanto, neste estudo, dos 304 chineses avaliados, 14% revelou abuso físico ou sexual, em comparação aos 12,5% entre os canadenses. Ambos os grupos apresentaram níveis similares de dissociação avaliada por meio da Escala de Experiências Dissociativas (DES) e da DDIS. Essas descobertas confirmam de uma forma bem clara a hipótese traumática da dissociação e não são consistentes com os modelos sócio-cognitivos de contaminação ou iatrogênicos do TID.

B. As memórias traumáticas recuperadas são verídicas em uma alta porcentagem dos casos

O segundo aspecto mencionado em relação à polêmica que rodeia os transtornos dissociativos é o Movimento das Falsas Memórias, que surge como resultado do aumento das denúncias de abusos sexuais na infância, realizadas por pacientes em terapia. Este movimento, promovido pelos supostos abusadores denunciados, questiona a veracidade das denúncias e acusa os terapeutas de "fabricar" ou induzir memórias inexistentes em pacientes altamente sugestionáveis. Muitos estudos sobre esse tema foram realizados na tentativa de esclarecer esses aspectos. Mesmo que em alguns casos não tenham sido encontrados fundamentos para as denúncias, diversos trabalhos parecem mostrar que em uma porcentagem importante de casos, o abuso sexual pode ser comprovado por fontes externas ao paciente. Um estudo muito interessante é o de Herman Y Schatzow (1987), que mostrou que, em pacientes que durante o curso da terapia diziam ter sofrido abuso sexual na infância, havia uma confirmação externa de tal informação na maioria dos casos: 74% com certeza e 9% com um alto índice de suspeita. Considerando que o abuso sexual geralmente está rodeado de segredo e ocultação, não é possível descartá-lo com certeza dos casos em que não há confirmação. Kluft (1990) afirma que, com base nos estudos disponíveis, "a presunção de que as informações dos nossos pacientes sobre abusos sexuais na infância devem ser em sua maioria atribuídas à fantasia não parece sustentável".

Outros estudos posteriores contribuíram com dados nesse sentido. Em um estudo de Briere e Conte (1993) pedia-se aos terapeutas que administrassem um questionário aos pacientes que mencionavam memórias de abuso sexual. O questionário consistia em uma variedade de escalas sobre a atual sintomatologia e experiências vitais prévias. Dos 450 indivíduos que relataram abuso sexual infantil, 54% informaram ter tido algum tipo de amnésia do abuso entre o período em que ocorreu, até os dezoito anos. Williams (1994), em um estudo recente sobre população não clínica, entrou em contato com mulheres de até dezessete anos que haviam sido tratadas em um hospital urbano por abuso sexual, cujo período do abuso compreendia desde a infância até os 12 anos de idade. Considerando que muitas das mulheres que não mencionaram abusos revelaram detalhes de sua vida como a vitimização sexual posterior, isto leva a pensar que estas mulheres apresentavam uma autêntica amnésia dessas experiências.

Terr (1991), analisando crianças que haviam sofrido traumas de diversos tipos, aponta as diferenças entre crianças que vivenciaram um abuso limitado e circunscrito (Tipo I) e aqueles que estiveram expostos a um trauma crônico (Tipo II). Um trauma único é relatado de forma extraordinariamente clara e detalhada, de uma maneira muito mais vívida e precisa do que a memória comum. Por outro lado, as crianças com traumas crônicos experimentam uma extensa amnésia, e podem esquecer de segmentos completos de sua infância. É frequente a indiferença à dor, a falta de empatia, a escassa capacidade de definir ou reconhecer sentimentos. Estas crianças dessensibilizadas por um trauma grave e múltiplo, adotam, segundo o autor, a negação massiva.

Kluft (1995) analisou o histórico médico de 34 pacientes com TID, buscando evidência para a confirmação ou refutação das memórias recuperadas. 55,88% havia recebido confirmação clara do abuso infantil. Considerando que esta verificação externa não fazia parte do objetivo da terapia, ao menos uma parte dos42,2% restantespossivelmente teria obtido essa confirmação, se houvesse uma indagação específica. E dada a natureza delitiva e o caráter sigilosoque rodeiam o abuso sexual, haveria de pensar-se na possibilidade de o abuso existir em casos não confirmados.

Chu et al. (1996) descobrem em um estudo de 90 pacientes internados em um programa de trauma, que houve um índice substancial de episódios próprios de amnésia total de abuso infantil físico (20%) e sexual (24%). A esmagadora maioria dos pacientes que tentaram confirmar o abuso encontrou confirmação clara de suas memórias recuperadas.

Hoje em dia, a polêmica em torno desse tema, muito enfatizada na década de 90, diminuiu (Chu e Bowman, 2000). Existe a aceitação de que uma porcentagem importante das informações de abuso sexual são verídicas, havendo uma sustentação empírica maior para as teorias "realistas", que defendem a veracidade das informações de pessoas adultas que sofreram abuso sexual na infância, contra as diversas argumentações das teorias "céticas" (Albach, et al., 1996). Entretanto, deduz-se da pesquisa que é necessário tomar precauções nas entrevistas para não modificar as memórias dos pacientes (ISTSS, 1998; Chu, et al., 1996). É bem provável que tenha existido um trauma grave quando uma pessoa o recorda, mas os detalhes podem ter sido modificados (Brown et al., 1998), por exemplo, por eventos posteriores ou pela forma que a pessoa se lembra deles (Schacter, 1999).

C. O transtorno de identidade dissociativo mostrou ser um diagnóstico válido

Gleaves (2001) analisa o tema com profundidade, concluindo que o TID reúne todos os critérios de inclusão e nenhum de exclusão para avaliar a validez diagnóstica proposta por Blashfield (1990). Estes critérios são:

- Critérios de inclusão:
    - Um volume de literatura que apoie o diagnóstico. Foram publicados 1125 artigos sobre TID somente na década de 90 (Coons, 1999).
    - Critérios de diagnóstico. Não somente estão definidos a partir do DSM-III, como descrições estão reunidas na literatura desde o século XVI.
    - Existência de instrumentos padronizados de avaliação com demonstrada confiabilidade e validez. Além disso, equipes não relacionadas empregando instrumentos diferentes demonstram uma "inter-confiabilidade" nos estudos.
    - Presença de uma síndrome. Blashfield considera que a presença de um critério deve implicar em pelo menos

50% de probabilidade de que a pessoa apresente pelo menos outro critério. Alguns estudos analisando a probabilidade condicional dos itens do DES-T (DES taxon: um grupo de itens do DES mais indicativos de dissociação patológica) parecem confirmar também este critério, mesmo que não existam no momento estudos específicos.

- Diferenciação clara desta categoria com respeito a esses transtornos. Aqui existem vários estudos que mostram que o TID pode diferenciar-se claramente da esquizofrenia, transtorno bipolar, TEPT e transtorno por somatização, mesmo que as últimas duas categorias formem parte do denominado espectro pós-traumático e têm, portanto, pontos comuns.

• Critérios de exclusão:
- Existência de critérios de exclusão. Estão associados aos critérios do DSM.
- Não existência de literatura recente. Mesmo que no nosso país seja possívelnão considerar existência de literatura, em nível mundial, há inúmeros estudos sobre o tema.
- Que as pessoas nos estudos realmente tenham recebido esse diagnóstico. Este critério é em si bastante contraditório e poderia ser considerado positivo ou negativo, dependendo do país onde se realize o estudo.
- Diagnósticos tendenciosos. Mesmo que os estudos mostrem diferenças de prevalência em relação, por exemplo, ao sexo, considerando a relação do TID com o abuso sexual infantil e a maior frequência deste em mulheres, estas diferenças de frequência, em função do gênero, poderiam ser explicadas adequadamente.
- Não existência de uma explicação fisiopatológica e etiológica. Dedicaremos um capítulo exatamente para argumentar esta base teórica.

Não parece, portanto, haver dados reais para se pensar que a alta prevalência do outro lado do Atlântico seja fruto de uma confusão coletiva, mesmo que provavelmente existam casos discutíveis e os índices não sejam iguais em todos os estudos.

Portanto, é possível pensar na existência de um número considerável de pacientes que poderiam ser diagnosticados com transtornos dissociativos, mas que por algum motivo, em muitos países, dentre eles o nosso, estão passando despercebidos.

Estamos olhando o mesmo?

A primeira lição que um residente de psiquiatria aprende é que a base de um diagnóstico é boa exploração psicopatológica. A psicopatologia europeia permite descrições muito ricas dos casos e tem uma grande tradição histórica. Mas...podemos dizer que por esta razão está tudo escrito? O que aconteceria se os instrumentos padronizados que avaliam a dissociação incluíssem perguntas não habituais na exploração psicopatológica padrão? Os pacientes não podem ser tão diferentes de um lado e outro do Atlântico: devemos estar vendo os fatos a partir de uma perspectiva diferente.

Empregando a exploração psicopatológica, descreveremos diferentes fenômenos senos centrarmosem uma parte ou outra da sintomatologia. Se fizermosuma exploração em um paciente psicótico fazendo perguntas unicamente sobre sintomas ansioso-depressivos, nossa descrição será incompleta: não temos o mapa adequado. Se adicionarmos uma entrevista dirigida aos sintomas positivos e negativos da esquizofrenia, obteremos outros dados bem distintos.

Um tema que desperta polêmica

Chama a atenção o quão acalorados são os debates sobre esses temas. Defender o papel das experiências traumáticas prematuras na psicopatologia é criticado como uma tendência que ignora outros fatores etiopatogênicos. Isto é curioso, considerando a extensa minimização, ou até mesmo negação da psiquiatria e psicologia atuais em relação ao papel do trauma nos transtornos mentais. Quando vários diagnósticos são possíveis, as alternativas acabam sendo mais válidas do que a existência de um transtorno dissociativo. A situação mais extrema é a do TID, havendo profissionais que rejeitam completamente, e de forma acalorada, a possibilidade de existir um diagnóstico desse transtorno. É muito difícil para nós, que temos anos de exercício profissional, pensar que um transtorno como este tenha passado diante de nossos olhos sem que o tivéssemos detectado.

Mas, por mais descabida que uma hipótese aparente ser, devemos lembrar que o método científico não nos permite descartá-la com base na impressão que nos causa, mas com base na verificação empírica da mesma.

As hipóteses defendidas neste livro

Primeira: o grupo de diagnóstico dos transtornos dissociativos pode ser definido com base em uma exploração psicopatológica específica que nos permita fazer um diagnóstico positivo, e não por exclusão.

Segunda: empregando os métodos de avaliação adequados, os transtornos dissociativos, em geral, e o TID, em particular, mostrarão uma frequência importante e poderão ser assim diagnosticados, bem como muitos pacientes que até o momento estão recebendo outros diagnósticos. Nos próximos capítulos, tentaremos desenhar um mapa conceitual que nos permita entender estes casos e explicar quais instrumentos podem ajudar em sua avaliação.

Terceira: tanto os transtornos dissociativos como os transtornos de estresse traumático complexo formam parte de um conjunto de patologias de base traumática, sendo estes dois o extremo mais grave do espectro pós-traumático, e o outro extremo o TEPT simples.

Quarta: os transtornos dissociativos são tratáveis e o tratamento apresenta especificidades em relação a outros tipos de terapias. Por isso, diagnosticar um paciente com transtorno dissociativo não significa somente fazer uma reflexão epistemológica sobre qual nome colocaremos nas coisas, mas implica em uma abordagem terapêutica específica, e com isso, em uma melhora no prognóstico desses pacientes. Descreveremos as linhas gerais de tratamento e algumas técnicas específicas para o manejo desses casos.

O leitor poderá decidir se as hipóteses são ou não verdadeiras, depois de ter avaliado os casos a partir de outra perspectiva e de aproximar-se terapeuticamente de seus pacientes com uma ótica diferente. Temos certeza de que, pelo menos, despertaremos a dúvida e a curiosidade.

2: O Conceito Teórico de Dissociação

Este livro tem uma orientação eminentemente clínica e prática. Não se busca aprofundar em conceitos teóricos, nem descrever pormenorizadamente a pesquisa sobre esses temas. Entretanto, é necessário dedicar um capítulo para explicar qual é o conceito de dissociação que será usado, uma vez que trata-se de um termo especialmente confuso atualmente. Os núcleos desta confusão são múltiplos:

1. A palavra "dissociação" é empregada na literatura para designar conceitos diferentes que incluem sintomas, mecanismos psíquicos e transtornos mentais.
2. Existem termos como "conversão" que são mantidos no Manual Diagnóstico e Estatístico dos Transtornos Mentais (DSM-IV) como uma herança da tradição psicanalítica, mas que não se encaixam em uma classificaçãoateórica não embasada no modelo psicanalítico.
3. As classificações internacionais estão embasadas na descrição clínica de sintomas e não no mecanismo etiopatogênico. Por isso, há transtornos conectados por sua etiopatogenia, como o transtorno de estresse pós-traumático (TEPT), os transtornos dissociativos e conversivos e os transtornos por somatização, que estão classificados em distintos capítulos (Van der Hart, et al., 2006). Isto não facilita uma compreensão global dos fenômenos psíquicos por parte dos profissionais.
4. A dualidade mente-corpo, própria do pensamento médico-científico ocidental, levou à separação de transtornos muito conectados, como os transtornos somatoformes, conversivos e dissociativos, embasando-se unicamente no fato de que a sintomatologia expressa-se por meiodo corpo ou de funções psíquicas.
5. Alguns autores falam da dissociação como um fenômeno normal, estabelecendo um continuum que vai desde a dissociação cotidiana e adaptativa até o outro extremo, onde estaria o transtorno de identidade dissociativo (TID). Outros consideram a dissociação como um mecanismo patológico (Putnam, 1989).

6. O conceito de dissociação que estamos acostumados a manejar corresponde a uma diminuição ou estreitamento da consciência. Nesta concepção, encaixam-se bem sintomas como estupor dissociativo ou despersonalização. Entretanto, a psicopatologia do TID, antes chamado de transtorno de personalidade múltipla, não corresponde a uma diminuição do nível de consciência, mas a uma fragmentação da mesma. Para a teoria da dissociação estrutural (Van der Hart, et al., 2006) toda resposta frente a um trauma entende-se a partir deste conceito de fragmentação. No primeiro caso (diminuição ou estreitamento da consciência), estamos diante de uma concepção horizontal dos distintos estados de consciência: de menor a maior, ou vice-versa. O segundo caso (fragmentação), trata de uma concepção vertical da dissociação: há uma cisão ou separação entre distintos estados de consciência, que não deveriam estar em níveis distintos (Fairbairn, 1952; Klein, 1946).

7. Também é controverso se alguns conceitos incluídos nas escalas de avaliação, como a absorção (perder-se ou ensimesmar-se em seus próprios pensamentos, em um filme, etc.), são ou não fenômenos dissociativos.

Para nos orientarmos ao longo deste livro, faremos um percurso pela evolução histórica do conceito e veremos qual é o esquema conceitual mais adequado para entender os transtornos dissociativos.

História do conceito de dissociação

O conceito de dissociação foi definido por Pierre Janet (1859 – 1947), e influirá posteriormente em Freud e Jung (Halberstadt-Freud, 1996). Em seus primeiros trabalhos, Janet propõe uma teoria da dissociação patogênica, ou "desagregação" como uma predisposição constitucional nos indivíduos traumatizados. Conceitua a dissociação como uma defesa contra ansiedade gerada pelas experiências traumáticas, que persistirá em forma de "ideias fixas subconscientes" na mente do paciente, afetando seu humor e sua conduta. A dissociação levará a um estreitamento da consciência, na qual algumas experiências não se associam com outras.

Os trabalhos posteriores de Janet terão mais influência nas teorias de Jung, sobretudo o conceito de "rebaixamento do nível mental". Jung descreverá os "complexos", os quais seriam bastante equiparáveis às "ideias fixas inconscientes" de Freud. Segundo Jung, a estrutura básica da mente normal é formada por "complexos associados a sentimentos", que estão organizados em função de um núcleo temático nas memórias do indivíduo. O ego seria o mais importante dos complexos e constitui o centro da consciência. Jung descreverá estes complexos como relativamente independentes, como fragmentos psíquicos com bastante semelhança ao que posteriormente denominariam-se de estados do ego (Watkins e Watkins, 1997) e as partes dissociadas do TID.

Breuer e Freud inicialmente (1893) consideraram que "a cisão da consciência... está presente em nível rudimentar em toda história e a tendência à dissociação, com a emergência de estados anormais de consciência, é o fenômeno básico da neurose".

Entretanto, Freud abandona em 1897 a visão de que o trauma e o abuso sexual no início da infância eram os causadores da dissociação grave em pacientes histéricas. Em seu lugar, desenvolve a teoria da neurose, em que um trauma interno na forma de desejos infantis e fantasias, em especial o complexo de Édipo, representa um papel dominante na estrutura da mente. Freud descreve o conceito de repressão como o modo em que os pacientes neuróticos afastam ativamente o material conflitivo fora da consciência, podendo voltar em forma de sonhos, sintomas ou símbolos. Apesar desta mudança, Freud continua mantendo o conceito de cisão em trabalhos posteriores.

É curiosa a influência destes trabalhos de Freud no pensamento psiquiátrico. Sua ideia de que os antecedentes traumáticos são produtos da fantasia de pacientes histéricas subjaz a muitos dos enfoques atuais da dissociação, por exemplo, na ideia de que as informações de abuso sexual ou os sintomas dissociativos são "fantasias", ou "chamadas de atenção". E o mais surpreendente é que estes preconceitos encontram-se em vários profissionais que não somente não são psicanalistas, mas que inclusive rejeitam abertamente as teorias freudianas.

Outro conceito importante é a diferenciação entre cisão "vertical", como as que podem ser vistas nos estados dissociativos, e cisão "horizontal" da repressão. Na primeira, os estados mentais não se distinguem por terem um maior ou menor nível de consciência. Qualquer um deles pode ter elementos conscientes e inconscientes e alternar entre o controle voluntário da conduta ou um estado latente. Por outro lado, na dissociação horizontal, ocorre a distinção entre alguns conteúdos conscientes, plenamente acessíveis ao indivíduo, e outros situados em outro plano mais "profundo" e mais dificilmente acessível. Estas formulações foram realizadas pelos teóricos das relações objetais (Klein, 1946; Fairbairn, 1952). O conceito de cisão vertical relaciona-se com a descrição do transtorno de personalidade múltipla que foi desenvolvido na psiquiatria americana das últimas décadas. Entretanto, esta diferenciação entre dissociação e repressão é controversa e provavelmente pouco operativa (Erdleyi, 1990).

Um discípulo de Freud, Paul Federn, terá grande influência no desenvolvimento da teoria dos estados do ego, desenvolvida por Watkins e Watkins na sua terapia dos estados do ego (1997), um tipo de terapia hipnótica. Federn estabelecerá a diferença entre catexia do objeto e catexia do ego, assim como introjeção (um objeto interno, investido de catexia do objeto: está dentro do eu, mas não é parte dele) e identificação (uma representação de objeto pode mudar para uma representação egóica: neste estado o indivíduo começa a falar e atuar como o outro).

Federn e Weiss definirão o conceito de estado do eu como "um sistema organizado de conduta e experiência cujos elementos foram reunidos em função de alguns princípios comuns e que estão separados de outros estados por limites que são mais ou menos permeáveis".

Hilgard (1977, 1994) enunciará a chamada teoria da neodissociação, a partir de seus estudos sobre hipnose, a qual está parcialmente inspirada no trabalho de Janet. Este autor incidira na distinção entre dissociação e repressão: o inconsciente reprimido estaria dominado pelo processo primário do pensamento e seria de natureza irrealista e ilógica. Em contraste, considera a dissociação como um sistema de ideia desconectado da consciência por uma "barreira amnésica", mas que mantem reações lógicas e realistas entre elas.

Esse autor descreveu também o fenômeno de "observador oculto", detectado por meio de hipnose, no qual uma parte da pessoa sabe da presença de uma dor que a parte consciente desconhece. Hilgard questiona o significado desta descoberta, apontando que tal situação se apresentaria em apenas 5 dos indivíduos dentro do grupo dos altamente hipnotizados. Com todos os questionamentos que podem ser feitos a esse respeito, a experiência tem importantes similaridades com as partes dissociadas no TID.

Bowers (1990, 1992) elabora uma modificação da teoria da neo dissociação, na qual rejeita o conceito de barreira amnésica e enfatiza o de alteração do controle. Nem sempre a amnésia está associadas à dissociação. Bowers parte de um modelo de controle hierárquico da mente, no qual haveria uma função de controle superior (metaconsciência) que seria abolida na dissociação e na hipnose. Esta função de controle superior estaria relacionada às áreas frontais do cérebro.

Distintas acepções do termo dissociação

Etzel Cardeña (1994) propõe a seguinte síntese das diversas aplicações do termo dissociação na literatura:

1) Dissociação como módulos ou sistemas mentais não conscientes ou não integrados. Não há uma mente unitária, mas em algum nível falta a integração necessária para que isto aconteça. Dentro desta concepção de dissociação podem encontrar-se três situações.

a) Dissociação como ausência de percepção consciente de estímulos recebidos ou condutas salientes. Estamos escutando, vendo ou sentindo algo, mas neste exato momento não nos damos conta. Podemos também executar algo que foi ensinado sem manter um controle contínuo e consciente da situação. Um exemplo que encaixa-se nesse tipo de experiência seria quando dirigimos um carro de forma automática enquanto conversamos. No âmbito patológico, teríamos uma fuga dissociativa.

b) Dissociação como coexistência de sistemas mentais separados que devem ser integrados na consciência da pessoa, sua memória ou identidade. Isto é o que alguns autores definem como estados mentais ou estados de ego. O caso extremos seria o de TID, no qual estados mentais chegam a controlar a conduta do indivíduo, existindo barreiras amnésicas mais ou menos rígidas entre um estado mental e outro. Este conceito é mais difícil de ser assimilado pelos profissionais e será ele o mais constante neste livro. Se não partirmos desse mapa conceitual, será impossível entender corretamente os transtornos dissociativos mais graves e o planejar o tratamento.

c) Dissociação entre a conduta saliente e a percepção inconsciente com a introspecção verbal que o paciente refere-se. O indivíduo tem acesso à conduta ou percepção, mas existe uma contradição ou inconsistência. Uma paciente sentia a forma como caiam suas lágrimas, mas dizia: "É estranho, porque não me sinto triste..." Outras vezes podemos observar a maneira como um paciente relata um acontecimento traumático sem que manifeste uma reação emocional lógica relativa ao relato. Diferentemente do ponto "a", não se trata de conduta automática. Ocasionalmente, subjacente a esssa conduta pode haver um estado mental dissociado (ponto "b") que está sendo manifestado assim, mas em outros momentos, como no caso comentado neste parágrafo, trata-se de uma integração deficiente entre os aspectos somáticos e emocionais da experiência. A paciente havia sofrido queimaduras muito graves nos primeiros meses de vida e, desde então, suas sensações físicas sempre ocorreram "paralelamente" mas não vinculadas às suas emoções.

2) Dissociação como uma alteração na consciência normal, que experimenta-se como uma desconexão do eu ou do entorno. Na desrealização e despersonalização, esta desconexão é qualitativamente distinta da experiência comum. Ou seja, não se trata de uma simples diminuição do nível de consciência, mas de uma mudança na forma de perceber a si mesmo ou a realidade ao redor.

3) Dissociação como um mecanismo de defesa. Seria uma rejeição intencional, ainda que não necessariamente consciente, de informação emocional dolorosa. As definições prévias (mais próximas às teorias de Jung e Janet) definem a dissociação como um processo automático diante de emoções de alta intensidade (sem que o conteúdo tenha que ser necessariamente conflitivo). A conceptualização como mecanismo de defesa faz parte das teorias psicanalíticas.

Alguns autores definem também a dissociação como um mecanismo de defesa, mas não no sentido psicanalítico, e sim partindo da etologia. A partir desta perspectiva, a dissociação seria análoga à reação de congelamento dos animais que estão sendo atacados por um predador (Ludwig, 1983; Ironside, 1980; Levine, 1997; Scaer, 2001). Sua função seria reservar energia para a fuga, fazer o agressor perder o interesse ou anestesiar a vítima para minimizar o sofrimento.

A teoria da dissociação estrutural

Provavelmente, a teoria mais elaborada e compreensiva sobre os quadros pós-traumáticos, entre eles a dissociação, é a teoria da dissociação estrutural (Van der Hart, et al., 2003, 2006). Para estes autores, a traumatização implica, essencialmente, em um certo grau de divisão ou dissociação dos sistemas psicobiológicos que constituem a personalidade do sujeito. A personalidade normal é considerada a organização dinâmica, dentro do indivíduo, dos sistemas biopsicossociais que determinam suas ações características (Allport, 1961; Janet, 1907). Estes sistemas, também denominados sistemas de ação, são basicamente de dois tipos: uns orientados à sobrevivência (vinculação, cuidados dos filhos, alimentação, etc.) e outros à defesa diante da ameaça (luta, fuga, submissão). Na dissociação produz-se um rompimento em ambos os sistema. Uma ou mais partes dissociadas da personalidade do sujeito evitam as memórias traumáticas e desempenham as funções da vida diária, enquanto uma ou mais partes continuam fixadas nas experiências traumáticas e às ações defensivas.

As partes dissociadas manifestam-se em forma de sintomas dissociativos, negativos e positivos. Os sintomas negativos (ausência de algo que deveria estar presente) podem ser somatomorfos, como a anestesia, ou psicomorfos, como a amnésia. Os sintomas positivos (aparição de) também podem ser somatomorfos, como as pseudocrises convulsivas, ou psicomorfos, como as alucinações auditivas, ou *flashback*.

Esta alternância e coexistência entre a reexperimentação do trauma e a negação do mesmo seria para estes autores o mecanismo essencial do TEPT. A parte da personalidade fixada à defesa e a reexpirementação do trauma é chamada de parte emocional da personalidade (PE). Esta parte contém memórias traumáticas que são diferentes da memória autobiográfica em relação à parte que trata de experiências primariamente somatosensoriais, emocionalmente intensas, alucinatórias, fragmentárias e involuntárias (Brewin, 2003; Van der Kolk e Van der Hart, 1991). Em contrapartida, outra parte da personalidade deve seguir com a vida cotidiana e, para isto, evita os conteúdos traumáticos. Tal parte é denominada por estes autores como parte da personalidade aparentemente normal (PAN). Os sintomas dissociativos negativos do TEPT e do TEPT complexo, este último secundário a traumas prematuros, repetidos ou prolongados (Herman, 1992; Ford, 1999; Pelcovitz, et al., 1997; Roth, et al., 1997; Van der Kolk, et al., 2005), relacionam-se geralmente com a PAN e constituem perdas de funções (paralisia, amnésia) ou de características da personalidade. Os sintomas positivos relacionam-se geralmente com a PE e representam fenômenos de intrusão (pensamentos, emoções ou sensações físicas que emergem na consciência e são egodistônicos ou rejeitados pela PAN).

Com base nestas explicações, os autores estabelecem vários níveis de dissociação:

Dissociação estrutural primária

Está relacionada à reação de estresse agudo, ao TEPT e a alguns tipos de amnésia dissociativa. O padrão básico de resposta pode ser descrito como uma alternância entre a PE, fixada ao trauma e aos sistemas de ação defensivos, e a PAN que leva a vida cotidiana adiante (sistemas de ação da vida diária). A normalidade é, entretanto, apenas uma aparência, na medida em que esta parte da personalidade evita, física e mentalmente, todos os indícios que relacionam-se ao trauma, incluindo seu mundo intrapsíquico, permitindo "viver a vida na superfície da consciência" (Appelfeld, 1994). Em outras palavras, a pessoa pode estar aparentemente bem, mas não permite que surja nada conectado com a experiência traumática. Isto produz mudanças na conduta, personalidade, e estado interno da pessoa, mesmo nos momentos em que não esteja revivendo o trauma: pode estar desimplicado afetivamente, em alerta, etc

Dissociação estrutural secundária

A PE pode, por sua vez, dissociar-se. Isto ocorre em traumas prematuros, prolongados ou repetidos, como os que geram um TEPT complexo. Estes pacientes têm frequentemente diversas PE, representando cada uma um sistema defensivo diferente. Por exemplo, algumas PE podem estar fixadas no choro de apego (a parte triste, inválida, vivenciada algumas vezes como uma "criança"), na negação social (socialmente submissa, a parte "feliz") e na defesa física e relacional (raivosa, temerosa, submissa, partes paralisadas, etc.). Isto tudo é acompanhado de uma PAN única, na qual expressam-se os sistemas de ação da vida diária: vinculação com outros, cuidado, satisfação das necessidades básicas, etc.

A dissociação estrutural secundária pode caracterizar os transtornos relacionados com traumas mais complexos crônicos, como o TEPT complexo (uma categoria proposta para ser incluída no futuro DSM-V, para o qual foi sugerido a denominação de DESNOS: transtorno de estresse extremo não especificado), os transtornos de personalidade relacionados com o trauma (Golynkina e Ryle, 1999) e muitos casos de transtorno dissociativo não especificado (TDNE).

Dissociação estrutural terciária

Nos casos mais extremos, não somente divide-se a PE em várias e diferentes partes entre si, como também divide-se a PAN, estabelecendo-se, então, a denominada dissociação estrutural terciária, que caracteriza o TID. Isto acontece quando a capacidade de integração que o indivíduo tem é tão baixa que não pode desenvolver ou manter uma PAN única. Assim, por exemplo, pode existir uma parte dissociada que é sexual (reprodução), uma parte que é a mãe (cuidadora), e uma parte que vai ao trabalho (exploração). Mesmo que algumas partes dissociadas que aparecem no TID, ainda que não todas, tenham um sentido de independência mais fortes, os autores propõem que conceitualmente não são diferentes daquelas partes encontradas em transtornos relacionados com traumas menos complexos.

A teoria da dissociação estrutural implica muitos mais aspectos que não podem ser resumidos aqui. Aqueles que desejam aprofundar-se mais neste campo deverão ler o imprescindível livro de Van der Hart, Nijenhuis e Steele, El yo atormentado, recentemente traduzido para o espanhol.

O conceito de dissociação que se utilizará neste livro

Aceitando a existência de um continuumnas experiências dissociativas e havendo muitos fenômenos dissociativos que são parte das experiências cotidianas, como a absorção, nos centraremos no extremo deste continuum que pode ser considerado patológico. Nele, nos encontraremos com sintomas que serão quantitativamente (o transe poderia ser considerado o extremo da absorção), ou qualitativamente (estados mentais dissociados) diferentes das experiências dissociativas presentes na população geral. O principal critério para encontrar um caso dentro dos "transtornos dissociativos" será o caráter não adaptativo dos sintomas e a repercussão funcional.

As respostas dissociativas acontecem como defesa diante do trauma, ainda que com o tempo convertam-se em padrões de respostas diante de emoções e situações de diversos tipos. Acreditamos que são reações automáticas e não mecanismos de defesa no sentido psicanalítico, ou seja, carentes de componente intencional.

Mesmo que a desconexão do eu ou do entorno, que é encontrada nos sintomas de desrealização e despersonalização, esteja claramente no campo da dissociação, este livro se centrará menos nestes aspectos. O mesmo ocorre com os fenômenos de inconsistência entre conduta/percepção/expressão verbal. Estes conceitos são mais familiares, já que associam-se em parte com os conceitos de consciente/inconsciente (dissociação "horizontal"), que todos manejamos independentemente de termos ou não uma orientação psicanalítica.

Por outro lado, a coexistência de sistemas mentais separados, a dissociação entendida como fragmentação, é um mapa conceitual que normalmente não empregamos e, em nossa opinião, isto constitui um fator fundamental para a principal confusão em torno do tema que estamos trabalhando. Por isso, os próximos capítulos se centrarão, sobretudo, neste conceito "vertical" de dissociação. Esta concepção da dissociação como fragmentação e como um fenômeno pós-traumático foi amplamente desenvolvida na teoria da dissociação estrutural, a qual tomaremos como referência básica.

3: Não São Todos os Que Estão, Nem Estão Todos os Que São

Como dizíamos nos capítulos anteriores, o diagnóstico dos transtornos dissociativos costuma ser um diagnóstico por exclusão: descartamos outro transtorno mental, descartamos organicidade, se o transtorno é atípico... e somente então consideramos um transtorno dissociativo.

Esta forma de diagnóstico tem riscos evidentes. Um paciente pode ser rigorosamente avaliado e pode-se não encontrar provas de uma base neurológica ou orgânica. O fato de não haver provas nem sempre significa que esse transtorno orgânico de base não exista: simplesmente não o encontramos.

Se não avaliarmos somente "por quê não é orgânico",mas também "em que nos baseamos para dizer que é dissociativo", as possíveis confusões e erros de diagnóstico serão minimizadas.

O mesmo ocorre com outros transtornos mentais. As alucinações "que não parecem esquizofrênicas" não são dissociativas, assim como os quadros "que não se encaixam" ou que não apresentam sintomas típicos de uma psicose esquizofrênica ou outro transtorno mental.

Os critérios que usamos para fazer um diagnóstico de dissociação não são os do *Manual Diagnóstico e Estatístico dos Transtornos Mentais* (DSM-IV) nem os da Classificação Estatística Internacional de Doenças e outros Problemas Relacionados com a Saúde (CID-10), mas, como comentávamos antes, nos guiamos por outros critérios não explícitos que poderíamos resumir assim:

1. Pacientes que apresentam sintomas que não se encaixam nos quadros típicos ou "de livro".
2. O início do quadro coincide em termos de tempo com um fator desencadeante externo.
3. Os sintomas variam na resposta a circunstâncias ambientais.
4. O profissional interpreta a conduta do paciente como tentativa de "chamar a atenção".
5. Detecta-se um ganho ou benefício secundário.
6. O paciente apresenta uma personalidade histriônica ou teatral.

7. O profissional apresenta uma reação emocional negativa diante do paciente.

Por outro lado, nos casos de dissociação não detectados, os fatores que condicionam o não reconhecimento do transtorno são:

1. Contra a expectativa da maior parte dos profissionais, nestes pacientes predomina uma atitude de ocultação ou minimização.

2. Quando sintomas dissociativos ou antecedentes de trauma na infância são detectados, o conceito de fantasia edípica (equiparando fantasia com simulação) faz com que inclusive os psicanalistas considerem que estes sintomas ocorrem por conta de fantasias ou enganação deliberada.

3. As partes dissociadas não costumam apresentar-se de modo evidente, mas por meio de fenômenos de influência, alucinações, pensamentos egodistônicos..., sintomas em geral associados a quadros psicóticos ou obsessivos.

4. A amnésia pode passar despercebida ao não ser mencionada pelo paciente ou ao ser considerada um sintoma de má concentração ou atenção em consequência de um estado de ânimo baixo ou ansiedade.

5. Temor a induzir com a exploração. Este aspecto faz parte do ponto 2. Se entendemos um sintoma dissociativo como uma fantasia ou simulação, tentaremos não sugestionar esses pacientes e, portanto, não realizaremos uma entrevista dirigida. Isto limita a informação que os pacientes querem ou podem transmitir, o que, como explicaremos mais detalhadamente, é apenas uma pequena parte do que acontece com eles.

6. Não dispomos, em geral, de uma exploração psicopatológica suficientemente desenvolvida neste terreno. Perguntamos sistematicamente por sintomas depressivos ou de ansiedade, mas somente exploramos os sintomas dissociativos se vemos alguma coisa evidente e o fazemos de forma parcial.

A seguir, exporemos distintos exemplos de pacientes que ou foram diagnosticados com dissociação, ou não tinham um transtorno dissociativo quando foram avaliados exaustivamente e aos poucos viu-se a evolução; ou, ao contrário, foram diagnosticados com outros quadros e uma avaliação específica mostrou sintomas dissociativos claros. A terminologia utilizada está reproduzida literalmente, modificando-se certos dados da história para preservar a privacidade dos pacientes.

Caso 1

Paciente de 53 anos em tratamento antidepressivo. Dá entrada em Emergências porque, segundo o marido, nega-se a tomar o remédio, sendo necessária a internação. Há 15 dias, sua mãe faleceu e desde então, diz coisas incomuns. Sua família comenta que já estava alterada desde que começou a guerra do Iraque, pois tinha um parente militar. Nos últimos dias, foi a diferentes médicos e fez uma série de exames: analíticos, radiografias, tomografia axial computadorizada...

Os parentes relatam episódios em que ela vai à porta perguntando coisas confusas; fala de mortos; quase não dorme ultimamente; apresenta traços neuróticos importantes. O marido comentaatitudes de suspeita e referencialidade pouco estruturadas. Na entrevista, diz coisas como: "nasci durante a guerra, minha mãe morreu e eu morri também...". Apresenta pararrespostas, labilidade emocional, divaga durante o discurso. Já começou com flutuações de consciência e comportamentos estranhos antes da morte de sua mãe. No enterro disse que havia dois caixões e que o segundo era de um soldado.

É internada em virtude deste quadroe no hospital mostra-se desorganizada e temerosa, com comportamentos exibicionistas e extravagantes, verbaliza medo de preconceito, chora e atira-se no chão. Durante a entrevista, mostra-se pouco colaboradora, sem sinais de medo ou referencialidade. Seu discurso entrecortado ocorre com perda de linha argumentativa.

Seu comportamento é muito histriônico e parece diminuir quando não recebe atenção. Senta-se em uma cadeira em frente à porta, tapa a boca para não contagiar ou ser contagiada, para comer senta-se entre duas cadeiras, coloca-se em uma posição estranha e permanece nela. Chora, queixa-se, fala sem coerência, pulando de um assunto para outro. Às vezes, tem atitudes disparatadas que parecem "exibições de loucura" e podem ser interpretadas como exaltação ou pedido de ajuda. Articula frases isoladas e incoerentes. Não responde a perguntas, queixa-se da equipe, desvia a conversa e começa a falar sobre animais, políticos...diz que morreu em 5 de maio e que nós a ressuscitamos.

Esta paciente foi diagnosticada com um transtorno dissociativo não especificado (TDNE). Se buscarmos os sintomas descritos na CID-10 ou no DSM-IV, não os encontraremos. O histrionismo, o discurso incoerente e as condutas exageradas não formam parte dos critérios de diagnóstico. Pelo contrário, não apresenta amnésia, nem despersonalização ou desrealização. Tampouco são evidenciados diversos estados mentais que assumam o controle da conduta.

O TDNE não é um beco sem saída, e sim uma série de quadros dissociativos como a amnésia, a fuga, a despersonalização ou o transtorno de identidade dissociativo (TID), mas que não reunetodos os critérios para um diagnóstico mais específico. Trata-se de transtornos que têm critérios misturados a partir de distintos transtornos dissociativos. Este não parece ser o caso desta paciente.

Entretanto, este quadro representa muito bem uma situação frequente: o transtorno dissociativo mais diagnosticado é o TDNE. O fato de que uma categoria residual, na qual se deveria incluir apenas a minoria dos casos que não se encaixam bem no restos das categorias do grupo, reúna a maioria dos diagnósticos clínicos evidencia um problema com o sistema de classificação. Além disso, se a inclusão neste grupo não é feita com base em nenhum dos critérios de inclusão em outros transtornos dissociativos, as possibilidades de confusão aumentam.

Esta paciente tinha uma personalidade com traços predominantemente histriônicos, assim como outros pacientes com diagnósticos de depressão, ansiedade ou psicose. Sobre esta personalidade e após um quadro de depressão clínica, apresentou este quadro, no qual menciona ideias estranhas e irredutíveis ao razoamento lógico, demonstra desconfiança e auto-referencialidade pouco estruturadas. Não dorme e apresenta condutas extravagantes e desinibidas. O discurso é incoerente e pula de um assunto para outro. Se lêssemos apenas esta parte dos sintomas e não considerássemos os traços de personalidade que influenciam seu aspecto, e nem a coincidência com a morte da mãe, poderíamos ter pensado em uma psicose reativa breve ou em um episódio maníaco.

A evolução posterior confirmou este último diagnóstico. A paciente confessou posteriormente ter tomado, semanas antes de sua internação, doses de antidepressivo muito superiores às prescritas para tentar superar seu estado de ânimo. Isto pareceu desencadear um quadro maníaco, cuja atipicidade estava em grande parte condicionada pelo estilo de personalidade da paciente. A introdução de eutimizantes produziu uma mudança espetacular no quadro, que evoluiu de forma favorável.

Caso 2

Duas internações psiquiátricas. Na primeira foi registrado que a paciente havia comido muito pouco nos últimos meses, mesmo sem dar muita importância a isso. Mencionou que escutava uma voz na sua cabeça que a mandava fazer coisas. Queixava-se de apatia e desmotivação. Ultimamente, havia estado bastante alterada e, mesmo com o início de tratamento neuroléptico, seu estado piorou. O comportamento era inadequado, apresentava risadas involuntárias e sensação de angústia. Havia um consumo de cannabis significativo, o qual havia abandonado há dois meses.

A personalidade é avaliada com o inventário de Millon e chega-se à seguinte conclusão: trata-se de uma personalidade de tipo predominantemente dependente e esquizóide. Possível transtorno esquizotípico. A hipótese de transtorno psicótico pela necessidade de convencer não é suficientemente verossímil. Síndrome depressivo-ansiosa. Tendência à somatização. Abuso de tóxicos.

Nesta internação, feita com base nas alucinações auditivas, nos fenômenos de influência, nas risadas involuntárias, na alteração geral de conduta, nas mudanças de estado de ânimo e nos traços esquizóides de Millon, é diagnosticada com transtorno esquizoafetivo.

Na próxima internação, destaca-se a exploração do seguinte: ânimo oscilante com labilidade emocional e risadas involuntárias; queixas de apatia, anedonia e cefaleia; menciona ouvir uma voz em sua cabeça que lhe dá ordens, as quais cumpre em muitas ocasiões. Há três meses deu-se conta de que essa voz esteve dentro dela desde os dois anos.

Durante a internação, destaca-se na paciente contato neurotiforme, com sintomatologia flutuante que remitecom manobras de distração e responde a placebo, com mínima repercussão afetiva.

Durante a alta, é diagnosticada com TDNE.

À medida em que formos lendo os capítulos deste livro, veremos que as alucinações auditivas são frequentes no TID e que os fenômenos de influência são para alguns autores os traços centrais (Dell, 2006). Também sabemos que a dissociação não é relacionada com o fator histrionismo nos testes de personalidade como o de Millon e o Inventário Multifásico de Personalidade de Minnesota (MMPI-II), mas é relacionada tipicamente com a negação e o paranoidismo. Por isso, os dados que levaram a um diagnóstico de transtorno esquizoafetivo são precisamente os que teriam nos levado ao diagnóstico de transtorno dissociativo.

De outra forma, teríamos que questionar sobre os motivos que levaram, na segunda internação, ao diagnóstico de transtorno dissociativo. O contato neurotiforme, a sintomatologia flutuante, a melhoria com distração e a resposta ao placebo não são critérios de diagnóstico de nenhuma das categorias de transtorno dissociativo no CID-10 nem no DSM-IV. Provavelmente, o que se destaca é a existência, como comentávamos antes, destes "critérios não explícitos" com os quais diagnosticamos um transtorno dissociativo. Sob estes critérios, pode-se ver uma assimilação da dissociação com a fantasia, o exagero ou a simulação. E nisto reflete-se, provavelmente, a herança da segunda teoria freudiana sobre a histeria fundamentada não no trauma, mas na fantasia edípica.

Avaliando esta paciente de modo mais específico, destacaríamos: uma história de trauma grave na infância que incluía maus-tratos físicos, abuso sexual e um apego precoce muito desorganizado; fenômenos de influência que começam na primeira infância; alucinações auditivas de dois tipos, que constituem introjeções de dois abusadores reais de sua biografia; mudanças definidas do estado mental, que associavam-sea estas duas vozes, que modificavam e controlavam a conduta. Esta paciente apresentava claramente os critérios A e B do diagnóstico de TID, segundo o DSM-IV. Entretanto, não apresentava uma amnésia evidente, razão pela qual não poderia ser considerado um TID, mas sim um TDNE. Dell (2006) questiona, acertadamente, que quadros da gravidade como este e que reúnem características fundamentais do TID não podem ser diagnosticados como tais com base na relevância dada à amnésia no diagnóstico. Para este autor, os sintomas intrusivos e os fenômenos de influência passiva seriam os aspectos mais relevantes no TID, devendo os critérios de diagnóstico serem refletidos desta forma.

Caso 3

Paciente de 32 anos. Há seis anos teve um episódio em que apresentou perda de conhecimento e posterior perda de forças no hemicorpo direito. Realiza-se um diagnóstico inicial de acidente cerebrovascular. Na ressonância magnética cranial, detectam-se pequenos micro infartos na substância branca.

Há três anos, ao começar uma relação amorosa conflitiva, começou a apresentar episódios de perda parcial de consciência, com movimentos tônico-clônicos no hemicorpo direito e importante astenia posterior. É capaz de lembrar o acontecido durantes estes episódios, os quais não parecem estar relacionados a desencadeadores externos. A paciente demonstra estar agoniada pelas limitações implicadas nestes sintomas e reconhece um período de estresse importante, mas não consegue relacionar os episódios com o que acontece a ela.

Durante todo este tempo, o diagnóstico é de epilepsia parcial complexa e, em virtude da má avaliação, é internada em uma unidade específica de epilepsia.

Este caso exemplifica outra situação frequente. As crises epiléticas podem ser confirmadas com um eletroencefalograma em algumas ocasiões. Mas frequentemente estes são duvidosos e não definitivos. Encontram-se lesões na ressonância, mas não são específicas e poderiam corresponder a um achado casual não relacionado com os sintomas. Os medicamentos antiepiléticos produzem um efeito parcial ou nulo, mas isto também ocorre nos casos de epilepsia confirmada... Dedica-se muito tempo e esforço para avaliar e tentar demonstrar ou descartar um transtorno neurológico, o que é importante, mas a avaliação de uma origem dissociativa não é paralela a este processo, recorrendo-se a ela quando já descartou-se a organicidade ou quando há dados confusos.

Quando o neurologista encaminhou-me esta paciente, notou a relação temporal entre o início das crises e os problemas de casal. Isto ocorre com frequência na dissociação: uma relação estressante recente é um dos aspectos que são avaliados. Entretanto, a história de trauma precoce, o qual está muito mais relacionado, em todas as investigações, ao desenvolvimento de um transtorno dissociativo, não foi explorada. Esta paciente relatou uma infância com importantes maus-tratos psicológicos e físicos, dos quais tinha lembranças isoladas, destacando uma amnésia parcial, mas importante e que abarcava grande parte da infância e adolescência. Este fato constitui um sintoma dissociativo relevante, o qual nos direciona a um transtorno dissociativo nesta paciente.

Caso 4

É internada no hospital com 20anos. Tomou uma overdose de remédios de diversos tipos na semana anterior, mesmo sem apresentar ideação suicida na internação, e diz que não se preocupa em morrer. Nos dias anteriores, também fez cortes superficiais nos braços e no abdômen com uma faca de cozinha. Queixa-se de dormir mal e da vida que não merece viver. Tem antecedentes de bulimia que neste momento está estabilizada.

Bebe quando sai, mesmo que não consuma tóxicos regularmente. Não tem parceiro e evita relações íntimas. Tem pouco apoio familiar: uma irmã com a qual não mantém contato vive no exterior, outro irmão é toxicômano, e nãotem boa relação com sua mãe.

Foi tratada com bulimia aos 16 anos. Também sofreu uma internação psiquiátrica com 19 anos por uma autoagressão, mas não deu continuidade às consultas.

É a segunda de quatro irmãos. Seu pai teve um histórico de abuso de álcool e agressividade com a família. A mãe partiu com seus filhos, deixando seu marido quando a paciente tinha 5 anos. Posteriormente mudaram-se inúmeras vezes de casa durante sua infância, cada vez que sua mãe mudava de parceiro.

Durante a exploração está ansiosa, preocupada e pouco centrada. Faz apenas comentários curtos e evita o contato visual. Está aparentemente depressiva e afirma não ter ideias suicidas, mesmo tendo medo de machucar a si mesma se ficar sozinha em casa. Não tem sintomas psicóticos aflorados.

Durante a internação, melhora rapidamente e sente-se feliz de poder ter visto sua vida em perspectiva. Nega ideias suicidas ou desejos de machucar a si mesma. Foi diagnosticada com transtorno adaptativo depressivo.

Estas são as notas da internação da paciente referida na introdução deste livro, a qual rebatizamos de Paula. Não insistiremos neste caso, uma vez que já foi comentado, mas queríamos destacar a diversidade de diagnósticos que não parece refletir o que ocorre com a paciente (bulimia, autoagressão, transtorno adaptativo, mais tarde transtorno limite). Há uma história traumática grave (muito mais extensa que a refletida no relatório de alta) e, entretanto, o julgamento clínico não direciona a um quadro pós-traumático. A paciente é, talvez, o caso mais evidente de TID que tive a oportunidade de tratar, diagnóstico que foi além disso confirmado e contrastado por outros colegas. Entretanto, durante sua permanência no hospital, ocultou dos médicos suas intensas e frequentes alucinações auditivas, e conseguiu controlar suas mudanças de estado mental e encobrir suas lacunas de memória, pelo temor de ficar presa na instituição por tempo prolongado ou permanente.

Caso 5

Paciente de 28 anos. Pediu consulta com seu médico porque "não me parecia normal o que me passava pela cabeça. Não confio em mim mesma, tenho muitas contradições. Desconfio das pessoas, sou dissimulada, às vezes patética, insuportável. Percebo isso sobretudo com meu companheiro. Ao mesmo tempo em que sei que posso contar com ele para tudo, também digo para mim mesma que não posso confiar nele."

Esteve em tratamento há quatro anos por estresse e ansiedade, em virtude de questões profissionais, período em que lhe foram prescritos antidepressivos, os quais deixou de tomar depois de 1 mês, porque não melhorava.

Também foi a um psicólogo, mas apenas por três ou quatro sessões. Tinha a sensação de que ele ria dela.

Agora está com bom ânimo, toma o remédio prescrito há alguns dias na Emergência e parece melhor. Mas às vezes "é como se estivesse evadindo, me escapa a pessoa má que carrego em mim." Descreve que com o tratamento sente-se como se "tivessem tirado uma rolha da cabeça que mantinha tudo em seu lugar".

Na entrevista mostra-se ambivalente em relação à medicação e ao fato de vir à consulta. Por um lado, acredita que necessita ajuda; por outro sente-se como uma cobaia quando passamos à medicação.

Um sintoma importante a ser explorado é a presença de contradições internas, de uma luta pelo controle na mente do paciente. Neste caso, produziam-se mudanças de estado mental constantes. Estes estado mentais não chegavam a controlar por completo a conduta da paciente, mas implicavam em um desgaste e uma tensão muito marcados, o que repercutia no seu funcionamento geral e, de modo muito particular, nas relações interpessoais.

Muitos desses paciente descrevem espontaneamente essas mudanças de estado mental como "partes" diferentes de si mesmo.

Neste caso, estaríamos diante de uma dissociação estrutural secundária.

Com o manual de classificação em mãos, diagnosticaríamos um TDNE. Mas é necessário frisar que nesta categoria, é possível apenas incluir casos que reúnam alguns critérios de outro transtorno dissociativo, mas não a totalidade dos necessários para o diagnóstico, ou que somem critérios de diferentes transtornos do grupo.

O caso desta paciente apontaria para um TID. Cumpriu-se o critério da existência de diversos estados mentais, ainda que não tivessem o grau de estruturação da paciente que descrevíamos nos primeiros capítulos. Estes estados mentais influenciaramsua conduta, levando-a a reações às vezes contraditórias em suas relações. De maneira mais extrema, assumiam a forma de alucinação auditiva intrapsíquica de conteúdo hostil. Aparentemente, não havia amnésia entre estes estado mentais, tendo memória de todas as ações realizadas na vida cotidiana. Entretanto, havia, de fato, um período de sua infância do qual não se lembrava, bem como fragmentos de memórias isoladas que pareciam ser um abuso sexual. Com estes indicadores, poderíamos questionar sobre o cumprimento do critério 3: incapacidade de lembrar-se de informação pessoal importante que parece muito amplapara poder ser atribuída a esquecimento comum. Entretanto, ainda que existissem diferentes estados mentais, estes não eram muito estruturados, e não estava claro, conforme enunciado no critério 1 do TID, a presença neles de um padrão próprio e relativamente persistente de percepção, interação e concepção do entorno e de si mesma. Por isso não a diagnosticaram com TID, e sim com TDNE.

Caso 6

Homem de 43 anos de idade, solteiro. Apresenta isolamento social, instabilidade emocional, e ideação suicida. O único dado que é mencionado sobre a sua infância é o fato de haver passado sete anos de sua vida em um colégio interno. Tem, até o momento, um bom funcionamento laboral.

Após um acidente de trânsito dois anos antes da consulta, desenvolve um quadro de instabilidade emocional, apatia, tédio vital, problemas de sono, negação em andar de carro, pesadelos, hipersensibilidade, aumento do estado de alerta, catastrofismo, tendência à ruminação e medo do futuro.

Além disso, alguns rasgos prévios de personalidade agravam-se: tendência à negação, facilidade para sentir-se decepcionado nas relações sociais, dificuldade para ter intimidade, complacência excessiva em relação aos demais.

No inventário de Millon, rasgos de personalidade esquizóide e de negação são destacados.

Segue psicoterapia cognitivo-comportamental, que não atinge uma melhoria consistente, precisando portanto, de tratamento com antidepressivo e ansiolítico. Com isso diminui o catastrofismo, melhora o ânimo e começa a aceitar suas limitações funcionais após o acidente. Entretanto, comportamentos fóbicos importantes persistem, sendo encaminhado para o tratamento de EMDR (dessensibilização e reprocessamento por movimento ocular).

Na exploração prévia ao tratamento com EMDR, na qual avaliamos sistematicamente a presença de transtornos dissociativos, o paciente menciona que não os comentou com seu psicólogo, apesar deste ser um bom profissional com experiência e ter uma boa relação terapêutica. Alguns os conta sem dificuldade. Ao ser perguntado se havia tido amigos imaginários na infância, afirma: "Sim, e ainda os tenho", e descreve, entre eles, um meninoque em certas ocasiõesassume o controle do seu comportamento. Às vezes, tem amnésia completa destes episódios, dando-se conta de que aconteceram quando chega em casa com brinquedos que comprou, mas sem ter noção do ato.

Outros sintomas não são comentados até uma etapa mais avançada da terapia, e mesmo assim, o faz com grande dificuldade. Sente a presença de uma "uma parte sombria", a qual teme, evita, e tenta controlar sua conduta, mas grande parte de sua energia psíquica dedica-se a evitar que ela emerja. Muitas de suas condutas, como a negação social completa, parecem associadas a este fenômeno.

A forma de apresentação mais frequente do TID é esta. Com distintas sintomatologias, é frequente que os pacientes com TID ocultem ou minimizem os sintomas. Este paciente não apresentou nem com seu terapeuta anterior, nem comigo, nenhum rasgode histrionismo, teatralidade ou simulação. Não era um paciente que demandava atenção, pelo contrário, tendia a abandonar-se e recusar ajuda. Estas observações públicas estavam de acordo com o perfil de suas provas de personalidade.

Alguns sintomas não foram comentados pelo paciente pela simples razão de que ninguém havia perguntado por eles. E seguindo uma exploração psicopatológica clássica em detalhes, é isso o que acontece geralmente. Para ele, esses sintomas existiram praticamente durante toda sua vida e não eram o motivo de sua consulta.

Pelo contrário, os sintomas que o paciente vivia mais negativamente estavam rodeados de intensos sentimentos de culpa e vergonha e, de modo consistente com isto, ele tratava de escondê-los. Chegou à consulta conduzido por seu médico de costume, o qual interpretou como um episódio depressivo de má evolução.

Caso 7

Paciente de 52 anos, sem antecedentes psiquiátricos. Personalidade prévia pouco assertiva, mantem relações sócio-familiares e um funcionamento adequado. Seu pai, com quem mantinha uma estreita relação, morreu há dois anos. Sua mãe apresenta uma doença grave e incapacitante e está aos cuidados de uma irmã.

Há algumas semanas discute com sua irmã com quem já vinha tendo problemas há tempos. Quando morreu seu pai, em seu leito de morte, a fez prometer que cuidaria de sua mãe. No ano seguinte, acontecem enfrentamentos graves entre os irmãos relacionados à divisão da herança. Elavê-se obrigada, em virtude da promessa que fez a seu pai, a mediar o conflito. Isto gera reações contra ela, mesmo renunciando a casa paterna de maior valor em favorda irmã que queria esta parte da herança, associando-a ao cuidado da mãe. A paciente angustia-se, porque segundo ela, sua mãe não está sendo bem cuidada e, quando vai visitá-la, a mãe chora e implora que a leve para sua casa. Isso gera uma grande tensão, considerando a promessa que havia feito ao pai. Quando iniciou o quadro, havia acabado de ter uma briga por telefone com a irmã.

De forma brusca, em virtude deste momento, começa a ficar desorientada. Responde com pararrespostas e frases que não se relacionam com a pergunta feita. Em algumas ocasiões repete a última palavra ou palavras que são ditas a ela. É difícil explorar outra sintomatologia nestas circunstâncias, mas parece não saber muito bem onde está e nem com quem está falando; em alguns momentos faz falsos reconhecimentos. Em outros momentos, pode falar sobre o que aconteceu com sua família de um modo bem coerente.

Tranquilizantes e antidepressivos de diversos tipos foram administrados, sem que se observassem mudanças nos sintomas. O quadro tem até o momento quatro semanas de evolução. A conduta é errática, a paciente está inquieta, sai à rua sem razão aparente e sem objetivo, o que faz com que esteja sempre acompanhada. Em alguns momentos é difícil controlá-la ou convencê-la.

Quem não diagnosticaria esta paciente com um TDNE, considerando o momento em que ocorre, a situação familiar, o grave e insolúvel conflito psíquico?... Um transtorno mental com sintomas difíceis de encaixar, tão cronologicamente relacionado com um evento como este...

Entretanto, não apresenta nenhum sintoma dissociativo característico. Não há amnésia, nem despersonalização ou desrealização. Não há conflito interno, alucinações, fenômenos de influência ou mudanças entre diferentes estados mentais , que podem levar a um TID. Não é uma fuga psicógena. Mesmo que a paciente tenha flutuações de consciência, seu estado não poderia ser classificado como atônito em nenhum momento.

Pelo contrário, ela reúne muitos critérios para o diagnóstico de transtorno psicótico breve (F23.8x, 298.8). Esta categoria diagnóstica está incluída dentro dos transtornos psicóticos, mas, dada nossa concepção de que os quadros psicóticos são de base orgânica, é difícil para nós diagnosticá-la com um transtorno tão claramente relacionado com um fator estressante psicológico. Contudo, os sintomas desta paciente estão claramente descritos no critério A do transtorno psicótico breve: linguagem desorganizada (por exemplo, dispersa ou incoerente), ou comportamento catatônico ou gravemente desorganizado. O subtipo .81 é secundário a um desencadeante grave (psicose reativa breve): se os sintomas psicóticos apresentam-se pouco depois e em resposta aparente a um ou mais acontecimentos que, sozinhos ou em conjunto, seriam claramente estressantes para qualquer pessoa em circunstâncias parecidas e no mesmo contexto cultural.

Apesar da coincidência com os critérios diagnósticos da psicose reativa breve e da ausência de sintomas dissociativos, esta paciente foi diagnosticada com TDNE por vários bons profissionais, a ponto de ninguém prescrever a ela um antipsicótico. Depois de três dias tomando a medicação neuroléptica, a sintomatologia havia remitido por completo e nunca mais voltou a apresentá-la.

Este caso é um bom exemplo de que "não são todos os que estão". E também de que é fundamental que estabeleçamos um diagnóstico positivo, com base em sintomas definidos e em um conjunto de critérios claros, dos transtornos dissociativos. E não somente por motivos de precisão diagnóstica, mas sobretudo porque a abordagem terapêutica dos casos será muito diferente de acordo com o que for enquadrado, como veremos na segunda parte deste livro.

4: Diagnóstico

Vejamos então que tipo de exploração nos levará a estabelecer um diagnóstico positivo desses quadros. Faremos referência aos transtornos apresentados na epígrafe dos transtornos dissociativos (amnésia psicogênica, fuga psicogênica, transtorno de despersonalização, transtorno de identidade dissociativo - TID), aos transtornos conversivos (incluídos na Classificação Estatística Internacional de Doenças e outros Problemas Relacionados à Saúde - CID-10, mas não no *Manual Diagnóstico e Estatístico dos Transtornos Mentais* - DSM-IV, dentro dos transtornos dissociativos) e aos transtornos por estresse extremo (DESNOS), que são candidatos à inclusão em futuras classificações. Não nos estenderemos em outros quadros, como os transtornos de personalidade limítrofe, que têm sido incluídos por alguns autores dentro do espectro pós-traumático, ainda que façamos referência a eles ao falarmos dos DESNOS e dos transtornos dissociativos mais graves (TID e transtorno dissociativo não especificado -TDNE).

Transtorno de identidade dissociativo

Começaremos a exposição pelo TID, já que é o transtorno mais complexo e com o qual estamos menos familiarizados. 94% dos pacientes com TID, ao contrário do que estamos acostumados a pensar, não apresenta uma sintomatologia óbvia. A maioria apenas mostra de forma evidente sintomas dissociativos isolados ou sintomas comórbidos, como ansiedade, depressão ou abuso de substâncias (Kluft, 1985). O TID é um transtorno crônico, com manifestações às vezes sutis e intermitentes (Kluft, 2003). A sintomatologia mais relevante pode permanecer dissimulada e oculta durante uma entrevista clínica habitual.

Mesmo com os critérios diagnósticos em mãos, é difícil encaixar neles os sintomas do paciente, em parte porque o paciente os oculta, em parte porque não perguntamos por eles, mas também porque não temos clara a forma de apresentação destes critérios. No DSM-IV (F44.81, 300.14), são:

A. Presença de duas ou mais identidades ou estados de personalidade (cada uma com padrão próprio e relativamente persistente de percepção, interação e concepção do entorno e de si mesmo).

B. Ao menos duas destas identidades ou estados de personalidade controlam de forma recorrente o comportamento do indivíduo.

C. Incapacidade de recordar informação pessoal importante, que não pode ser explicada por um esquecimento comum.

D. O transtorno não ocorre em virtude dos efeitos fisiológicos diretos de uma substância (por exemplo, comportamento automático ou caótico por intoxicação alcoólica) ou uma doença médica (por exemplo, crises parciais complexas).

Uma paciente esteve internada repetidas vezes em uma unidade psiquiátrica. Havia sofrido, 10 anos antes, uma violência sexual grave. Havia antecedentes traumáticos ao longo de toda sua infância e adolescência, somados ao abandono da mãe e um apego disfuncional com a família que a havia criado. Ao longo do dia, com certa frequência, metia-se em um canto e falava como uma menina pequena atemorizada. Em outros momentos, reagia como se a agressão sexual estivesse acontecendo, especialmente quando estava na presença de homens em idades parecidas aos de seus agressores. Outras vezesautolesionava-se de distintas formas, repetindo de modo automático o que uma voz em sua cabeça dizia a ela. Sentia que essa voz a controlava por completo e lhe dizia que devia "morrer para não sofrer". Não se lembrava em um estado do que fazia em outro.

É tão forte a imagem que temos do transtorno de personalidade múltipla que, a menos que a paciente apresente-se com outro nome e explique claramente que é uma parte distinta de sua própria personalidade, é difícil encaixá-lo nesses critérios. Apesar da claridade com a qual estes estados mentais alternavam, de discutir o caso com a companheira a levava, e DSM-IV em mãos, recebeu alta com o diagnóstico de TDNE.

Quando estamos familiarizados com um diagnóstico, por exemplo, a esquizofrenia, o fato de, em um filme, não aparecer a verdadeira sintomatologia destes quadros não nos influencia. Mas, ao tratar-se de uma patologia que não estamos acostumados a avaliar de modo sistemático, a influência cinematográfica, que mostra muitas vezes uma caricatura muito distante da realidade do transtorno, poderia influenciar não somente a população em geral, mas também os próprios profissionais.

Trazem ao hospital uma paciente encontrada desorientada, com aparente intenção de jogar-se ao mar. A paciente minimiza a importância deste episódio. Quer ir embora imediatamente e insiste que está bem. Há dois anos, sofreu uma agressão grave e esteve a ponto de morrer. Desde então, apresenta sintomas depressivos, períodos de amnésia e mudanças de conduta. Tem antecedentes de um período de amnésia de vários anos na adolescência. Ao ser examinada por um colega, mostra-se muito desconfiada e hostil. Com o tempo, volta a falar com ele com uma atitude completamente distinta, sem recordar a conversa que tiveram. Manipula para preencher as lacunas deixadas pela amnésia. Apresenta mudanças entre uma conduta marcadamente hostil e agressiva e uma atitude suplicante e minimizadora, a qual se reproduz nos dias seguintes. Continua tendo períodos de amnésia.

A primeira hipótese de diagnóstico desta paciente é o TID. O padrão de conduta hostil e desconfiado é persistente. Alterna com estado de normalidade aparente, e outro vulnerável e submisso. Estes estados mentais assumem de forma recorrente o controle da conduta. O critério B não especifica com que frequência se alternam, de forma que, ainda que não comprovássemos como esta sintomatologia se apresenta em sua vida diária, pudemos, de fato, observá-la diretamente. A amnésia era clara tanto no presente como em seu histórico. Entretanto, isto não era tão claro para meu colega, que tinha uma ideia muito diferente do que significava o termo "identidades ou estados de personalidade".

Se isso é assim em casos nos quais a sintomatologia apresenta-se de forma aberta e evidente – e somamos a frequência com que estes pacientes ocultam deliberadamente e minimizam seus sintomas ou não são conscientes deles –, entendemos que a frequência de casos não diagnosticados ou que recebem outros diagnósticos deve ser alta. No que concerne o extremo mais grave do espectro pós-traumático, os pacientes frequentam as consultas e estão presentes nas amostras clínicas. Mas o diagnóstico que recebem é diferente, dependendo do foco dado pelo profissional que os tratam. Poderíamos falar de um perfil de pacienteno qualseja mais provável encontrar-se casos de TID.

Kluft (1987) descreve uma série de sinais sugestivos de TID entre pacientes psiquiátricos:

1. Tratamentos prévios fracassados.
2. Três ou mais diagnósticos prévios.
3. Ocorrência de sintomas psíquicos e somáticos.
4. Sintomas e níveis de funcionamento flutuantes.
5. Dores importantes de cabeça e outros sintomas dolorosos.
6. Distorções no tempo, lapsos de tempo ou amnésia séria.
7. Esquecimento de condutas.
8. Mudanças observáveis pelos outros.
9. Descobrimento de objetos, produções ou escritos entre seus pertences, dos quais não se lembra de havê-los feito ou não os reconhece.
10. O paciente ouve vozes (em mais de 80% dos casos, vivenciadas como intrapsíquicas), que se experimentam como algo separado do indivíduo e que com frequência induzem o paciente a fazer alguma atividade.
11. O paciente usa o "nós" de forma coletiva para referir-se a si mesmo ou fala de si mesmo em terceira pessoa (na minha experiência, isso é bem pouco frequente, sobretudo em entrevistas iniciais).
12. Outras personalidades são evidentes por meio da hipnose ou de entrevistas facilitadas por substâncias, como o amobarbital.
13. Histórico de abuso sexual na infância.
14. Incapacidade de recordar eventos infantis ocorridos entre 6 a 11 anos de idade.

As identidades que surgem por meio da hipnose podem corresponder a estados mentais ou estados de ego e não a álter autênticos ou partes dissociadas de um TID. Os estados de ego são "sistemas organizados de conduta e experiência que estão ligados por um princípio comum e que estão separados por alguns limites mais ou menos permeáveis" (Waltkins e Waltkins, 1997). Diferentemente das partes dissociadas do TID, não existem barreiras amnésicas rígidas entre estes estados e a personalidade principal, em condições habituais, não assume o controle da conduta. O fenômeno do "observador interno" de Hilgard (1977) também não deve ser entendido como uma identidade separada.

Em entrevistas curtas é difícil detectar alguns sinais de multiplicidade, como as transições de um álter a outro. Em entrevistas longas, é difícil para o paciente manter um controle absoluto da conduta e é mais fácil observar mudanças. Às vezes, evidências de TID não são observadas durante a entrevista, mas, ao longo de consultas sucessivas, é possível observar inconsistências no comportamento, lembranças diferentes ou amnésias, que, se observadas em perspectiva, vão orientando-nos a um diagnóstico de transtorno dissociativo. Em algumas ocasiões, os sintomas são apresentados na vida cotidiana do paciente, mas não são muito evidentes. Aqui, pode ser útil pedir informações de pessoas próximas. Pedir ao paciente que escreva um diário, onde é possível detectar aspectos que não se notam na consulta, pode ajudar.

Mesmo com uma avaliação minuciosa e sistemática, alguns pacientes fazem um esforço imenso para ocultar ou dissimular seus sintomas e , em outras ocasiões, são sensivelmente incapazes de recordá-los. Em alguns casos, por exemplo, não são conscientes de suas amnésias. É possível que pessoas próximas chamem a atenção para estes fatos, mas eles podem negar ou reinterpretar seus comentários.

Amnésia dissociativa F44.0, 330.12

A alteração predominante consiste em um ou mais episódios de incapacidade para lembrar-se de informação pessoal importante, geralmente um acontecimento de natureza traumática ou estressante, que é muito ampla para ser explicada pelo esquecimento comum, de acordo com o DSM-IV. A informação mais afetada é a relativa à identidade pessoal: nome, idade, estado civil, ocupação, história de vida... Entretanto, a informação geral não é afetada. Nos transtornos mentais orgânicos, ocorre o contrário: a informação geral é a primeira a ser afetada, permanecendo conservada até o fim a informação pessoal (Putnam, 1989).

Mas que tipos de amnésia estamos considerando neste grupo de diagnóstico? Cinco padrões de perda de memória nestes pacientes foram descritos:

a) Localizada: o paciente não pode lembrar-se de eventos que acontecem em um período limitado de tempo (horas ou dias) depois de um evento traumático.

b) Seletiva: o paciente pode lembrar-se de alguns, mas não de todos os eventos que aconteceram durante um período limitado de tempo.

c) Generalizada: a pessoa não pode lembrar-se de nada de sua vida. Estes casos geralmente correspondem aos que são levados às emergências de hospitais.

d) Contínua: a amnésia cobre o período completo sem interrupção desde o evento traumático até o presente.

e) Sistematizada: a amnésia abarca somente certas categorias de informação, como memórias relacionadas a um determinado local ou pessoa em particular.

A amnésia localizada e a seletiva são as mais frequentes. A generalizada é muito rara. Entretanto, considerando que as primeiras não são detectadas em muitas ocasiões –, uma vez que não as exploramos sistematicamente, e a amnésia generalizada tem uma apresentação evidente e mais expressiva –, somos mais conscientes dos casos que vimos em emergências psiquiátricas.

Vejamos outros casos de amnésia dissociativa:

Uma paciente de 31 anos apresenta um estado subdepressivo crônico desde a adolescência. Não é capaz de lembrar-se de nenhum evento antes desta idade. Não menciona nada no início, porque sempre foi assim.

O sintoma que apresenta na consulta é de ânimo baixo. Entretanto, no seu histórico clínico, destaca-se uma dificuldade para as relações interpessoais e amorosas, e uma tendência ao abandono pessoal em muitas situações. Mantém uma relação complexa com a mãe (manipuladora), carecendo, portanto, de respostas assertivas.

Seguindo os critérios de diagnóstico estritamente, teríamos dúvidas em relação à atitude de aparente conformidade com esta amnésia. Mas, ainda que não produza um mal-estar direto, pareceria lógico que um sintoma dessa envergadura e extensão estivesse atrelado ao seu estado de ânimo e aos diversos problemas que sofria em sua vida e relacionamentos.

Outros pacientes vêm à consulta com um mal-estar profundo diante de uma amnésia de grau similar. Necessitam desesperadamente saber o que aconteceu em suas vidas. Às vezes, têm consciência da existência de situações traumáticas na infância ou de haverem crescido em uma família disfuncional. Entretanto, o aspecto egodistônico do sintoma não deveria ser um critério de gravidade, e sim o contrário. Um paciente que aceita e assume que parte de sua vida está apagada, provavelmente, estará mais afetado em outros níveis do que um que está consciente da anomalia desta situação.

Estes tipos de caso, relativamente comuns, não estão sendo diagnosticados com a devida frequência. As consultas com tempo insuficiente para a exploração têm sua responsabilidade, mas também é um fato que não exploramos esses casos sistematicamente e o paciente não os relata de modo espontâneo. Muitas vezes, fazemos um apanhado específico dos antecedentes psiquiátricos ou perguntamos por problemas na infância e adolescência. O paciente pode contar o que lembra e não apenas oferecer dados, mas não fará referências ao que não pode lembrar-se. Com esta exploração é bem provável que certo número de casos não seja detectado.

Se a amnésia está circunscrita a um período determinado da infância, apenas uma exploração biográfica minuciosa nos ajuda a ver isso. Uma paciente pode relatar em detalhes todos os anos de sua vida, menos o período dos 8 aos 10 anos. Nesta época, vivia em sua casa o companheiro de sua mãe que depois foi embora. A paciente não menciona isso no início, nem ao ser perguntada sobre sua infância, mas apenas ao ser perguntada especificamente sobre lembranças desta etapa de sua vida. Obviamente, não relacionava seus problemas atuais com esse fato, mesmo que a conexão entre o que aconteceu nessa época e a sintomatologia atual tenha ficado evidente posteriormente.

Há um tipo diferente de amnésia dissociativa que também passa despercebida. Trata-se da presença de lapsos ou lacunas de memórias que apresentam-se no dia-a-dia. Podem associar-se a determinadas situações (por exemplo, estados de raiva ou ira, discussões...) ou ocorrer sem que se veja claramente uma associação com um evento externo ou um estado emocional. O paciente pode estar ou não consciente desses episódios. Às vezes, aparece fazendo algo sem lembrar-se de como começou ou encontra provas de ter realizado coisas, as quais ele não se lembra de ter realizado. Em certas ocasiões, insistem com os terapeutas que têm muitos problemas de memória. Mas, podemos atribuir o fato à dificuldade de concentração e a distrações habituais nos estados depressivos, sem fazer uma exploração psicopatológica em detalhes.

Esses lapsos de memória não seriam diagnosticados como amnésia dissociativa, mas como sintomas característicos de um TID. Tais períodos esquecidos correspondem a momentos em que um estado mental diferente do estado habitual do paciente (a PAN ou Personalidade Aparentemente Normal) assumiu o controle da conduta, apresentando uma amnésia completa entre ambos os estados. Esses períodos de tempo perdido correspondem ao sintoma dissociativo isolado mais comum no TID (Coons, 1984; Bliss, 1984; Putnam, 1989).

Um dado importante é não podermos diagnosticar uma amnésia dissociativa em um paciente que tem sintomas de outro transtorno dissociativo, como a fuga psicógena ou o TID. Por isso, a presença de uma amnésia é sempre um dado que deve ser explorado aprofundadamente na sintomatologia dissociativa de outro tipo.

Fuga dissociativa F44.1, 300.13

A alteração essencial desse transtorno consiste em viagens repentinas e inesperadas para longe de casa ou local de trabalho, com incapacidade do indivíduo de recordar-se do passado. Há uma confusão sobre a identidade pessoal ou o aparecimento de uma nova identidade (parcial ou completa).

Às vezes, esta nova identidade é mais desinibida que a original, mas em certas ocasiões é tranquila. A viagem do indivíduo pode vir a ser um deambular caótico, mas tem um propósito e pode incluir uso de transporte público. A apresentação clínica está definida na seguinte citação de Janet:

"De fato, são pessoas loucas em pleno estado de delírio. Entretanto, compram passagens de trem, comem e dormem em hotéis e falam com muitas pessoas... Certamente comentamos que aparentam ser um pouco estranhos, estar preocupados ou em um estado de sonolência, mas, depois de tudo, não são rotulados como loucos..." (Janet, citado em Putnam, 1989). O mesmo autor apresenta uma referência de Charcot: "O mais assombroso nas fugas é que esses indivíduos não sejam detidos pela polícia nos inícios de suas viagens, mas algum tempo depois...".

Não se lembram de sua identidade original em estado de fuga e podem não estar conscientes dessa amnésia. Quando voltam à identidade original, frequentemente têm amnésia dos eventos ocorridos durante a fuga.

A fuga dissociativa pura é pouco comum. Ainda assim, todos nos lembramos de algum caso ao longo de nossa carreira profissional. A manifestação desses quadros é tão expressiva que, quando aparece um caso, o diagnóstico não desperta grandes dúvidas, uma vez descartadas outras patologias orgânicas ou psiquiátricas concomitantes.

É mais frequente a presença de microfugas. São episódios de fugas dissociativas breves, de minutos ou horas. Às vezes, o paciente é encontrado longe de sua casa, mas frequentemente a pessoa "desperta" ou aparece em um lugar sem saber como e nem por quê chegou ali.

Um paciente de 44 anos frequentava há seis meses a consulta da unidade de saúde mental por crises de ansiedade de difícil controle. Sem haver apresentado antecedentes, um dia, sai de casa sem avisar e vai caminhar no bosque. Quatro horas depois é encontrado muitos quilômetros longe de sua casa, informa um nome diferente e não se lembra de nenhum dado de sua vida passada. Afirma estar indo a uma cidade bem distante. Este estado é revertido rapidamente e o paciente consegue ter apenas memórias parciais e confusas de sua caminhada pelo bosque, mas não aonde ia e nem por quê.

Após este episódio, começamos a avaliar mais atentamente a presença de outros sintomas dissociativos neste paciente. Refere-se à presença de alucinações auditivas intrapsíquicas, que fazem comentários hostis constantes sobre o que faz, pensa ou sente. Estas alucinações têm características definidas: identifica quatro diferentes, cada uma com uma idade, gênero e tipo de interação (uma mais fraca, duas críticas e a quarta notadamente hostil). Não havia comentado este sintoma durante os meses que frequentou a consulta, porque a presença das alucinações era algo de muitos anos atrás e não tinha uma consciência clara de que tratava-se de um fenômeno anormal. Era algo que passava em sua cabeça há muito tempo e que, em geral, mantinha sob controle. Para ele, o problema eram as crises de identidade.

A sintomatologia que detectamos nesse momento orientava-nos a um TID. Essas alucinações eram estados mentais com um padrão persistente de percepção, interação e concepção do entorno e de si mesmo. O padrão de interação estava claro pelo relato do paciente: determinada voz sempre fazia comentários em determinadas situações, e sempre do mesmo tipo. Na exploração, ao pedir ao paciente que interagisse com as vozes, foi possível comprovar que elas tinham ideias próprias sobre o paciente e as situações de sua vida. O episódio de fuga dissociativa, somado a lapsos mais limitados de memórias, fazia o caso cumprir com o requisito da amnésia. O que não estava claro era até que ponto essas identidades assumiam o controle da conduta. Não ficou claro se a identidade assumida no episódio de fuga era uma delas, e este aspecto era difícil de valorar. Em algumas ocasiões, o paciente manifestava uma hostilidade subliminar, em aparente contradição com seu estilo de personalidade de assertividade nula e orientada a cuidar e superproteger pessoas a sua volta. Mas dizer que isso representava uma identidade alternativa controlando os atos do paciente seria forçar o diagnóstico de TID. Por isso, o diagnóstico clínico desse caso seria o de TDNE.

Expusemos este caso para frisar a importância de explorar outros sintomas dissociativos em pacientes com um quadro aparentemente claro de fuga psicógena. O diagnóstico diferencial não acontece unicamente com os transtornos mentais orgânicos, quadros tóxicos, esquizofrenia ou transtorno bipolar. Devemos pensar que é mais frequente que uma fuga dissociativa esteja inscrita em um transtorno dissociativo mais complexo como o TID.

Vejamos outro caso mais claro:

Trata-se de uma paciente que frequenta as consultas em idade adulta com diagnóstico de TID. Refere-se a um episódio de fuga psicogênica aos 16 anos de idade. Saiu de casa, sem nenhuma razão concreta, até onde podelembrar-se. Não tem lembranças completas de sua infância, o que levanta suspeitas de uma situação familiar complexa. Durante a fuga, sentia-se uma pessoa distinta, e este estado mental persiste até a idade adulta, configurando uma das partes dissociadas. Tem lembranças parciais e confusas deste período de fuga que durou vários meses. Fica com uma família sem recursos, "porque desejava que eles fossem sua família". Neste contexto, sofre várias situações traumáticas, diante das quais não é capaz de responder. Está em um estado alterado de consciência que a permite realizar atividades e rotinas, mas que desconecta e anula sua vontade, impedindo-a de reagir de modo adequado diante do que sucedia. Finalmente, a encontram e a devolvem a sua casa.

Adulta, apresenta diversos problemas: abuso de drogas com sintomas psicóticos secundários, uma grave fragmentação da personalidade, com diversas partes que assumem o controle da conduta de forma contínua e caótica, levando a uma grave repercussão funcional, dificuldades nas relações interpessoais e no funcionamento geral.

Reúne neste momento, todos os critérios do TID. É evidente que qualquer transtorno psiquiátrico melhora seu prognóstico quanto antes for detectado e tratado. Valorou a situação como "uma adolescente que foge de casa". A grave psicopatologia subjacente continuou ativa durante muitos anos.

Transtorno de despersonalização F48.1, 300.6

É definido pelo DSM-IV como experiências persistentes ou recorrentes de distanciamento ou de passar a ser um observador externo dos próprios processos mentais ou do corpo (por exemplo, sentir como se estivesse em um sonho). A noção da realidade permanece intacta.

Como ocorre com a amnésia ou com a fuga dissociativa, o transtorno de despersonalização é um sintoma frequente. Apenas podemos diagnosticar um transtorno por despersonalização se estão ausentes outros sintomas dissociativos que configurem um transtorno mais complexo.

Além disso, a despersonalização como sintoma aparece em um amplo leque de patologias tanto neurológicas como psiquiátricas. Putnam (1985) aponta que os sentimentos de despersonalização aparecem em 15-30% de todos os pacientes psiquiátricos, independente do diagnóstico. Foi descrito na esquizofrenia, depressão, fobias e ansiedade, transtorno obsessivo-compulsivo, abuso de substâncias, privação de sono, epilepsia do lóbulo temporal e enxaquecas.

A pessoa pode sentir-se irreal, como em um sonho, sem vontade própria, morta, com um sentimento de estranheza em relação a si mesma ou qualquer outra modalidade de mudança significativa em relação ao seu estado habitual de consciência. São frequentes as alterações sensoriais, como anestesias, parestesia, alterações na percepção do tamanho do corpo ou de partes dele, ou a experiência de ver-se do lado de fora do corpo. Pode ter também a sensação de influência passiva, de que seus atos ou sua voz não estão sendo controlados por ela.

O início é brusco e a recuperação é gradual. Apenas em 10% dos casos é persistente (Putnam, 1985).

A experiência de ver-se do lado fora do corpo merece um comentário à parte. São fenômenos frequentes e, ainda que se apresentem nos transtornos graves como o TID, também podem ocorrer em pessoas sem patologias associadas. Pesquisas em estudantes mostram que até 25% afirmaram ter tido alguma vez uma experiência assim (Hart, 1954). Quando ocorrem em pessoas que não são pacientes psiquiátricas, são associadas com momentos de relaxamento físico e calma (Twernlow, et al., 1982), ocorrendo apenas em 10% dos casos, segundo este estudo, após eventos traumáticos.

Transtornos de conversão

Os estudos de prevalência apontam uma frequência do transtorno de conversão que varia de 0,02% a 5,6% na população em geral (Stefánsson, et al., 1976; Deveci, et al., 2007), até 48,7% se falarmos de sintomas de conversão que seapresentamao longo de toda a vida (Sar, et al., 2009) e 4,5% em pacientes psiquiátricos ambulatoriais (Deveci, et al., 2007). Bowman (2006) reúne diversos estudos de prevalência que apontam a frequência com a qual os transtornos de conversão, em particular, as pseudocrises, ocorrem entre os pacientes com outro transtorno dissociativo e aponta a importância de considerar estes transtornos dentro do capítulo geral sobre transtornos dissociativos. Mondon, et al. (2005), encontram em 70% dos pacientes com pseudocrises epiléticas pelo menos um transtorno mental comórbido, estando entre os mais frequentes os transtornos de estresse pós-traumático (TEPT), transtornos somatomorfos e os transtornos dissociativos.

A classificação europeia CID-10 fez uso desses e outros estudos, configurando um capítulo geral de transtornos dissociativos, no qual estão incluídos os transtornos dissociativos de conversão. É denominado de transtorno dissociativo motor e sensitivo (F44.4-F44.7) e dentro deles estariam:

a) Transtorno dissociativo motor (paralisia total ou parcial, falta de coordenação de movimentos – ataxia –, tremores ou sacudidas de uma ou mais extremidades e, em geral, sintomas que parecem um transtorno neurológico. Também pode apresentar afonia ou distonia).

b) Convulsões dissociativas.

c) Anestesia e perdas sensoriais dissociativas, mais frequentemente perdas da sensibilidade cutânea e da visão. A surdez dissociativa e a anosmia são bem menos frequentes.

No DSM-IV, os transtornos dissociativos de conversão estão incluídos dentro dos transtornos somatomorfos, mesmo que hajam muitos motivos para sua inclusão no grupo dos transtornos dissociativos. Há também mudanças sutis de matiz entre as duas classificações. O DSM-IV, que dá mais relevância ao TID, também inclui na descrição dos critérios diagnósticos que "o sintoma ou déficit não é produzido intencionalmente e não é simulado". A classificação CID-10, ao contrário, introduz na descrição considerações como "a avaliação do estado psicológico do paciente e de sua situação social sugere que a incapacidade funcional em consequência dos sintomas pode estar ajudando o paciente a escapar de conflitos desagradáveis ou a expressar de uma maneira indireta uma necessidade de dependência ou um ressentimento", e que "pode haver uma busca de atenção somada a um núcleo central e invariável de perda motora ou sensitiva que não está sob controle voluntário". Estes detalhes apontam para o receio que a psiquiatria europeia tem em relação aos transtornos dissociativos, reforçando o possível componente de benefício secundário ou chamada de atenção. Também é destacável que estes quadros conectam-se com fatores estressantes atuais, mas não com um histórico de trauma precoce.

De qualquer forma, seria mais adequada a inclusão dos transtornos conversivos entre os transtornos dissociativos, a nosso critério, como afirmam diversos autores de relevância no campo (Brown, et al., 2007; Espírito-Santo e Pio-Abreu, 2009). Os pacientes com transtorno de conversão têm com frequência outros sintomas dissociativos ou apresentam critérios para outro transtorno do grupo (D'Alessio, et al., 2006). Na hora de avaliar as pesquisas sobre o tema, deve-se destacar que a maior parte dos estudos que analisam a comorbidade psiquiátrica nos transtornos psiquiátricos não exploram a presença de outro transtorno dissociativo, já que, como veremos mais adiante neste capítulo, as entrevistas padrões habituais não exploram a sintomatologia dissociativa (Bowman,

2006). Dois estudos, de Bowman e Markand (1996) e Tezcan, et al. (2003), exploram transtornos dissociativos com a SCID-D (do inglês StructuredClinical Interview for DSM-IV DissociativeDisorders, entrevista específica da SCID para dissociação). Em seu estudo, Tezcan, que reúne 59 casos com diversas apresentações de transtornos conversivos, encontra 30,5% de transtornos dissociativos mais complexos, entre eles 15% de TID, ou 13,5% de TDNE. Em seu estudo, Bowman e Markand, centram-se nas convulsões de dissociação (pseudocrises epiléticas) e encontram 91% de outros transtornos dissociativos. Bowman analisa também diversos estudos que mostram porcentagens elevadas, ainda que com metodologia muito variável.

Nijenhuis (2000) propõe, retomando a teoria de Janet (1907), uma conceptualização conjunta dos transtornos dissociativos e de conversão, denominando-os de dissociação psicológica e somatomorfa. Desenvolverá com outros autores (1996) o SDQ-20, um questionário de dissociação somatomorfa. Este questionário tem uma alta correlação com outras escalas de dissociação, o que representa uma importante evidência de que a conversão pode ser uma forma somática de dissociação. Van der Hart, Steele e Nijenhuis elaboram na teoria da dissociação estrutural uma visão conjunta, compreensiva e integradora de todos estes elementos, em que a dissociação somatomorfa é apenas umas das possíveis expressões da patologia dissociativa, gerada no trauma, por meio do mecanismo dissociativo entendido como fragmentação.

Transtorno por estresse extremo

O conceito de TEPT foi incluído pela primeira vez no DSM-III (1980). Baseou-se na observação de respostas a eventos traumáticos concretos e limitados no tempo (Draijer, et al., 2008). Em seguida, este diagnóstico mostrou-se insuficiente para descrever sintomas que se apresentam em situações de violência interpessoal, como maltrato ou abuso sexual: a culpa, desconfiança com os demais, a revitimização, a somatização, os sintomas dissociativos... (Walker, 1984; Terr, 1991). Judith Herman (1992) cunha o termo "transtorno de estresse pós-traumático complexo" para descrever uma apresentação clínica característica dos sobreviventes de traumas prolongados e repetidos, no qual a vítima estava submetida ao controle do perpetrador. Esta autora, junto com Van der Kolk, Pelcovitz e outros, desenvolve o conceito e defende sua inclusão em futuras classificações internacionais (Van der Kolk, et al., 1993; Van der Kolk, et al., 1996).

Classen (2006) fala do transtorno de personalidade pós-traumática, como uma reformulação do TEPT complexo e do transtorno limítrofe. Entretanto, o termo predominante atualmente é DESNOS e é o que possivelmente será incluído nas próximas edições do DSM (Van der Kolk, et al., 2005).

Uma paciente de 24 anos frequenta de forma muito irregular o tratamento há dois anos. Atende a uma de cada duas ou três sessões programadas, caindo em estados de abandono, retraimento e inibição. Autolesiona-se com frequência com cortes bem profundos, algumas vezes correndo risco de vida. Tentou suicídio. Custa a acalmar-se quando está ansiosa e pensa com frequência em autolesionar-se. Apresenta sintomas de despersonalização e sente que há duas partes dela lutando internamente pelo controle. Estes sintomas dissociativos não são, entretanto, os mais proeminentes e intensos no quadro, destacando-se a afetação generalizada de sua personalidade. Sente que não tem nenhum controle sobre sua vida e nenhuma esperança no futuro. Apresenta dificuldade para as relações interpessoais. Sente culpa por uma série de coisas e considera-se indigna e inferior em relação aos outros.

Em seu histórico, destaca-se uma infância em uma família muito disfuncional, tendo sofrido durante vários anos abusos sexuais por parte de um familiar. A relação com seus pais oscilava entre o abandono e o maltrato regular. Sente muito incômodo ao falar sobre esses temas, como se estivesse sendo injusta com seus pais. No relato do abuso sexual, destacam-se os sentimentos de vergonha e culpa, apesar disso ter deixado de acontecer há 10 anos.

Este quadro poderia serinserido em transtorno de personalidade *borderline*, com o qual de fato, há muitos paralelismos. Entretanto, suas relações não podem ser qualificadas de instáveis, pois tende mais à evitação e ao isolamento, e não faz esforços desesperados para evitar ser abandonada. O mais frequente é ela abandonar-se em seus estados depressivos. Sua identidade é negativa, mas não variante em relação ao exterior. Apenas demonstra um conflito e certa fragmentação em nível intrapsíquico. Provocou autolesões, mas não foi impulsiva em outras áreas. Seu estado emocional varia apenas em relação à intensidade de seu estado depressivo e nunca apresentou ideação paranóide.

Considerar este quadro um DESNOS, ao invés de transtorno limite, descreve melhor suas características e sua origem pós-traumática, e permite-nos, portanto, conceituá-lo e tratá-lo de modo mais adequado.

Instrumentos psicométricos

Num campo como o de transtornos dissociativos, em que não temos automatizada uma exploração psicopatológica completa, a utilização de instrumentos padronizados é particularmente útil. Uma escala ou entrevista servirá de roteiro inicial, um esquema. Quando utilizarmos esse esquema por tempo suficiente, provavelmente, ele deixará de ser necessário para fins clínicos.

Se um terapeuta decidir aplicar, sistematicamente, uma entrevista padrão de sintomas dissociativos em seus pacientes habituais, provavelmente, descobrirá que boa parte desses paciente apresenta sintomas dissociativos, que, para sua surpresa, não havia percebido antes. Uma das perguntas da DDIS (sigla em inglês para Entrevista Estruturada para Transtornos Dissociativos; Ross, 1989) é se o paciente teve amigos imaginários na infância. A resposta do primeiro paciente submetido à entrevista, sobre o qual comentamos nos parágrafos anteriores, foi: "Sim, e ainda tenho alguns". Então, começou a descrever uma criança que, às vezes, assume o controle de suas condutas: "De repente, percebo que comprei um monte de brinquedos e me vejo com eles em casa. Sei que fui à loja, mas não me recordo do que aconteceu lá". Depois, falou de uma parte muito negativa, que o assusta. Antes de passar por essa entrevista, havia sido avaliado por dois profissionais experientes, quando relatou diversos sintomas de ansiedade e depressão, além de um severo isolamento social com raiz em um incidente traumático, mas nada de outras partes nem sintomas dissociativos. Simplesmente, não lhe perguntaram e ele tinha vergonha de comentar isso.

Descreveremos os instrumentos psicométricos mais relevantes:

1. Os instrumentos de *screening* são escalas breves, autoadministradas, que nos permitem filtrar um grupo de pacientes que demandam uma avaliação mais detalhada. Não permitem fazer diagnósticos, mas nos dão uma ideia quanto à presença de sintomas dissociativos. Por serem

escalas autoadministradas, são menos confiáveis que a entrevista direta. Mais adiante, falaremos da Escala de Experiências Dissociativas (DES) e do Questionário de Dissociação Somatomorfa (SDQ-20, sua sigla em inglês).

2. Escalas diagnósticas autoadministradas e questionários de avaliação: o Inventário Multidimensional de Dissociação (MID) e o Exame de Estado Mental para a Dissociação.

3. Entrevistas estruturadas: são os instrumentos mais confiáveis e permitem fazer diagnósticos clínicos. Comentaremos as características da SCID-D, DDIS, IDDTS (sigla em inglês para Entrevista para Transtornos Dissociativos e Sintomas relacionados com o Trauma) e SIDES (sigla em inglês para Entrevista Estruturada para Transtornos de Estresse Extremo).

Escala de experiências dissociativas

A DES (Bernstein e Putnam, 1986) é uma escala de *screening* de 28 itens. É um bom filtro para passar sistematicamente a todos os nossos pacientes, selecionando desde o início aqueles que precisam de uma avaliação mais detalhada. Sendo autoadministrativa, breve e fácil de empregar e corrigir, não supõe um aumento de trabalho para o terapeuta.

Existem duas versões autorizadas: a DES (Bernstein e Putnam, 1986) e a DES-II (Carlson Putnam, 1993). A única diferença entre as duas está no formato das respostas, enquanto a DES utiliza uma escala analógica visual de 100mm, a DES-II utiliza um formato de múltipla escolha de 11 pontos de 0% a 100%.

Dentro das escalas, alguns itens refletem amnésia, fenômenos de absorção e fenômenos de desrealização-despersonalização (Carlson e Putnam, 1993). Porém, existe um grupo de perguntas que são mais representativas da dissociação patológica: dirigir sem saber para onde vamos (uma experiência muito comum) não tem o mesmo significado de ouvir vozes dentro da cabeça (um fenômeno mais distante da experiência cotidiana, ainda que menos incomum do que podemos imaginar). Esses itens são agrupados em uma subescala (a DES-Taxon ou DES-t), que pode ser entendida como uma forma abreviada de avaliar a dissociação em nossos pacientes:

- Encontra-se em um local sem saber como chegou lá.
- Encontrar itens novos entre seus pertences sem recordar de havê-los comprado.
- Ver-se sentado ao seu próprio lado ou da mesma forma que enxerga outra pessoa.
- Não reconhecer ocasionalmente amigos ou parentes.
- Sentir que outras pessoas, objetos, assim como o mundo que nos rodeia não são reais.
- Sentir que seu corpo não lhe pertence.
- Agir em uma dada situação de maneira completamente diferente do habitual, chegando ao ponto de parecer outra pessoa.
- Ouvir vozes dentro da cabeça que lhe dizem coisas ou comentam suas atitudes.

Questionário de dissociação somatomorfa

Outro instrumento de *screening*, igualmente autoadministrado, é o SDQ-20 (Nijenhuis, et al., 1996). Ainda que os transtornos somatomorfos não sejam considerados transtornos dissociativos no DSM-IV, a forte relação entre estes dois sintomas conversivos e sintomas de somatização indicam que podem ser manifestações de um mesmo princípio subjacente (Nijenhuis, 2000).

Assim como a DES, trata-se de um questionário de 20 itens, que inclui sintomas positivos, como dor ou pseudocrise, e negativos, como paralisia ou amnésia.

Ainda que as dissociações psicológica e somatomorfa correspondam a um mesmo processo, estas não podem ser completamente sobrepostas. A dissociação somatomorfa está especialmente associada a maus tratos físicos e abuso sexual, já que ambas ameaçam a integridade do corpo.

Inventário multidimencional de dissociação

O MID também é uma escala autoadministrada, mas muito mais extensa. As siglas correspondem a Multi-DimensionalInventoryofDissociation(Dell, 2002; Ruths, et al., 2002; Dell, 2006). A estrutura é similar a da DES, mas possui 260 itens e não é uma escala de *screening*, mas permite fazer diagnósticos. Entretanto, o fato de ser autoadministrada diferencia sua capacidade discriminativa de uma entrevista estruturada realizada por um clínico.

Entrevista estruturada para transtornos dissociativos

A DDIS, mencionada anteriormente, pode ser encontrada no livro e na página web do autor (www.rossinst.com). Inclui uma parte de sintomas somáticos de origem inorgânica, exploração de psicopatologias depressivas, consumo de tóxicos e sintomas de transtorno de personalidade limítrofe. Em um primeiro momento, explora de modo indireto os indícios de dissociação, como lapsos de memória, indícios de atos não recordados, entre outros; passando depois para sintomas mais claros, como sentir que tem outra personalidade, atitudes controladas por outra pessoa, etc. Também coleta dados sobre experiências extrassensoriais (os sintomas dissociativos muitas vezes são interpretados dessa maneira pelos pacientes). Uma possível objeção a essa entrevista é que ela interroga exaustivamente sobre a história de abuso sexual ou físico na infância, com perguntas às vezes duras, especialmente quando não conhecemos bem o paciente.

Structured clinical interview for dsm-iv dissociative disorders

Dentro do campo da dissociação, uma referência obrigatória é o manual de transtornos dissociativos da SCID (StructuredClinical Interview for DSM-IVR), que recebe o nome de SCID-D, de Marlene Steinberg (1994a, 1994b). O livro de Steinberg descreve, detalhadamente, os capítulos da escala: amnésia, despersonalização, desrealização, confusão de identidade e alteração de identidade. No texto, podem ser encontradas breves subescalas que permitem realizar uma avaliação inicial e decidir quais sujeitos precisam passar pela escala completa. Em comparação com a DDIS, têm a vantagem de explorar sistematicamente a sintomatologia de todos os transtornos desse grupo, avaliando também a intensidade e frequência destes, assim como sua associação ou não com estados de ansiedade. Outra vantagem é que as perguntas não abordam tão explicitamente os sintomas de transtorno de personalidade múltipla, diminuindo a incidência de falsos positivos. Também parece ser mais adequado que não recolha nenhuma referência explícita de abuso físico ou sexual, que pode ser penoso para alguns pacientes, especialmente quando a avaliação é feita antes da relação terapêutica estar bem estabelecida. A desvantagem, ante a DDIS, é que a SCID-D explora de modo insuficiente os sintomas "pseudopsicóticos" presentes nos pacientes dissociativos, como as alucinações auditivas. Alguns pacientes que possuem este sintoma como um dos mais proeminentes, na SCID-D, ele passa quase despercebido.

O próprio fato da existência dessa escala deveria nos levar a uma reflexão. A SCID-I é uma entrevista estruturada que permite o diagnóstico, de acordo com o DSM-IV, de todos os transtornos psiquiátricos do Eixo I, mas os transtornos dissociativos não são explorados de forma alguma nesta escala. Curiosamente, os únicos transtornos do Eixo I para os quais foi desenvolvida uma escala à parte são os transtornos dissociativos (SCID-D). Quando é feita uma pesquisa aplicando a SCID-D, teoricamente, estamos utilizando uma exploração de alta qualidade, que nos permite diagnosticar os transtornos do Eixo I. Porém, o que acontece é que os estudos que utilizam a SCID-D para avaliar a prevalência de certos transtornos mentais estão, simplesmente, ignorando todo campo da patologia dissociativa. Ademais, isso é um reflexo da situação da prática clínica, em que a psicopatologia dissociativa tampouco está adequadamente agregada à exploração psicopatológica habitual.

Questionário do exame de estado mental para a dissociação
        Se o leitor prefere um roteiro mais parecido com uma entrevista clínica, Loewenstein (1991) desenvolveu um questionário que, ainda que não seja padrão, permite uma exploração acentuada dos sintomas dissociativos. Ele os classifica nos seguintes grupos:

1. Sintomas amnésicos.
2. Sintomas auto-hipnóticos.
3. Sintomas pós-traumáticos.
4. Sintomas processuais.
5. Sintomas somatomorfos.
6. Sintomas afetivos.

O artigo desse autor é uma referência obrigatória nesse campo e sua leitura é bastante aconselhável para aqueles que têm interesse no assunto.

Entrevista para transtornos dissociativos e sintomas relacionados com o trauma

Suzette Boon, Nel Draijer e Helga Matthet (2007) desenvolveram esse interessante instrumento (Draijer, et al., 2008; Boon, 2008), que reconhece de possível origem pós-traumática, sintomas de dissociação somatomorfa e psicológica. Reunindo, assim, aspectos positivos que havíamos destacado nas distintas escalas, por exemplo, a avaliação mais focada nos sintomas de dissociação somatomorfa, como ocorre na DDIS, e os sintomas schneiderianos, mais relevantes na DDIS que na SCID-D. A avaliação dos problemas de identidade e a presença de partes está mais desenvolvida (como comentávamos na comparação entre a DDIS e a SCID-D). Além disso, a IDDTS inclui perguntas que devem ser realizadas se houver suspeita de se estar diante de uma simulação (aspecto incluído no MID). Este é, portanto, um instrumento muito promissor, ainda em fase de tradução para o espanhol.

Entrevista estruturada para os transtornos de estresse extremo

Pelcovitz, Van der Kolk, Roth, Mandel, Kaplan e Resick (1997) desenvolveram uma entrevista estruturada para os DESNOS. Na SIDES, são reconhecidas sete áreas:

1. Regulação emocional: regulação da raiva, condutas autodestrutivas, comportamentos de risco.
2. Atenção e consciência: amnésia, despersonalização transitória, sintomas dissociativos.
3. Autopercepção: ineficácia, dano permanente, culpa, vergonha, incompreensão, minimização.
4. Percepção do agressor: adoção de crenças distorcidas, idealização ou preocupação em não prejudicar o agressor.
5. Relação com outros: incapacidade de acreditar, revitimização, vitimização dos demais.
6. Somatização.
7. Alteração dos sistemas de significado: sentimento de um futuro desolador, perda de crenças prévias.

Essa escala é especialmente indicada para vítimas de violência interpessoal ou para aqueles que sofreram traumas severos repetidas vezes na infância. É incomum que esses indivíduos mostrem sintomas de um TID simples. Algumas dessas pessoas apresentam transtornos dissociativos de diversos tipos, como os descritos anteriormente. Outros encaixam-se melhor nesse perfil de afetação. Devemos, de todo modo, com pacientes na área 2, nos referirmos a sintomas dissociativos relevantes, explorar mais a fundo a existência de um transtorno dissociativo associado. Tanto os DESNOS como os transtornos dissociativos compartilham uma base etiopatogênica, por isso, é importante avaliar ambos cuidadosamente em pacientes com traumas graves.

Não vamos enumerar todos os instrumentos psicométricos disponíveis; estes aqui descritos são os mais utilizados e resultam suficientes para fazer uma avaliação sistemática desses pacientes. É possível obter mais informações sobre os instrumentos que comentamos neste capítulo, em sua versão em espanhol, na página web: www.trastornosdisociativos.com.

5: Diagnóstico Diferencial e Comorbidade

Os transtornos dissociativos geralmente chegam à clínica como problemas de diagnóstico diferencial, tanto nos casos de transtornos psiquiátricos quanto orgânicos. Muitos diagnósticos de transtorno dissociativo não especificado derivam de um transtorno médico ou neurológico descartado ou de um quadro que não se encaixa nos critérios de diagnóstico de outro transtorno mental. Nos capítulos anteriores, insistimos na importância de realizar um diagnóstico positivo de dissociação, não apenas por exclusão. Não vamos nos alongar nesse tema, apenas destacaremos alguns aspectos específicos de quadros concretos.

A comorbidade é menos conhecida pelos profissionais. Trata-se de diferenciar a dissociação secundária e terciária de outros transtornos psiquiátricos. É comum que diagnósticos de transtorno de identidade dissociativo (TID) ou de transtorno dissociativo não especificado (TNDE) não tenham sido realizados e que tais quadros estejam classificados como outras patologias. Neste capítulo, desenvolveremos de forma mais especifica a diferenciação entre os transtornos dissociativos e outros transtornos mentais.

Os problemas de diagnóstico diferencial mais comuns

Nossa exploração psicopatológica é bastante rica nas outras áreas de transtornos mentais, mas precisamos desenvolver o campo da dissociação. Com esta mudança, muitos problemas de diagnóstico diferencial, que estamos acostumados a encontrar nessa área, serão corrigidos. Se os elementos descritos no capítulo anterior forem incorporados, poderemos fazer uma análise da possibilidade de dissociação tão completa como as que são realizados para os sintomas de outros transtornos mentais ou orgânicos. Com isso, poderemos melhorar a resolução de vários problemas de diagnóstico.

Estamos familiarizados com alguns desses dilemas. Por exemplo, a amnésia pode corresponder a um quadro dissociativo, a um transtorno neurológico ou a um problema médico de outra etiologia. Conforme indicado, ao falarmos sobre a amnésia psicogênica, nos transtornos mentais orgânicos a informação pessoal é a última a ser afetada (Putnam, 1989), enquanto na amnésia dissociativa a informação relacionada à identidade pessoal é a que sofre maior alteração.

Também podem surgir dúvidas entre o diagnóstico da fuga dissociativa e da epilepsia parcial completa. Em episódios de fuga dissociativa prolongados, os comportamentos manifestados geralmente levam o profissional a pensar numa origem dissociativa. Os casos de tempo limitado e condutas menos elaboradas podem levantar mais incertezas. Esses episódios de fugas dissociativas mais breves ocorrem com mais frequência como parte de um TNDE ou de um TID. A exploração de outros sintomas dissociativos e a presença de antecedentes traumáticos precoces amparam um diagnóstico de dissociação.

Um terceiro diagnóstico diferencial bastante comum é o que se apresenta entre o transtorno de conversão e os transtornos neurológicos ou orgânicos. A exploração psicopatológica de outros sintomas de dissociação psicológica ou somatoforme nos dará maior base para decidir de que transtorno se trata. Naturalmente, os procedimentos de diagnóstico necessários para confirmar ou descartar um transtorno orgânico devem ser seguidos. O risco é basear o diagnóstico unicamente nessas explorações neurológicas ou somáticas, o que em alguns casos leva a uma grande quantidade de provas. Muitas dessas provas complementares podem ser evitadas com um histórico clínico e uma exploração psicopatológica mais completa dos sintomas dissociativos.

Uma área confusa é o diagnóstico diferencial entre os transtornos de conversão, a simulação e os transtornos factícios. Essa confusão decorre da associação implícita, comum entre muitos terapeutas, entre dissociação, fantasia e simulação. No caso do diagnóstico de um transtorno dissociativo, são empregados critérios onde o profissional tem a impressão de que o paciente está "querendo chamar à atenção", que a presença ou intensidade do sintoma responde ao placebo ou sugestão, ou a existência de um benefício secundário orienta mais que a discriminação entre dissociação e simulação, levando a uma grande confusão de conceitos. Os sintomas dissociativos são reativos as circunstancias ambientais e podem aparecer em diferentes circunstâncias interpessoais. O que não quer dizer que o paciente está simulando um sintoma para obter um benefício. Tais pontos devem ser reservados para o diagnóstico diferencial entre patologias psiquiátricas ou médicas e simulação. Os transtornos factícios são um problema dissociativo diferente da simulação e associa-se a uma psicopatologia mais complexa e grave, mas não necessariamente dissociativa, como, por exemplo, os transtornos de personalidade severos.

Muitos transtornos dissociativos estão ocultos sob outra classificação diagnóstica

Normalmente os pacientes com transtorno dissociativo recebem outro diagnóstico. O transtorno dissociativo mais grave, o TID, raramente é diagnosticado como tal, sendo classificado de acordo com os sintomas associados. Como comentamos anteriormente, o perfil do paciente com TID é o de uma pessoa que pode ter recebido mais de três diagnósticos distintos antes de o avaliarmos. Isso acontece por diversas razões:

- O transtorno em si é polimorfo, apresentando etapas muito diferentes ao longo de sua evolução, e os sintomas dissociativos propriamente ditos ficam evidentes apenas em alguns momentos (janela de diagnosticabilidade).
- Apresenta um alto grau de comorbidade: com transtornos afetivos, ansiedade, abuso de substâncias, transtorno limite de personalidade...
- Os sintomas podem ser confundidos com os de outros transtornos
- A tendência ao ocultamento e a dissimulação dos sintomas dissociativos pode fazer com que estes passem despercebidos.

Existem diversos transtornos mentais que podem gerar confusão:

Transtornos psicóticos, esquizofrenia

Os pacientes com quadros psicóticos e os transtornos dissociativos podem apresentar alucinações auditivas, alterações comportamentais importantes e pensamentos estranhos. Quando as alucinações auditivas são proeminentes e a personalidade do paciente não tem características histriônicas, é comum que o diagnóstico do profissional esteja mais inclinado para a psicose que para a dissociação. Recordemos que nos estudos empíricos a personalidade histriônica não está mais relacionada à dissociação do que a outros transtornos mentais, mas, implicitamente, muitos profissionais podem fazer essa associação.

Em alguns casos, ocorre o contrário: uma psicose reativa breve ou um quadro psicótico geral, com sintomas atípicos, onde existe um desencadeador externo ou que ocorra numa personalidade histriônica, possivelmente receberá um diagnóstico equivocado de transtorno dissociativo.

Os sintomas da primeira ordem de Schneider, embora utilizados para descrever a esquizofrenia, são mais característicos do TID (Kluft, 1987, 2003; Ross, 1989; Ross e Joshi, 1992). Nessa troca, no TID não são observados a incoerência , as perdas de associações e os sintomas negativos característicos da esquizofrenia. Não obstante, alguns pacientes dissociativos muito graves e desestruturados, com mudanças rápidas e constantes de seu estado mental, podem apresentar dificuldades diagnósticas nesse ponto.

As alucinações auditivas podem apresentar algumas características diferenciais, mas não tão obvias como apontavam os primeiros estudos (Kluft, 1987). Nos quadros dissociativos, os pacientes percebem essas alucinações como vozes autenticas, não imaginárias. Frequentemente são intrapsíquicas, mas também podem ser extrapsíquicas ou até se apresentarem em ambas modalidades no mesmo paciente. Na maioria das vezes, as alucinações auditivas estão ligadas a situações traumáticas, as vozes conversam entre si ou com o paciente e tentam influenciar e controlar o comportamento deste. Dado que o TID é um transtorno que se origina na infância, é bem provável que essas alucinações comecem cedo, ainda que o indivíduo, tendo crescido com elas, só consiga identificá-las como patológicas mais tarde. As alucinações dos pacientes esquizofrênicos são menos elaboradas e podem ser incoerentes e fragmentarias. As vozes de um paciente dissociativo podem, com uma entrevista especificamente dirigida, manter uma conversa consistente com o terapeuta, o que é menos provável e mais limitado no caso de um paciente psicótico. Por último, as alucinações dissociativas são mais reativas a situações externas ou internas, o que é bem diferente da ideia de que são geradas artificialmente por sugestão ou que são eliminadas com a retirada de atenção.

Segundo Dell (2006), os sintomas intrusivos são uma das características mais típicas do TID, ainda que também estejam associados a esquizofrenia. Tais sintomas podem consistir em pensamentos, sentimentos ou sensações que aparecem na consciência e que são egodistônicos para o paciente. Os fenômenos de influencia passiva, o roubo e a inserção de pensamento, ser controlado por uma força externa também são sintomas característicos do transtorno dissociativo, correspondendo a uma dissociação estrutural secundária ou terciária.

Transtornos afetivos e ansiedade

Muitos pacientes com transtornos dissociativos possuem sintomas ansioso-depressivos, em porcentagens variáveis de acordo com o estudo (84% segundo Alvi e Minhas, 2009; 96% segundo Leonard, Brann e Tiller, 2005).

Entre os transtornos depressivos, um grupo importante apresenta sintomas dissociativos. As porcentagens são variáveis, alguns estudos dizem que 7% dos pacientes com um transtorno depressivo maior também possuem um transtorno dissociativo (Molina-Serrano et al., 2008).

Uma paciente esteve em tratamento por mais de 2 anos em virtude de um quadro depressivo crônico, com um acompanhamento bastante irregular e frequentes abandonos da medicação e consultas, até que, quando compartilhada a Escala de Experiências Dissociativas (DES), a paciente reconheceu vários sintomas. Entre estes, apresentava alucinações auditivas que consistiam na voz de uma mulher que a assediava constantemente para que se matasse (tinha feito várias tentativas anteriores). Essa voz resultou ser uma parte dissociativa e um sintoma fundamental no quadro clínico. Finalmente, por esse e outros sintomas associados, consideramos que o TID era o diagnóstico principal dessa paciente.

Outra situação a ser considerada é o diagnóstico diferencial com o transtorno bipolar. Tanto nesse quadro, como no TID, aparecem mudanças acentuadas de conduta e, em episódios agudos de transtorno bipolar, podem surgir alucinações auditivas. No TID é comum encontrar uma história de trauma precoce, ainda que não seja exclusivo dos transtornos dissociativos e em ocasiões possa existir amnésia para os feitos traumáticos. Geralmente é possível identificar circunstâncias ambientais que disparam tais mudanças, mais do que uma oscilação periódica entre dois estados. Em alguns casos é possível identificar partes dissociadas facilmente, mesmo que em algumas ocasiões, seja necessário um longo acompanhamento do paciente para detectá-las ou o emprego de técnicas específicas, como a hipnose ou as entrevistas facilitadas com amobarbital.

Um dado importante é que a presença de um transtorno dissociativo não detectado ou um histórico de trauma grave estão associados a quadros depressivos mais sérios. Por exemplo, foi identificado uma maior incidência de traumas precoces no grupo de cicladores rápidos frente aos demais pacientes bipolares (Kupka, et al., 2005), além de um início precoce do transtorno bipolar, agravamento, comorbidade psiquiátrica, limitação funcional e tentativas de suicídio (Leverisc, et al., 2002). Sar e Ross (2006) indicam que a depressão crônica e a tendência ao suicídio nos pacientes dissociativos têm o hábito de serem imunes ao tratamento farmacológico da depressão, mas respondem ao tratamento específico do transtorno dissociativo. Por isso, é importante detectar essa comorbidade nos transtornos afetivos, como uma forma de reduzir a presença de casos de depressão resistente.

Transtornos por somatização e somatomorfos

A somatização está estreitamente relacionada ao trauma e com o agravamento deste (Andreski, et al., 1998; Atlas, et el., 1995; Dickinson, et al., 1999; Nijenhuis, 2004; Van der Kolk, et al., 2005).

Até o momento, a presença de sintomas dissociativos nesse grupo de pacientes não foi amplamente avaliada, mas a frequência de antecedentes traumáticos nos leva a crer que provavelmente aumentará (Van der Hart, et al., 2006).

Brown, Schrag e Trimble (2005) estudam a presença de sintomas dissociativos entre os pacientes com transtornos por somatização ou síndrome de Briquet. Eles descobriram que, em comparação aos pacientes com patologias médicas, os que possuíam transtorno por somatização apresentavam um nível de amnésia dissociativa maior, mas não os demais sintomas dissociativos. Os antecedentes de abuso emocional e físico na infância eram maiores nesse grupo, sobretudo a presença de traumas crônicos.

Pribor, et al., (1993), enxergam uma estreita relação entre dissociação, transtorno por somatização e antecedentes de abuso sexual.

Outros autores encontraram uma frequência maior de sintomas dissociativos em pacientes com fibromialgia, um diagnóstico de etiologia ainda não definida, onde parece haver uma alta frequência de dissociação e trauma (Leavitt e Katz, 2003). Näring, Van Lankveld e Geenen (2007), comparando pacientes com artrite reumatóide e fibromialgia, observaram que os pacientes com fibromialgia apresentavam níveis maiores de trauma e sintomas de dissociação somatomorfas, estando ambos aspectos significativamente correlacionados.

Transtorno de personalidade limitrófe

A associação entre transtorno de personalidade limítrofe (TPL) e os problemas de apego e traumas precoces têm sido objeto de debate entre as principais correntes teóricas sobre os transtornos *borderline* (Zanarini, 2005). Klunne, Draijer, Dorrepal e Thomaes (2007, citado em Draijer, et al., 2008) revisam a comorbidade entre TPL, transtornos de estresse pós-traumático (TEPT) e transtornos por estresse agudo (DESNOS). Dentre os pacientes com TEPT, 68% cumprem critérios para TPL. Entre os diagnosticados com TPL, 33% cumprem critérios para TEPT simples. Contudo, a concordância é muito maior quando falamos de DESNOS. Destes, 94% também cumpriram os critérios para TPL. O desenvolvimento do conceito de DESNOS e sua inclusão nas próximas classificações internacionais, provavelmente, contribuirão para a identificação acurada da base postraumática de uma grande quantidade de transtornos *borderline*.

Sar, et al. (2006), analisa em populações não clínicas (estudantes) um grupo que reúne critérios de TPL e outro sem. A prevalência de TPL foi de 18%. Entre este grupo, 72,5% também tinha um transtorno dissociativo. Outros autores indicam que dois terços dos pacientes com TPL têm sintomas dissociativos (Korzekwa, et al., 2009).

Ross (2007) compara um grupo de pacientes com TPL e outro sem, numa amostragem intra-hospitalar de pacientes psiquiátricos. Os pacientes com TPL relataram mais sintomas dissociativos que o resto dos pacientes, e 59% deles cumpriam critérios para receber um diagnóstico de algum transtorno dissociativo. Num grupo sem TPL, a porcentagem de transtornos dissociativos associados era de 22%. O autor reforça, baseando-se nesses dados, que a comorbidade entre esses transtornos não está bem descrita nas classificações internacionais.

Alguns autores indicam que a presença de fenômenos dissociativos nesses pacientes ainda não os define como tais. Por exemplo, Osatuke e Stiles (2006) descrevem o que denominam por "vozes internas problemáticas em pacientes com traços *borderline*". Zanarini (2005) descreve que os pacientes *borderline* frequentemente oscilam entre identidades parciais aceitáveis para o indivíduo e outras identidades parciais negativas em tom e conteúdo (sou uma pessoa ruim), que nós descrevemos como distintos estados mentais, os quais poderiam estar mais ou menos dissociados. Kernberg (2005) identifica a clivagem como a defesa psicológica que caracteriza os transtornos dissociativos, sendo essa descrição bastante próxima dos conceitos de dissociação e fragmentação.

Transtorno obsessivo-compulsivo

Alguns pacientes com TID não relatam alucinações, mas pensamentos intrusivos egodistônicos. Semelhante aos pacientes obsessivos, reconhecem esses pensamentos como próprios, ainda que "não como totalmente seus". Podem resistir a esses pensamentos e fazer esforços constantes para manter o controle. Se tais impulsos internos nunca chegam a dominar a conduta, não podemos falar de um TID completo, mas de um TDNE. No transtorno dissociativo, diferente do paciente obsessivo, os pensamentos costumam ser mais variáveis, dirigidos ao sujeito. Frequentemente, a personalidade principal estabelece discussões internas com essas partes dissociadas, mantendo diálogos e brigas com elas. Com uma entrevista adequada, é possível para o terapeuta conversar com essas partes. Quando essa comunicação não existe, o paciente pode chegar a estabelecê-la ao longo da terapia.

Alguns autores (Ross, 1989) sugerem que em um grupo de pacientes com transtorno obsessivo-compulsivo, nos quais há uma história de trauma, os sintomas obsessivos são gerados por um mecanismo dissociativo, ainda que não seja possível fazer um diagnóstico clínico de transtorno dissociativo como tal. Em 15,8% dos pacientes com transtorno obsessivo-compulsivo é observada uma taxa importante de sintomas dissociativos (Lochner, et al., 2004).

Transtorno do controle dos impulsos

Ross (1989) afirma que pelo menos metade dos pacientes com esse diagnóstico seria caso de transtorno dissociativo, particularmente TID, porém, devido ao predomínio das explicações biológicas na psiquiatria atual, a maioria dos casos costumam ser atribuídos a fatores neurológicos. O fato é que muitos pacientes com transtorno dissociativo tem condutas impulsivas e dedicam boa parte do sua energia para controlar tais impulsos, o que compõe parte estrutural dessa patologia. Nesses pacientes, ao contrário de outros transtornos com problemas de impulsividade, é possível detectar estados mentais que assumem o controle no dado momento, podendo existir amnésia das condutas realizadas e apresentar outros sintomas e sinais de dissociação na entrevista.

Um paciente tinha, periodicamente, episódios de agressividade que insurgiam ante sentimentos de vulnerabilidade ou inferioridade. Do que acontecia durante esses episódios, recordava apenas de três imagens isoladas, como cenas de um filme. Na exploração, foram identificadas ao menos quatro partes dissociadas, que o paciente percebia como vozes intrapsíquicas. Uma delas, carregada de raiva, responsabilizava-se pela autolesão e criticava a personalidade principal por sua fraqueza e por não saber valorizar-se. Depois de algumas sessões de negociação e terapia com essa parte, tais episódios de agressividade praticamente desapareceram.

Embriaguez patológica e dependências

Tamar-Gurol, et al. (2007), avaliam que há prevalência de transtornos dissociativos entre pacientes internados por dependência de álcool. Em 27% dos casos, havia uma taxa relevante de sintomas dissociativos. 9% cumpriam critérios para um transtorno dissociativo. Esse grupo tinha mais incidências de tentativas de suicídio, abandono, abuso emocional e sexual na infância. No grupo também havia mais transtornos por somatização, TPL e episódios de depressão acentuada ao longo da vida.

Existe uma associação importante entre o consumo de drogas e os transtornos dissociativos. Tamar-Gurol, et al. (2008) descobriram que 26% dos pacientes com dependência de substancias têm um transtorno dissociativo avaliado com a SCID-D (Structured Clinical Interview for DSM-IV Dissociative Disorders). Esses pacientes dissociativos são mais jovens, com maior incidência de tentativas de suicídio e abuso emocional na infância. A maioria (59,3%) dos dependentes com transtornos dissociativos afirma que o transtorno era anterior ao abuso de substâncias. Tais pacientes abandonam o tratamento mais cedo que o grupo sem transtorno dissociativo.

A embriaguez patológica é um quadro que se expõe diante de uma intolerância bioquímica ao álcool. Esses sujeitos apresentam transtornos de conduta importantes com o seu consumo, mas isso costuma ocorrer apenas nessas ocasiões. Nos pacientes dissociativos, o álcool é um desinibidor e facilita que determinadas partes assumam o controle, especialmente, partes agressivas que o sistema consegue controlar com dificuldade. Porém, se avaliados com atenção, é possível observar fenômenos similares nesses indivíduos sem que exista consumo etílico.

Uma paciente tinha episódios graves de conduta quando bebia álcool, por isso foi diagnosticada com embriaguez patológica. Contudo, esses problemas começaram a ocorrer após uma experiência altamente traumática em que a mesma esteve a ponto de morrer. Antes disso, podia beber sem nenhum problema. Não havia nenhum dado importante na sua história prévia, ela relatava uma vida feliz até que ocorreu o evento traumático.

Durante tais episódios, mostrava-se verbalmente agressiva, provocadora e ameaçadora. Nessas ocasiões, mudava o tom de voz, falava da paciente na terceira pessoa e informava dados de sua infância radicalmente distintos daqueles comentados na história inicial. Seu pai havia sido um alcoólatra grave que havia abusado sexualmente dela durante anos. Nesse caso, a paciente não apresentava alucinações auditivas e não era possível comunicar-se com essa parte dissociada fora dos episódios de agressividade. Entretanto, foi possível constatar que esses episódios surgiam também em momentos em que não havia consumido álcool, ainda que estes fossem mais fortes quando havia o consumo.

Sobre as demais substâncias, o efeito é menos claro. Muitos pacientes dissociativos comentam um efeito bastante positivo com a cannabis. Isso provavelmente corresponde a uma "pseudolucidez" na qual parecem entender prontamente aspectos que geralmente experimentam a partir do caos e desconexão. Também apreciam o efeito relaxante do haxixe. Contudo, em alguns casos tratados, o consumo crônico de cannabis contribuiu para o desenvolvimento de sintomas de paranoia e autorreferencialidade, que se somaram aos problemas derivados da sintomatologia dissociativa e pioraram sua condição.

Em geral, substâncias estimulantes como a cocaína e as anfetaminas podem contribuir para um descontrole das condutas impulsivas, ainda que em algumas ocasiões tenham um efeito paradoxo.

Os opióides têm implicações específicas nos pacientes dissociativos. Os sistemas de prazer e recompensa em vítimas de maus tratos ou traumas graves na infância estão muito afetados. Foi postulado, por exemplo, que a tendência à autolesão corresponde a uma busca de descarga opióides posterior. O vício em heroína pode representar uma busca de gratificação, que o paciente não sente que pode conseguir num estado normal a partir de suas relações interpessoais ou na vida cotidiana. Com a ambivalência que geralmente caracteriza esses casos, o prazer é alcançado mesclando uma conduta autodestrutiva com o abuso de substâncias.

Entre os que abusam de álcool é frequente observar que são filhos de alcoólatras e que o consumo da substância está estreitamente ligado ao trauma e introjeções de um progenitor abusador. Em outros casos, mesclado com tudo isso, o consumo pode funcionar como equivalente de uma autolesão.

Em resumo, é comum que um paciente com transtorno dissociativo ou trauma complexo abuse de substâncias. Isso é parte de uma comorbidade, ainda que provavelmente o transtorno central seja o transtorno dissociativo e não o abuso de tóxicos. Contudo, se não for especificamente explorada, a clínica dissociativa pós-traumática pode passar despercebida num paciente toxicômano. Além disso, nesses pacientes, o tratamento fundamental deve ser o de transtorno dissociativo, avaliando em cada caso se seria útil um acompanhamento simultâneo por dispositivos assistenciais especializados em drogadição.

Epilepsia do lóbulo temporal

Ainda que esse tema seja amplamente referido na literatura, é improvável que ocorra tal dúvida diagnóstica quando nos deparamos com um caso com sintomas claros de transtorno dissociativo. Os únicos sintomas dissociativos que podem aparecer nas crises epilépticas são sintomas de despersonalização. As mudanças de conduta que se apresentam no TID são muito complexas para serem confundidas com uma crise de epilepsia. Os episódios de fuga psicogênica, especialmente quando são recortados e a conduta é desorganizada, podem abrir espaço para dúvidas. Porém, na fuga psicogênica típica, onde a pessoa chega a realizar condutas bastante complexas, é pouco provável que sucedam dúvidas. Além disso, a presença de outros sintomas dissociativos esclareceria o diagnóstico. Segundo Ross (1989), não há nenhuma razão para contemplar a crise do lóbulo temporal como parte do diagnóstico diferencial dos transtornos dissociativos.

Condutas criminosas

Os sintomas dissociativos aparecem associados à conduta antissocial em jovens, sobretudo do sexo feminino (Chabrol, et al., 2009). Foram relatados casos de conduta criminosa em agressores sexuais (Ross, 2008). É provável que certo número de casos, especialmente do sexo masculino, ocorram mais nas amostragens penitenciárias do que nas clínicas.

Um paciente chega após ter passado um período de três anos na prisão. Estava sendo processado por um delito violento quando o vimos pela primeira vez. Tem condutas heteroagressivas frequentes. Essas condutas não são premeditadas e nem têm o roubo ou qualquer objetivo como finalidade. As agressões são disparadas sem nenhuma provocação por parte de outros, estando mais alinhadas a sentimentos internos de alta vulnerabilidade. A conexão com esses sentimentos de inferioridade e desamparo não é evidente nas primeiras entrevistas, sendo o paciente, a princípio, avaliado por vários profissionais como um caso de transtorno de personalidade antissocial. Contudo, não reunia muitos critérios para essa categoria e, ao contrário, apresentava diversos sintomas dissociativos que justificavam o diagnóstico de TDNE.

Outros

Muitos transtornos dissociativos podem apresentar uma sintomatologia bastante diversa, distúrbios do sono (Calmaro e Manson, 2008), transtorno do déficit de atenção por hiperatividade (Endo, et al., 2006), dor pélvica (Nijenhuis, et al., 2003), etc.

A presença de sintomas dissociativos e de um transtorno dissociativo é também um indicador de gravidade. Os pacientes psiquiátricos que têm um diagnóstico associado de transtorno dissociativo possuem índices de suicídio e autolesão mais elevados

(Foote, et al., 2008). Tamar-Gurol, et al. (2008), apontam o abandono de tratamento por pessoas com dependência de drogas que possuem um transtorno dissociativo frente aos demais pacientes.

Quase todos os transtornos mentais podem ocultar um transtorno dissociativo. Inclusive, depois de trabalhar com esses casos durante anos, é comum que em algumas ocasiões, passem desapercebidas, se não realizarmos um exame sistemático dos pacientes. Podemos encontrar um transtorno dissociativo entre pacientes diagnosticados com transtornos alimentares, sexuais, fobias... O fundamental para o diagnóstico é que nos familiarizemos com a exploração dos sintomas dissociativos e que comecemos a avaliar esses casos como procedemos com qualquer outra patologia psíquica: baseando-nos em dados positivos e não por exclusão.

6: Por Que Ocorrem os Transtornos Dissociativos?

Trauma e dissociação

A dissociação é um fenômeno pós-tráumatico

O núcleo dos transtornos dissociativos é sempre a dor. Quando se começa a trabalhar com esses casos, fica evidente que por trás dos sintomas há questões traumáticas latentes graves. Às vezes, houve um evento recente, como uma agressão ou um acidente de trânsito que está associado ao início do tratamento. Mas, conforme a terapia continua, é comum aparecerem traumas precoces graves.

Os sintomas dissociativos estão incluídos na descrição clínica do transtorno por estresse pós-traumático (TEPT) tanto no *Manual Diagnóstico e Estatístico dos Transtornos Mentais* (DSM-IV) quanto na Classificação Estatística Internacional de Doenças e Problemas Relacionados a Saúde (CIE-10). E, embora os transtornos dissociativos não estejam classificados próximos do TEPT, muitos autores consideram-nos os dois extremos do que convencionou-se chamar de "espectro pós-traumático", que também incluiria os transtornos de personalidade limítrofe (TLP) e os transtornos de somatização. Vários estudos corroboram que os transtornos dissociativos e, em especial, o transtorno de identidade dissociativa (TID) são o resultado de traumas psicológicos graves e repetidos, que geralmente iniciaram-se na infância (Braun, 1990; Chu, 1991; Bernstein e Putnam, 1986; Coons, 1990; Ross, 1991; Saxe, 1993; Van der Kolk e Kadish, 1987).

Trauma e dissociação estão conectados, porém essa conexão não é direta nem exclusiva. O trauma ocorrido na infância está associado a patologias bastante diversas, como: depressão, ansiedade, baixa autoestima, dificuldades no convívio social, condutas autodestrutivas, transtornos de personalidade, abuso de álcool e drogas, transtornos alimentícios, somatização, etc. (Chu, 1998a). Além disso, nas pessoas diagnosticadas com TID, a incidência de abuso sexual é de 85 a 90%. Contudo, não devemos esquecer que as amostras clínicas de prevalência de abuso sexual contra mulheres também é muito alta: entre 44 e 77% (Tillman, et al., 1994).

Entretanto, nem todos os transtornos dissociativos estão ligados a abuso sexual ou maus-tratos físicos. Os dados podem ser enviesados, por terem sido colhidos de amostras clínicas. Em um estudo de Ross (1991) sobre a população geral, os indivíduos que cumprem os critérios do TID raramente mencionam histórias de abuso e parecem experimentar psicopatologia em grau bem menor.

Mesmo tendo em mente essas considerações, quando avaliamos um paciente com transtorno dissociativo em uma consulta, é altamente provável (embora não obrigatório) que sejam encontradas experiências de maus-tratos e de abuso sexual na infância. Além disso, a frequência com que isso ocorre é maior nos casos de transtornos dissociativos do que em outros diagnósticos psiquiátricos, sendo que o maior número está relacionado ao TID, que é o mais grave dos transtornos do espectro pós-traumático.

Por que esses dois aspectos não costumam estar conectados em nosso enfoque desses casos?

Quando os pacientes comentam alguma história de abuso ou maus-tratos na infância, alguns médicos questionam essas informações, especialmente no que diz respeito ao abuso sexual. Conforme foi comentado em capítulos anteriores, isso ocorre provavelmente por influência de ideias freudianas, que atribuíam essas informações a "fantasias de Édipo" das pacientes. Outro fator já comentado que provavelmente também influencie é o fato de tratar-se de temas difíceis, que podem gerar certa rejeição emocional em alguns profissionais. Contudo, conforme visto no capítulo 2, na maior parte dos casos essas informações são verdadeiras (Herman e Schatzow, 1987).

Outra situação que podemos encontrar é a de um paciente com um transtorno dissociativo negar qualquer tipo de antecedente traumático, ou mencioná-lo em um determinado momento e negá-lo em outro. Médicos com vários anos de experiência certamente já terão visto a situação de um paciente com anos de terapia mencionar somente depois de muito tempo um caso de abuso sexual prévio. O trauma poderia existir e não ser evidente em uma avaliação inicial. Há um índice elevado de amnésia, além de uma atitude consciente de ocultação, especialmente nos casos de abuso sexual. Isso está associado a sentimentos de vergonha ou ao caráter secreto que muitas vezes permeou a situação.

No caso de Paula, mencionado no início deste livro, a ocorrência de abusos sexuais na infância era conhecida por seus terapeutas. Contudo, durante anos, o tratamento foi focado unicamente nos sintomas, deixando de lado a história do trauma. A atitude da paciente, que relatava os acontecimentos com um grande distanciamento emocional e dava a eles pouca importância, pode ter influenciado o fato de os médicos considerarem que o abuso não era tão relevante para o quadro clínico. No entanto, com o decorrer da terapia, a conexão entre essa história traumática e a fragmentação da personalidade da paciente foi ficando evidente.

Em outro caso, os acontecimentos traumáticos ainda não haviam sido expostos após quatro anos de tratamento. Após dois anos abandonando várias vezes as consultas e a medicação e uma evolução muito ruim, a paciente afirmou ouvir uma voz interior que a ameaçava e a incitava a ferir-se. Ela temia ser taxada de louca, e por isso ficava muito angustiada ao revelar isso. A freqüência das sessões é baixa, a cada três ou quatro semanas, porque ela não tolera a terapia com uma freqüência maior. Por isso, progredimos aos poucos. Ela tem se deixado conectar com a voz e isso tem gerado um desenvolvimento positivo do tratamento. Ambas mencionam em tom de segredo "algo que aconteceu" e que não deve ser revelado, pois teria consequências graves. Ainda não investigamos esse tema, bloqueando inclusive tentativas unilaterais de contá-lo, pois acreditamos que a paciente ainda não esteja preparada para entrar na fase de abordar o trauma, necessitando de maior estabilidade. Tomamos o cuidado de não induzir nem fazer perguntas diretas sobre o tema e nos limitamos a seguir o processo terapêutico, cujo objetivo é ajudar a paciente e não necessariamente descobrir o que aconteceu.

Um mecanismo de resposta ao trauma

A dissociação é uma forma de defender-se da experiência traumática e, com o tempo, torna-se uma forma de lidar com qualquer tipo de estresse. Como resposta a um acontecimento traumático, ela é eficaz a nível emocional, pois o indivíduo desconecta-se de uma emoção que de outra forma não poderia suportar.

Contudo, ela não é muito efetiva quando se trata de buscar uma solução para um problema. Quando há um terremoto, por exemplo, os indivíduos que experimentam reações dissociativas não adotam boas medidas de proteção e acabam tornando-se mais vulneráveis.

Em face de uma ameaça, os animais podem reagir de três formas: lutando, fugindo ou ficando paralisados. As duas primeiras formas são respostas pró-ativas, pois o indivíduo "faz alguma coisa". Já quando não há possibilidade de reação, quando a situação é o que se chama de *choque* inevitável, a reação produzida é a de ficar paralisado (Scaer, 2001). Nos seres humanos, a resposta dissociativa a um trauma seria o equivalente à resposta de paralisação nos animais.

A diferença é que o animal deixa que o organismo encarregue-se de resolver a situação. A energia bloqueada na resposta de paralisação, a memória procedimental armazenada, é descarregada quando a ameaça desaparece. É comum ver em animais movimentos espasmódicos quando a resposta de paralisação desaparece; a atitude posterior é de total normalidade. Contudo, quando essa descarga é limitada de alguma maneira, por exemplo, impedindo que o animal se mova naquele momento, mesmo que em seguida ela seja liberada a conduta do animal não será normal, demonstrando nervosismo.

Nos humanos e, sobretudo, nas sociedades ocidentais, a liberação dessa energia bloqueada no trauma é impedida de modo sistemático. Peguemos como exemplo a expressão cultural do duelo. Nas sociedades tradicionais com pouco grau de ocidentalização, a reação perante a morte de um ente querido é de um duelo público. É comum haver choro, gritos, demonstrações abertas de dor que não são inibidas nem restringidas. Mais do que isso, o entorno social aprova e potencializa essa expressão emocional.

Contudo, na sociedade ocidental, o duelo é cada vez mais privado. A própria infraestrutura que rodeia a morte não foi desenhada para permitir que essa emoção seja descarregada, pois ela deve ser contida. Na Galícia, ainda estamos percebendo uma transição entre a sociedade tradicional e a ocidental. Um comentário comum entre mulheres de certa faixa etária e da zona rural é que no hospital não lhes permitiram chorar, referindo-se a situação em que, diante de uma reação de ansiedade e de pranto pela morte de um familiar, foram sedadas imediatamente para conter essa conduta. As pacientes descrevem essa situação como um fator-chave que não lhes permitiu realizar um processo de duelo adequado.

Teoricamente, isolar as emoções intoleráveis poderia ser um sistema de defesa fantástico. Porém, ele traz problemas sérios ao indivíduo:

- Por um lado, é impossível eliminar as emoções não prazerosas, como a raiva ou a tristeza. Se os acontecimentos externos permanecerem controlados e não ocorrer nada imprevisto, pode até funcionar. Porém, quando ocorrer algo, não necessariamente grave e talvez conectado apenas ao trauma inicial, a raiva explode ou a tristeza transborda em um indivíduo que jamais aprendeu a lidar com esses sentimentos, gerando uma perda total de controle. Esse indivíduo, que dedicou boa parte de sua energia mental a manter tudo "em seu lugar", experimenta essa perda de controle de uma maneira especialmente negativa e reforça sua estratégia disfuncional prévia: tenta controlar e reprimir a raiva, e, assim, o círculo vicioso realimenta-se.

- Por outro lado, prescindir de uma emoção sempre causa problemas. Todo o repertório de emoções humanas tem uma função de adaptação. A raiva é uma emoção fundamental para a sobrevivência, mas é rejeitada por muitos pacientes que temem que ela seja expressa de uma maneira descontrolada, por exemplo, prejudicando alguém. Contudo, sem ela não saberemos nos defender quando formos atacados, nem lutar para defender nossos direitos e satisfazer nossas necessidades. Isso, obviamente, acarretará vários efeitos secundários; ficaremos mais cheios de raiva e de ressentimento. Isso fará com que as emoções que tentamos suprimir aumentem, tornando mais fácil sua explosão de modo descontrolado. Isso reforça novamente as distorções cognitivas que sustentam esse sistema de funcionamento.

Do trauma ao sintoma dissociativo

Lembremos que os sintomas dissociativos agrupam-se em três grandes blocos: amnésia, desrealização/despersonalização e confusão/alteração de identidade (Steinberg, 2002).

A. Amnésia

A amnésia tem uma função no sentido de lidar com o trauma. Para sobreviver a uma situação angustiante e a uma emoção intolerável, agimos como se o fato "não tivesse acontecido". Isso nos permite seguir adiante com nossa vida diária, deixando de lado os acontecimentos traumáticos.

Um dos mecanismos utilizados é o que se denomina de "memória dependente do estado" (Horton e Mills, 1984). A informação armazenada em um determinado estado mental será recuperada posteriormente de forma mais fácil quando o indivíduo se encontrar no mesmo estado mental; os dados podem não estar disponíveis se o indivíduo estiver em outro estado mental (Steinberg, 2002).

A amnésia de alguns aspectos da experiência traumática encontra-se dentro do critério C do TEPT no DSM-IV. Segundo Van der Hart, et al. (2006), a amnésia dissociativa tal como está definida nas classificações internacionais pode corresponder a uma dissociação estrutural primária ou ser o sintoma mais evidente de um quadro mais complexo, inclusive de uma dissociação estrutural terciária (TID). Neste caso, as partes que se encarregam das situações cotidianas frequentemente apresentam amnésia em relação aos traumas anteriores; elas necessitam estar livres dessa informação e da repercussão emocional que ela representaria para poder enfrentar a vida diária. Quando o paciente experimenta uma reação emocional de raiva ou tristeza, um estado mental diferente pode ser ativado, no qual as recordações traumáticas estão claramente presentes.

Uma paciente menciona em seu estado habitual (a personalidade aparentemente normal ou PAN, tal como definida pela teoria da dissociação estrutural) uma infância maravilhosa, sem conflitos nem problemas. Mas, frequentemente passa por mudanças para estados de agitação e hostilidade graves, nos quais faz várias referências a abusos sexuais realizados pelo pai. Quando lhe perguntamos sobre esses comentários ao retornar ao estado habitual (PAN), ela os nega, não se recorda de tê-los mencionado e reinterpreta seu significado.

B. Desrealização/despersonalização

A desrealização pode responder a uma supressão das funções superiores da consciência. A realidade não é percebida como um conjunto, mas como elementos isolados; a percepção é diferente e vivida com estranheza. Frequentemente na resposta a um trauma agudo, os componentes emocionais da experiência não são percebidos, provavelmente como defesa diante de um grau de ativação emocional intolerável para o indivíduo.

Uma vítima do atentado ocorrido em Madri dia 11 de março de 2004 fazia uma descrição bastante gráfica desse mecanismo: via o enorme desastre ao seu redor e carregava uma câmera fotográfica; de modo automático começava a fotografar tudo e via as cenas como fotografias. Assim, desconectava-se do horror e visualizava somente imagens que lhe pareciam alheias.

Ocorre algo parecido com a despersonalização. Se uma criança sofre algum tipo de mau-trato físico, o fato de desconectar-se do corpo é para ela um mecanismo de sobrevivência. Algo esta acontecendo com seu corpo, não com ela; ela não esta lá. Quando se trata de abuso sexual, costuma-se ter a ideia de que o corpo é "mau" ou "sujo", culpando-o pelo abuso.

C. Fragmentação da consciência: confusão e alteração da identidade

Os sentimentos opostos de amar ao único pai que se tem e odiá-lo pelos maus-tratos que comete não podem coexistir na mente de uma criança. Por isso, ela alterna entre um estado mental e outro, sem poder desenvolver uma metaconsciência que inclua ambos. Quando a criança afasta de sua mente as recordações do abuso para poder amar o pai que a maltrata em seus momentos "bons", e só as relembra quando volta a sofrer abusos, sentindo um ódio terrível do pai, começam a ser construídas as barreiras amnésicas que marcarão a separação entre esses dois estados mentais. Em alguns casos, a mente da criança será seriamente fragmentada e, quando ela tornar-se adulta, apresentará os casos mais graves de TID.

Ocasionalmente, essas identidades dissociadas tomam a forma de figuras que realmente fizeram parte da história do paciente, representando introjeções (Watkins e Watkins, 1997). Nesse caso, quando o estado de consciência for ativado, o indivíduo adotará condutas próprias dessa figura e interagirá com a personalidade principal de modo semelhante como ocorria na realidade. Se essa introjeção corresponder a pessoa que cometeu o abuso, acabará constituindo uma parte perseguidora no sistema. Algumas vezes, o paciente chega a acreditar realmente que essa parte de sua mente é que realizou o abuso. Essas partes podem ser geradas como uma proteção, liberando a personalidade principal das emoções e recordações intoleráveis, convertendo-se com o tempo em partes perseguidoras.

Às vezes, para a criança o único modelo disponível de força, poder, influência sobre os demais e controle sobre algo é justamente a figura que, de uma forma ou de outra, a está agredindo. Por um lado, a criança não quer ser assim. Mas por outro, precisa ter alguma sensação de domínio sobre si mesma e sobre o mundo que a rodeia. No mundo em que esse indivíduo cresceu, as únicas opções possíveis são ser uma vítima indefesa ou o agressor poderoso. São opções incompatíveis, mas ambas contêm elementos imprescindíveis. Por isso, ele oscila de um extremo a outro, sem reunir nunca esses aspectos na mesma experiência ao mesmo tempo.

Não apenas trauma: apego e dissociação

A relação entre um trauma vivido e os transtornos dissociativos fica evidente quando começamos a trabalhar nessa área. Mas, também fica claro que o trauma por si só não é um fator suficiente para explicar por que um indivíduo acaba desenvolvendo um transtorno dissociativo. Algumas pessoas superam verdadeiras atrocidades sem nunca apresentar problemas graves.

Inclusive entre os pacientes com dissociação grave, alguns evoluem de forma favorável e rápida; outros, por sua vez, evoluem de forma muito lenta e com dificuldade. Uma diferença importante entre uns e outros é que os que apresentam uma evolução melhor tiveram uma figura positiva que lhes proporcionou experiências de apego seguras durante a infância. Eles tiveram, por assim dizer, algo a que se apegar. Já no segundo grupo não teve nada; quando os pacientes sofreram abuso sexual por parte do pai, por exemplo, a mãe era uma pessoa doente, vulnerável, ausente ou hostil. Com bastante frequência, ao trauma do abuso sexual somava-se a reação de negação ou de castigo por parte do progenitor que não havia cometido o abusado, quando a criança atrevia-se a contar o que estava acontecendo.

Barach (1991) mostra que, além do abuso e do mau-trato, a falha dos progenitores em responder às necessidades da criança influencia profundamente o desenvolvimento da psicopatologia dissociativa. Isso incluiria a falha dos pais em proteger o filho do abuso e sua tendência a dissociar-se ou desconectar-se de alguma maneira da implicação emocional com o filho. Já comentamos a importância do trauma para gerar o TID; neste capítulo, focaremos no papel do apego com os cuidadores primários.

Embora o papel do trauma tenha sido considerado central no desenvolvimento recente dos modelos de dissociação, cada vez mais ganha peso a importância das experiências precoces de cuidado no desenvolvimento da patologia dissociativa. Tillman, et al. (1994), reúne diversos estudos que corroboram o papel fundamental do meio familiar nesse tema. As famílias no seio das quais ocorrem abusos costumam ser mais disfuncionais em todos os níveis; os limites são confusos, há um controle de conduta mais rígido, menos coesão e adaptabilidade. Quando as características do meio familiar são levadas em consideração nos estudos, o efeito em si do abuso sexual é reduzido a um nível quase insignificante.

O conceito de apego

O apego (Schore, 1994) é uma sincronia interativa entre o bebê e a figura principal de apego (geralmente a mãe). Quando essa sincronia é adequada, a criança poderá tolerar sem problema períodos de estresse. Segundo Schore, o processo de experimentar novamente o afeto positivo depois de uma experiência negativa pode ensinar a criança que a negatividade pode ser suportada e vencida. A resiliência infantil emerge em um contexto interativo no qual a criança e os pais passam do positivo ao negativo e voltam ao afeto positivo. A resiliência na hora de enfrentar o estresse é o último indicador da capacidade de apego e, consequentemente, da saúde mental adaptada.

Quando um bebê tem um cuidador "suficientemente são", diante do choro da criança, cada vez mais intenso, ele reagirá de maneira adequada, consistente e no tempo apropriado. As experiências infantis são acalmadas e consoladas, e a criança desenvolverá um modelo de trabalho interno de união, confiança e conexão com o outro.

Com um cuidador não harmônico ou "não são", o chamado do bebê não será atendido a tempo ou será feito de forma inapropriada e inconsistente. A criança acaba reduzindo sua hiperatividade de outros modos, e às vezes acaba dormindo por esgotamento. Assim, é produzido um desregulamento. A criança só confiará em si mesma, tenderá a prender-se à sua fantasia, ou elaborará fantasias agressivas em relação aos demais.

Tipos de apego

Ainsworth, et al. (1978), desenharam uma situação experimental a partir da qual definiram vários padrões de apego entre a criança e seu cuidador primário. Em seu estudo, colocam a criança com seu cuidador em um local desconhecido para ela, que denominam de "situação estranha". Analisaram nesse contexto a interação entre a criança e a figura de apego, bem como sua reação quando o cuidador ausentava-se. Baseando-se nessas observações, definiram quatro tipos diferentes de apego:

- A maioria das crianças entrou na categoria de *apego seguro* (B): a criança chorava e sentia a falta da mãe quando ela ausentava-se, e acalmava-se quando estava com ela. As mães dessas crianças são sensitivas e estão disponíveis para seus filhos.

- Algumas crianças demonstram pouco ou nenhum mal-estar quando a mãe ausenta-se, e evitam ativamente o contato com ela quando ela retorna. Nesses casos, trata-se de um *apego evitativo* (A).

- Uma pequena porcentagem de crianças ficava muito alterada quando a mãe não estava, mas, ao contrário daquelas que apresentavam um apego seguro, não se acalmavam rapidamente quando a mãe voltava e pareciam resistir às tentativas que a mãe fazia de acalmá-las. Em geral, essas mães parecem ser imprescindíveis em sua disposição de acalmar seus filhos em casa e interrompem as atividades autônomas de exploração dos filhos. Esse seria um padrão de *apego ansioso-resistente* (C).

- Um último grupo de crianças apresentou reações inclassificáveis dentro dos três grupos anteriores. Suas condutas são estranhas, desorganizadas, aparentemente inexplicáveis e com padrões aparentemente incompatíveis na presença do cuidador. Essas contradições podem ser manifestadas no movimento corporal, por exemplo, aproximando-se da mãe ao mesmo tempo em que afasta o rosto, provavelmente refletindo intenções opostas, ou estados imóveis e com expressão ausente, que poderia significar falta de orientação ou desconexão de seu meio. Não há uma atitude bem organizada e coerente. Seria o *apego desorganizado/desorientado* (tipo D).

Relação entre apego e dissociação

Diversos autores relacionaram esse último padrão de apego tipo D com os transtornos dissociativos (Main e Hesse, 1992; Liotti, 1992). Os pais dessas crianças demonstram, por sua vez, muito frequentemente histórias de trauma e de problemas psicológicos, o que os impede de atender as necessidades dos filhos, agindo como se esperassem que os filhos devessem acalmar seu próprio mal-estar (Bowly, 1984).

As crianças que demonstram um padrão de apego desorganizado/desorientado (D) tendem a construir vários modelos do eu que são incoerentes ou incompatíveis. Suas mães às vezes ficam assustadas e, as vezes, agressivas com a criança. A criança pode ver seu cuidador como desamparado e vulnerável, e a si mesma como má por causar mal-estar na mãe. Em outras ocasiões, veem a mãe como ameaçadora e elaboram, como conseqüência, uma imagem de si mesmas como vulneráveis e desamparadas. Por outro lado, a tendência do cuidador de inverter os papeis com a criança e de buscar nela tranquilidade e consolo gera na criança o papel de resgatadora do pai/mãe assustado. A criança não desenvolve uma visão de si mesma consistente e sólida (Liotti, 1992).

Se essas crianças não forem expostas a maus-tratos ou a um abuso adicional, estarão predispostas a apresentar sintomas dissociativos, mas provavelmente não desenvolverão um transtorno dissociativo. Talvez, nem cheguem a consultar um psiquiatra. Mas, quando é adicionado um trauma grave, temos a base para o desenvolvimento futuro de um TID. Para manter um apego com esses pais inconsistentes, a criança deverá por vezes idealizá-los e, dessa forma, estabelecer algo parecido a um apego seguro. Outras vezes, terá que identificar-se com o agressor para sentir-se forte e escapar de sua autoimagem de debilidade e vulnerabilidade. A dissociação, entendida como defesa, pode servir para manter essas imagens das figuras de apego e do eu forte, absolutamente incompatíveis, separadas. A introjeção das figuras abusivas pode ser o germe de estados dissociativos no TID (Blizard, 1997).

Problemas de apego e problemas na relação terapêutica

Um apego desorganizado/desorientado não se relaciona somente com a fragmentação da autoimagem ou identidade da criança, mas também com outros problemas presentes nos pacientes com algum trauma grave, como os relacionados aos limites. Em uma família abusiva, os pais não têm um entendimento claro da criança como indivíduo separado deles e falta-lhes habilidade para ter empatia com os sentimentos do filho. Eles projetarão seus sentimentos na criança e a tratarão como um objeto ou uma extensão de si mesmos. Consequentemente, a criança não conseguirá desenvolver um eu separado de seus pais, o que gerará uma debilidade dos limites, uma dificuldade para distinguir o interno do externo, e uma propensão à projeção e à introjeção.

Outra característica da relação terapêutica que se estabelece com esses pacientes também é provavelmente um reflexo do padrão de apego com seus cuidadores primários. Ela oscilará da mesma forma como ocorria com os pais, vendo o terapeuta como distante ou inacessível, sentindo-se assustada por ele ou agredindo-o. Tudo isso pode acontecer em uma única sessão.

A tendência ao transbordamento emocional, à sensação de falta de controle e à modulação das emoções, e à excessiva dependência do terapeuta em algumas ocasiões também pode estar relacionada a problemas de sincronia com o cuidador primário. Aprendemos a nos cuidar, a nos acalmar, a nos animar, a falar, etc., em função da maneira como recebemos cuidados de nossos pais ou cuidadores. As crianças aprendem a interpretar suas sensações físicas no contexto das interações físicas que têm com a mãe (Van der Kolk, 2001). A única forma pela qual a mãe pode mudar o estado emocional do bebê é mudando suas sensações físicas: ninando-o, alimentando-o, brincando com ele. Segundo Schore (1994), a criança é uma criatura subcortical. Essa situação é muito semelhante à experiência dos indivíduos traumatizados, que sentem-se à mercê de suas sensações, reações físicas e emoções, o que torna difícil para eles modular como se sentem. É frequente a hipereatividade autônoma e a sensação de não ter influência sobre ela. Desse modo, o tipo de apego estabelecido com o cuidador principal pode predispor no futuro a uma reação mais patológica diante de um trauma, incluindo os estados dissociativos.

A sensação que temos é que curar um trauma é como ajudar a cicatrizar uma ferida. Reconstruir um apego inseguro ou instável na idade adulta é uma tarefa mais complexa. É como se tentássemos curar um órgão pouco danificado ou regenerá-lo a partir do zero. Ainda que a relação com o terapeuta influencie todos os aspectos da terapia, nesse último caso ela será peça-chave. Pode ser que a relação com o terapeuta seja a primeira oportunidade de desenvolver uma relação interpessoal estável, de apoio.

Isso não quer dizer que o terapeuta deva substituir as relações reais do paciente, nem assumir os papeis próprios delas. É importante manter esse limite especialmente com esse tipo de paciente. Por outro lado, também devemos ter cuidado com as experiências de abandono e rejeição, que muitas vezes esses pacientes experimentam quando limitamos nossa implicação. Às vezes, encontrar um equilíbrio é difícil.

7: Neurobiologia e Dissociação

Nos últimos anos, avançou-se bastante no que diz respeito à compreensão dos processos normais e patológicos que o sistema nervoso produz ante o trauma. A complexidade do cérebro humano nos afasta de uma explicação verdadeiramente completa desses fenômenos. Porém, alguns aspectos têm sido esclarecidos e iremos comentá-los nesse capítulo.

O cérebro triádico

MacLean (1990) propõe um modelo que denomina "cérebro triádico" (*triunebrain*). Segundo esse modelo, é possível observar vestígios da evolução na estrutura cerebral, sendo considerada, em certa medida, a existência de três cérebros separados, que apresentam uma subjetividade, um sentido de espaço/tempo e memória próprios. Esses três cérebros seriam:

1. O cérebro reptiliano, que inclui o cérebro e o tranco cerebral. Nos répteis, o cérebro está controlado por essas áreas, que regulam as respostas de sobrevivência e a conduta. Esse cérebro controla a musculatura e as funções autônomas, assim como as reações aos estímulos primários.
2. O sistema límbico, que inclui a amígdala, o hipotálamo e o hipocampo. Aqui são geradas as emoções e as respostas instintivas. Os sistemas básicos de ação (fuga, luta, comportamento sexual, alimentação, etc.) são ativados nessas áreas, que colocam em ação sistemas de prevenção de estímulos aversivos e de aproximação a estímulos agradáveis.
3. O neocórtex desenvolve-se nos mamíferos superiores e está encarregado das funções de ordem mais complexa: pensamento, raciocínio, fala, conhecimento, etc.

Alguns modelos de dissociação, sobretudo os conceitos de dissociação horizontal, que separam diferentes "níveis", encaixam-se bem com essa concepção neurofisiológica. O modelo Bask (Braun, 1988, a e b), que entende a dissociação como a cisão entre os elementos comportamentais (*behaviour*), emocionais (*affect*), somáticos (*somatic*) e cognitivos (*knowledge*) da experiência, é um exemplo disso.

Poderíamos entender a partir daqui que os elementos somatosensoriais, relacionados com o cérebro reptiliano, podem estar desconectados do sistema límbico (emoções) e que, por sua vez, ambos os elementos podem estar associados a uma elaboração cognitiva, a uma memória declarativa, como veremos mais adiante, relacionada com o neocórtex.

Algumas terapias de orientação somática, como a terapia sensório-motora de Ogden (2006), utilizam esse modelo, buscando uma regulação de "baixo para cima", que vá desde as respostas mais primitivas do cérebro reptiliano até as mais complexas do neocórtex, reconectando os elementos que haviam se desconectado por causa da situação traumática, gerando assim a dissociação.

Os diferentes tipos de memória
Existem diferentes sistemas de memória, cada um mediado por diferentes estruturas cerebrais (Graf e Schacter, 1985; Chu, et al., 1996; LeDoux, 2000):

1. Uma memória explícita ou declarativa, mediada pelo hipocampo direito e pelo córtex órbito-frontal: é a narrativa que dá sentido a uma experiência. Nem todos eventos serão processados nesse nível.

2. Uma memória implícita, que armazena dados emocionais, sensoriais e somáticos. Qualquer informação dos órgãos sensitivos, dor ou percepções sinestésicas (exceto as olfativas, que vão direto para a amígdala), passa por um filtro talâmico, que a reduz a diversas zonas do córtex em função do nível de excitação. Ao mesmo tempo, o tálamo envia uma informação similar para amígdala, que, em função do nível de excitação, outorgará um valor emocional a essa informação, a partir do qual será feito o processamento declarativo. Se o nível de excitação for muito elevado, o processo pode ser bloqueado. O tipo mais primitivo de memória implícita é a memória procedimental (Scaer, 2001).

As recordações traumáticas estão codificadas em um nível implícito: não existe narrativa para elas. Essas memórias traumáticas são imagens visuais, sensoriais e atos físicos que podem ocupar todo campo perceptivo, tendo resultados assustadores para o indivíduo (Van der Kolk e Van der Hart, 1991). Os sobreviventes de experiências traumáticas são incapazes de criar uma história pessoal completa, de expressar a experiência original verbal e socialmente. Estão presos nessas experiências, que revivenciam mais do que relatam. Mais que histórias, essas memórias traumáticas são experiências sensório-motoras e afetivas (Van der Hart, et al., 2006).

Por outro lado, faltam as características da memória narrativa ou declarativa, que são disparadas, de modo não intencional, ante elementos internos ou externos. São histórias rígidas, que não procuram adaptar-se à escuta. O ritmo é o mesmo do evento traumático, não se congelam no tempo nem se resumem.

Quando a dissociação é importante, o indivíduo pode chegar a contar um relato desprovido de emoção sobre o evento. Porém, essa narrativa carece da flexibilidade e da riqueza da autêntica elaboração de um evento traumático. O paciente conta o que aconteceu como se falasse de alguém que lhe resulta indiferente. A falta de concordância entre o terrível evento e a ressonância emocional aparente, em algumas ocasiões, gera nos clínicos uma impressão de falta de veracidade. Contudo, esse relato indica um trauma maior do que quando o indivíduo nos expressa a situação ou, ainda ancorado na memória implícita, é incapaz de fazê-lo.

O sistema opióide e o transtorno de estresse pós-traumático

Ochberg indica que os animais expostos a um *shock* inevitável desenvolvem uma analgesia quando são expostos novamente a um evento estressante por um breve período de tempo. Essa resposta analgésica ao estresse prolongado ou repetido é mediada pelos opióides endógenos e é reversível pelo opióide antagonista naloxona (Kelly, 1986). Christie e Chesher (1982) demonstraram que, em animais, o estresse prolongado ativava o receptores opiáceos de maneira similar à administração repetida de opióides exógenos. Quando as injeções de naloxona era interrompidas e terminava o estímulo estressante, também produziam-se sintomas de abstinência dos opióides. Nos humanos, foram observadas elevações de endorfina depois de situações de estresse (Cohen, et a., 1982) e exercício (Colt, et al., 1981). Também encontrou-semetencefalina em pacientes que costumavam automutilar-se (Coid, et al., 1983). É provável que, em humanos, a reexposição às situações traumáticas produza uma resposta análoga à observada em animais. A reexposição ao estresse pode ter a mesma resposta que a administração de opióides exógenos. Isso poderia explicar a sensação de calma que muitos indivíduos traumatizados experimentam ante a reexposição ao estresse e dar uma base neuroquímica à tendência de revitimização, tão habitual nesses pacientes (Van der Kolk, 1987).

Em animais perseguidos por predadores, é possível observar essa resposta graficamente. Quando a presa percebe que não há possibilidade de fuga, às vezes antes mesmo de ser alcançada, ela tomba em num estado de inconsciência. Isso pode corresponder a um mecanismo de sobrevivência (aparentando estar morta, pode enganar o predador e fugir) ou representar o efeito externo de uma grande descarga de opióides (analgesia frente a dor iminente). Se o animal finalmente não morre, sai do estado de congelamento sempre com uma reação prévia de agitação. Segundo Scaer (2001), isso corresponde à descarga da memória procedimental. Se essa descarga não for consentida ao animal, por exemplo, mantendo este imobilizado após sair do estado de congelamento, ele desenvolverá comportamentos anormais.

Por outro lado, os opióides endógenos inibem o núcleo talâmico (Bruton e Charpak, 1998), e assim a conexão cortical não é produzida. Isso poderia estar relacionado com a codificação das memórias traumáticas pela memória declarativa e a permanência dos elementos perceptivos do trauma desintegrados e desconectados.

As respostas dissociativas ao trauma seriam equivalentes, em humanos, a esses estados de congelamento em animais. Ocorrem ante situações traumáticas que o indivíduo vive com impotência e com um sentimento de desamparo. Segundo Scaer (2001), o fato de que a espécie humana, sobretudo na cultura ocidental, não possa produzir a descarga da memória procedimental (qualquer reação de agitação será imediatamente contida ou sedada) é um gerador de psicopatologia.

O sistema nervoso autônomo e o eixo hipotálamo-hipófise-supra-renal e sua ativação em situações de perigo

Muitos dos efeitos negativos do estresse sobre o corpo são mediados pelos hormônios de estresse: a adrenalina e cortisol. O cortisol é liberado ante um perigo e ajuda na sobrevivência, mas a longo prazo produz um efeito negativo no organismo (Sapolsky, 1996). A adrenalina estimula o coração e a noradrenalina atua em nível cerebral para focar a atenção. Todo o corpo é ativado.

Porém, no efeito crônico, os níveis elevados de cortisol e aminoácidos excitatórios danificam o hipocampo (Sapolsky, 1996). Além disso, foi observada uma redução do fator neurotrófico cerebral (Nibuya, et al., 1995) e da neurogênese (Gould, et al., 1998), fatores que podem estar relacionados com as alterações cerebrais estruturais e funcionais que veremos a seguir.

Essa resposta ao estresse vai se modificando quando ocorre uma resposta de congelamento. Quando há uma situação ameaçadora, o sistema nervoso simpático é ativado para proporcionar um estado de alerta e uma velocidade maior de reação. Instintivamente, será colocada em marcha uma reação de sobrevivência, que pode ser de três tipos: luta, fuga ou congelamento. Esta última é desencadeada quando a ameaça é grave, mas não há possibilidade de escapar nem de lutar, ou quando a possibilidade de morte é iminente. Fisiologicamente, corresponde a um elevado tom parassimpático e ao ritmo dos resíduos adicionais do estado de excitação simpática anterior. Esse estado de congelamento está relacionado com a descarga opióide associada ao estresse sobre o qual comentamos nos parágrafos anteriores.

Existe uma relação recíproca entre o sistema opióide e o noradrenérgico. A ativação deste último parece mediar a síndrome de abstinência de opiáceos. Existe um forte paralelo (Jaffe e Martin, 1980) entre esses sintomas e os sintomas reativos do transtorno de estresse pós-traumático (TEPT), como ansiedade, irritabilidade, explosões de agressividade, insônia, entre outros. Pode acontecer que a hiperatividade noradrenérgica e a abstinência de opióides sigam juntas, alternando-se. Isso fornece embasamento para o

Anabel Gonzalez

recurso de autolesão como um sistema para baixar a hiperatividade emocional (Ochberg, 1988).

Estudos de neuroimagem em transtornos de estresse pós-traumático e transtorno de estresse pós-traumático complexo

Existem diversos estudos que mostram alterações neuroanatômicas e na função cerebral no TETP. O que é especialmente interessante para nós são as repercussões em nível anatômico e funcional do estresse crônico. Existem menos estudos específicos para transtornos dissociativos, mas, nos últimos anos, mais esforço tem sido dedicado a essa área.

Uma estrutura analisada com frequência é o hipocampo, devido ao seu papel chave nos processos de memória e aprendizagem. Estudos de neuroimagem realizados em animais mostraram que o volume do hipocampo encontrava-se reduzido em sujeitos experimentais expostos a estresse crônico (Bremner, et al., 1995). Em veteranos de guerra, foi encontrada essa mesma redução do volume do hipocampo, que estava relacionada com alterações na memória (Bremner, et al., 1993, 1995). Essa diminuição do volume do hipocampo foi identificada em outros estudos, ainda que não na mesma proporção nem de maneira totalmente consistente (Bremner, et al., 1997; Stein, et al., 1997; Schuff, et al., 2001; Gilbertson, et al., 2002; Villarreal, et al., 2002). Esse efeito sobre o hipocampo parece característico do estresse crônico e é parcialmente reversível e até evitável com tratamento (Bremner, 2005).

Estudos de neuroimagem mostram que indivíduos com diversos traumas, quando vêem imagens relacionadas com os eventos traumáticos, apresentam um acréscimo de fluxo cerebral nas regiões límbicas (amígdala direita, ínsula, córtex órbito-frontal e cingulado anterior), além de uma redução de fluxo no córtex temporal medial e frontal inferior esquerdo (Rauch, et al., 1996). Os veteranos de guerra com TETP apresentaram um fluxo cerebral menor na área pré-frontal média e no córtex auditivo (Bremner, et al., 1999). O cingulado anterior e a amígdala estão mais ativados nos sujeitos com TETP, enquanto que os indivíduos que não apresentam o transtorno possuem as áreas órbito-frontais e o córtex pré-frontal medial mais ativadas. Pessoas com TETP também apresentam uma redução de fluxo sanguíneo no córtex pré-frontal medial e órbito-frontal (Shin, et al., 1997). Ademais, outras pesquisas mostram uma diminuição da função pré-frontal média em veteranos expostos a sons de combate (Liberzon, et al., 1999).

Quando analisamos sujeitos que sofreram traumas prematuros, os resultados são divergentes. Em um estudo com mulheres vítimas de abuso sexual infantil com e sem sintomas de TEPT, no grupo diagnosticado com o transtorno, foi observado, em resposta a imagens de conteúdo traumático, um acréscimo de fluxo sanguíneo em porções do córtex pré-frontal, cingulado posterior e córtex motor. O córtex pré-frontal medial apresentou alterações e havia hipoativação no giro subcaloso, cingulado anterior, hipocampo direito, giro fusiforme temporal inferior, giro supramarginal e córtex visual de associação (Bremner, et al., 1999). Em outra pesquisa, foram identificados acréscimos de fluxo no córtex órbito-frontal e temporal anterior, em ambos os grupos, porém, maiores no grupo com TEPT. As pacientes com TEPT apresentavam uma falha na ativação do cingulado anterior e uma diminuição de fluxo nas porções ântero-mediais do córtex pré-frontal e giro cingulado inferior (Shin, et al., 1999). Em mulheres com TEPT, Bremner, et al. (2003), encontrou uma diminuição da função do hipocampo e do córtex pré-frontal medial durante a recordação de palavras de carga emocional relacionada ao abuso. O volume do hipocampo é menor no grupo de mulheres com TEPT, frente às que não apresentavam o transtorno. Nesses estudos não foi identificada uma ativação consistente da amígdala.

Diversos estudos encontraram déficits no córtex pré-frontal medial e cingulado anterior em grupos com trauma de infância (De Bellis, et al., 2000). Nos estudos com PET (tomografia de emissão de pósitron), foi observado que o córtex pré-frontal medial está implicado nas respostas normais e patológicas ao estresse e emoção, ademais, sua alteração está relacionada com déficits na interpretação de situações emocionais e, portanto, com o déficit de habilidades interpessoais. O córtex pré-frontal medial tem conexões inibidoras com a amígdala e, por isso, possui um papel na inibição da resposta de medo. Esse mecanismo falha no TEPT. A ativação do cingulado anterior faz parte da resposta normal do cérebro ante um estímulo traumático e serve para inibir os sentimentos de medo quando não se está diante de uma ameaça genuína. No TEPT, essa área e córtex pré-frontal medial adjacente estão hipoativadas, o que gera respostas de medo inadequadas ao contexto, que é uma reposta comportamental bem característica no TEPT. Lanius, et al. (2001), identificou em um estudo com ressonância magnética nuclear funcional, uma ativação significativamente diminuta no tálamo, giro cingulado anterior e no giro frontal medial em sujeitos com TETP.

Estudos de neuroimagem e dissociação

No campo da dissociação, temos menos resultados e alguns achados contraditórios. Ehling, et al. (2008), identificou resultados concordantes com uma redução do volume do hipocampo, giro para-hipocâmpico e amígdala em pacientes com transtornos dissociativos complexos, que parecem estar relacionados com a gravidade do sintomas dissociativos. Além disso, indivíduos que se recuperam de um transtorno de identidade dissociativo (TID) têm volumes do hipocampo maiores que os pacientes que não se recuperam. Vermetten, et al. (2006), encontrou volumes do hipocampo e das amígdalas reduzidos em pacientes com TID ante controles saudáveis. Por outro lado, Waniger, et al. (2008), não encontrou tais características, que também podem ser observadas em sujeitos com TEPT devido a traumas de infância, em pacientes dissociativos que sofreram o mesmo tipo de trauma. É evidente que necessitamos de um maior número de estudos para comprovar se as descobertas relativas a TEPT podem ser equivalentes à dissociação severa.

Outros estudos mostram alterações na função de diferentes áreas cerebrais implicadas na integração. Sar, et al. (2007), analisando com SPECT (em português: *tomografia computadorizada por emissão de fóton único*) a diferença entre pacientes com TID e controles sem traumas de infância, encontrou uma diminuição da função da região órbito-frontal bilateral e um acréscimo nas regiões frontais superiores e occipitais, também bilaterais.

Reinders, et al. (2003), relaciona mudanças específicas na atividade cerebral localizada com cada estado mental no TID. Observou-se a existência de padrões de fluxo cerebral diferente para cada um dos estados mentais, destacando os papeis do córtex pré-frontal medial e do córtex associativo posterior. Essa relação entre a mudança dos estados mentais e a mudança de atividade cerebral também foi aludida por outros autores, como, Tsai, et al. (1999).

Função cerebral e dissociação

Dorahy (2001, 2006) considera que os indivíduos dissociativos desenvolvem uma organização mental alterada, que denomina "modelo de processamento dissociativo". Esse modelo pode servir para monitorar as ameaças e caracteriza-se pelo desvio da atenção seletiva para múltiplas causas de processamento de informação, um enfraquecimento da inibição cognitiva e o direcionamento da consciência para algumas informações, ao mesmo tempo em que se distancia de outras. O indivíduo torna-se muito consciente de indícios de ameaça, com uma alta reatividade a situações interpretadas como perigosas, mas com uma débil consciência sobre outros estímulos e processos.

As alterações de memória nos pacientes dissociativos foram analisadas por diversos estudos. Guralnik, et al. (2000), identificou déficits em alguns tipos de memória visual e associativa, mas não na associação de material verbal em pacientes com transtorno de despersonalização.

Outros estudos apresentam resultados contraditórios. Em pacientes com transtorno dissociativo, Elzinga, et al. (2007), observou um rendimento melhor na memória de trabalho e uma maior ativação das regiões fronto-parietais relacionadas com essa memória, em comparação com sujeitos normais.

Em sujeitos com transtorno de despersonalização, Guralnik, et al. (2000), não identificou déficits das funções executivas, raciocínio abstrato nem flexibilidade cognitiva.

Por outro lado, em pacientes com TEPT e transtorno dissociativo, Roca, et al. (2006), encontrou um pior rendimento na memória de trabalho, aprendizagem verbal e flexibilidade cognitiva.

Em pacientes psiquiátricos com diferentes diagnósticos e um alto grau de dissociação, foi observada uma piora da memória declarativa e procedimental (Prohl, et al., 2001), além de déficits nas funções executivas (Cima, et al., 2001).

Amrhein, et al. (2008), analisou a atenção, memória e controle executivos em indivíduos com alta tendência a dissociação, sem um transtorno psiquiátrico ou neurológico. Nessa pesquisa, identificou um desempenho deficiente nas tarefas de memória de associação verbal dependente do contexto, memória de trabalho viso-espacial e controle executivo (alta perseverança e falsos positivos).

Portanto, focando-se em transtorno de despersonalização, com exceção de um dos estudos, a análise das funções mentais orienta a uma disfunção em determinados tipos de memória viso-espacial e dependente do contexto (aspectos relacionados com o hipocampo), assim como da função executiva (áreas pré-frontais).

Os estudos sobre a consciência

Os transtornos dissociativos são simplesmente problemas de memória e função executiva. Um aspecto central é a alteração da consciência.

A consciência, longe de ser uma construção única, está composta por distintos aspectos, Tirapu-Ustárroz, et al. (2003), comentam a multiplicidade de conceitos que aparecem na literatura relacionada com a definição de consciência. Surge então a pergunta: na consciência, existem diferentes níveis de complexidade que dependem de estruturas neuroanatômicas diferenciadas?

1. Alerta
2. Experiência consciente
3. Consciência
4. Autoconsciência
5. Teoria da mente

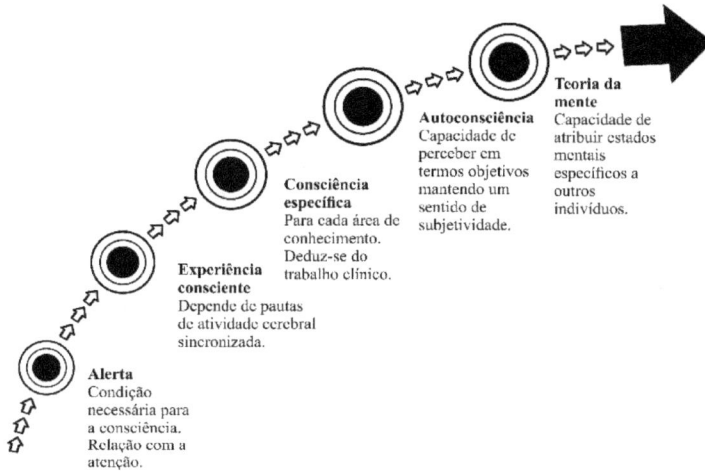

Alerta
Condição
necessária para
a consciência.
Relação com a
atenção.

**Experiência
consciente**
Depende de pautas
de atividade cerebral
sincronizada.

**Consciência
específica**
Para cada área de
conhecimento.
Deduz-se do
trabalho clínico.

Autoconsciência
Capacidade de
perceber em
termos objetivos
mantendo um
sentido de
subjetividade.

**Teoria da
mente**
Capacidade de
atribuir estados
mentais
específicos a
outros
indivíduos.

Nos indivíduos com traumas severos, observamos alterações em diferentes níveis, mas, sobretudo nos níveis superiores. A autoconsciência, o sentido de subjetividade estão reduzidos ou fragmentados.

As estruturas mentais com uma função integradora estão conectadas com o sentido do "eu" (Strehler, 1991). Essas estruturas são:

1. O colículo superior: recebe os inputs sensoriais, afetivos e do córtex, produzindo sínteses contínuas de elementos internos e externos.
2. O tálamo: é um conjunto de núcleos com vias aferentes e eferentes a cada uma das áreas cerebrais. Uma de suas funções é a integração da informação (seu fracasso leva à desintegração sensorial e cognitiva).
3. O giro cingulado anterior: mediador das mudanças atencionais, conecta afeto com cognição e atua como filtro emocional.
4. O cerebelo: conectado com o córtex, o tálamo, hipotálamo, a formação reticular e o córtex frontal.

Contudo, a relação entre esse conhecimento sobre a consciência e as disfunções nos transtornos dissociativos é uma hipótese. Poderíamos pensar que a alteração das estruturas com função integradora, mais complexas, estaria relacionada com a fragmentação característica da dissociação. Porém, a alteração dessas estruturas está relacionada com diversos transtornos mentais. Ainda estamos longe de saber quais aspectos são comuns e quais são diferentes na dissociação em particular.

Além disso, as funções mais desenvolvidas da consciência, provavelmente, dependem de uma interconexão entre diferentes elementos e dificilmente poderemos associá-los a lesões anatômicas circunscritas em nível cerebral. O trauma grave e o apego disfuncional poderiam ocasionar um não desenvolvimento das funções cerebrais mais complexas e holísticas do sistema nervoso, relacionando isso com a ausência de autoconsciência (*nonrealization*) definida por Van der Hart, et al. (2006).

Por exemplo, o sentido de agência é um aspecto central da autoconsciência humana e relaciona-se com a experiência de si próprio como agente das próprias ações (David, et al., 2008). A estrutura mais apta para explicar esse sentido de agência implica um modelo multifatorial e multinível, que integra diferentes teorias e resultados. Esse fenômeno é de natureza complexa e, portanto, requer uma explicação integrativa. Esse sentido de agência está claramente afetado nos casos de dissociação severa, tanto nos fenômenos de intrusão (emoções, pensamentos ou sensações não reconhecidas como próprias) como na presença de estados mentais ou partes dissociadas, cada uma com um sentido de agência (identidade) diferente.

Como integrar todos esses modelos e resultados

Lanius (2008) indica que muitas áreas com funções integradoras apresentaram disfunções em pacientes com TEPT e dissociação.

1. O córtex pré-frontal medial monitora e modula as emoções, exerce um controle inibidor dos mecanismos emocionais do sistema límbico e está relacionado com a autoconsciência.
2. O giro cingulado anterior regula as mudanças autônomas ante os estímulos emocionais e a atenção. Este também está implicado na integração de aspectos cognitivos e emocionais da experiência.
3. O tálamo é um filtro da informação sensorial (exceto a olfativa) e regula a conexão com o córtex.

O córtex pré-frontal está hipoativado no TEPT, mas os resultados nesse nível não são claros para os transtornos dissociativos. Se entendemos que os transtornos dissociativos estão relacionados não apenas com o trauma, mas também com um apego desorganizado, seria esperada uma hipofunção em nível pré-frontal (Schore, 2000, 2001). Contudo, essas explicações são provavelmente muito simplistas e os resultados empíricos, até o momento, são insuficientes e contraditórios.

O papel dos opióides endógenos é complexo. Não estão implicados apenas na resposta de congelamento, mas também nas respostas de apego prematuro e sua disfunção nos traumas severos e, possivelmente, na pré-disposição à depressão e ansiedade. É possível que todos esses fatores estejamestreitamente relacionados.

Teicher, et al. (2002), desenvolveram uma teoria compreensiva que relaciona aspectos da neurobiologia do desenvolvimento infantil e as repercussões do estresse crônico e do trauma no cérebro. Segundo esses autores, estresse severo e maus tratos provocam eventos em cadeia com potencial para alterar o desenvolvimento cerebral. O primeiro passo dessa cadeia é a programação dos sistemas glucocorticóide, noradrenérgico e vasopressina-ocitocina para aumentar a resposta ao estresse. Esses neuro-hormônios produzem efeitos na neurogênese, sinapses e mielinização durante períodos especialmente sensíveis. As consequências principais são: redução das porções médias do corpo caloso, menor desenvolvimento do neocórtexfronto-temporal esquerdo, hipocampo e amígdala, assim como uma atividade elétrica fronto-temporal anormal e a redução da atividade funcional do vermis cerebelar. Essas alterações dão sustento neurobiológico para explicar por que o abuso precoce aumenta o risco de desenvolvimento de TEPT, depressão, sintomas de déficit de atenção com hiperatividade, transtorno de personalidade *borderline*, TID e abuso de substâncias. Indo um pouco além, essa explicação nos ajudaria a entender porque o espectro pós-traumático abarca patologias aparentemente tão diversas.

Forrest (2001) propõe, baseando-se no conceito de "estados comportamentais discretos", de Putnam (1997), o que define como "modelo órbito-frontal" de desenvolvimento do TID. Esse autor elabora, a partir do papel do córtex órbito-frontal, um mecanismo neuroevolutivo para o surgimento de múltiplas representações do "eu". Forrest leva em consideração a neurobiologia do córtex órbito-frontal e seu papel protetor inibitório na organização da conduta, o desenvolvimento de regulamento emocional, o desenvolvimento do "eu" e os processos de reorganização cortical dependentes da experiência. Esses autores defendem que o desenvolvimento maturacional dependente da experiência do córtex órbito-frontal em ambientes abusivos prematuros, caracterizados pela descontinuidade das interações didáticas sócio-afetivas entre a criança e o cuidador, pode ser responsável por um padrão de inibição lateral entre subconjuntos de representações do "eu", que normalmente estão integrados em um "eu" unificado. A ideia básica é que a descontinuidade no ambiente cuidador manifesta-se na descontinuidade da organização do "eu" criança em desenvolvimento.

Em resumo, os processos de memória são prejudicados em situações de trauma, apresentando características particulares na memória traumática. Nesses processos, os sistemas opióide e noradrenérgico parecem estar implicados. Outro grupo de disfunções cerebrais advém da existência de um apego prematuro desorganizado ou problemático, que parece estar relacionado tanto com as alterações neuroendócrinas quanto com a menor função das áreas integradoras. Nos traumas prematuros severos e na dissociação parece existir uma alteração nas funções cerebrais mais globais e de maior complexidade. A regulação de aspectos como a autoconsciência tem um funcionamento complexo e, provavelmente, não está associado a áreas cerebrais circunscritas. As explicações que fazem o link entre neurobiologia e psicopatologia ainda são hipóteses que necessitam de maior fundamentação, mas algumas peças já começaram a encaixar-se.

8: Corpo e Dissociação

Situação atual

O corpo e a mente têm sido analisados pelo pensamento científico ocidental como entidades separadas, embora a realidade nos questione constantemente quanto à validade dessa visão dicotômica. Cada vez mais investigações apresentam dados de conexão entre o sistema nervoso e imunológico, endócrino... Tudo que está relacionado e essa separação artificial está nos confundindo.

Outro problema é o caráter puramente descritivo e supostamente ateórico das classificações internacionais de doenças mentais. Caímos no erro de acreditar que conhecemos um fenômeno quando somos capazes de nomeá-lo. Quando chegamos num ponto onde o paciente não se encaixa em nossas classificações, criamos uma nova para incluí-lo. Isso tem levado a uma proliferação de nomes que nos auxiliam muito pouco na hora de abordar o caso e encontrar uma via terapêutica.

Buscando um enfoque diferente, a classificação europeia (CID 10) inclui os transtornos conversivos no mesmo capítulo dos dissociativos, afirmando a natureza dissociativa de ambos. A classificação americana (DSM-IV) continua classificando-os de forma separada, provavelmente por influência dos conceitos freudianos. Freud tentou distinguir repressão, dissociação, somatização e conversão. Os transtornos baseados nesses mecanismos são denominados transtornos conversivos. Embora as edições recentes das classificações psiquiátricas busquem focar na descrição das síndromes e não na fisiopatologia, neste caso foi mantido o termo clássico, talvez pela força do hábito. Contudo, essas distinções não são claras e a classificação europeia parece a mais acertada nesse termo. Muitas vezes, os sintomas conversivos ocorrem dentro de um transtorno pós-traumático crônico (Ross, 1989).

O transtorno por somatização também aparece estreitamente vinculado à patologia dissociativa, sugerindo uma classificação conjunta ao invés de separá-los em capítulos diferentes. Bliss (1986) aponta que 42% dos pacientes com síndrome de Briquet também reúnem critérios para o transtorno de identidade dissociativo (TID). Além disso, 76% dos pacientes inicialmente diagnosticados com

Anabel Gonzalez

TIM também cumprem critérios para o transtorno por somatização. Putnam (1986) e Loewenstein encontraram um histórico significativo de somatizaçãocrônica e sintomas conversivos em amostragens de homens e mulheres com TID. Mais de 97% dos casos desta série mencionavam histórias de abuso ou trauma grave na infância. Outros estudos (Pribor, 1993) também confirmam essa associação entre trauma e síndrome de Briquet, defendendo a inclusão de ambos dentro do chamado " espectro pós-traumático". Saxe (1994) descobriu que a maioria dos pacientes com transtorno de somatização também reúne critérios para o transtorno dissociativo, e que o grau de dissociação está relacionado com o grau de somatização.

Algo semelhante ocorre com os transtornos somatomorfos, onde se encontra uma alta conexão com os transtornos dissociativos. Segundo Rodin (1998), diversos estudos sugerem que é possível encontrar uma história de trauma e propensão à dissociação nesses pacientes. Os sintomas dolorosos e as disfunções sexuais também estão classificados separadamente, ainda que observações clínicas indiquemser fenômenos dissociativos (Nijenhuis, 2000).

Está evidente que é necessário modificar as classificações, mas, acima de tudo, articular modelos teóricos que nos permitam entender e tratar esses processos adequadamente.

O trauma e o corpo

O efeito do trauma no indivíduo não pode ser compreendido separadamente do efeito corporal (Levine, 1997; Scaer, 2001; Ogden e Minton, 2000; Ogden, et al., 2006). A memória implícita e, especificamente, segundo Scaer (2001), a memória procedimental podem ser expressas como sintomas físicos que nos falam do evento traumático. Por exemplo, uma mulher apresenta uma paralisia no braço, cuja origem desconhece. Ao fazer referência à amnésia, recorda-se de um evento traumático onde estava sendo torturada. Durante esse episódio, seu braço direito (agora paralisado) estava atado. Ela estava grávida e tentava desesperadamente soltar a mão para proteger seu bebê. Esse ato defensivo que não pode ser executado continuava armazenado como uma memória implícita (Ramos 2007).

Um trauma pode provocar transtornos muito antes que exista memória declarativa, em fases pré-verbais de desenvolvimento (Chu, et al., 1996). Nesse caso encontraríamos apenas rastros somáticos e, talvez, emocionais, mas não uma lembrança verbal da situação traumática.

Em traumas posteriores também é possível encontrar lembranças somáticas, que podem estar completamente dissociadas dos aspectos cognitivos. Por exemplo, uma paciente responde a uma pergunta sobre ter sofrido abusos sexuais na infância apresentando uma intensa sensação de náusea e dizendo: "Não tenho lembranças disso, mas sinto como se tivesse acontecido".

A resposta defensiva de congelamento muitas vezes supõe o bloqueio das respostas proativas (luta e fuga). As respostas proativas não realizadas pela impossibilidade de lutar (por um poder maior ou autoridade do agressor) ou de fugir (situação de *choque* inevitável) permanecem armazenadas na memória procedimental e transformam-se em sintomas. Se observarmos cuidadosamente esses sintomas, veremos que muitas vezes têm relação com essas respostas congeladas ou bloqueadas.

Por exemplo, uma paciente pode sentir que tem algo preso em sua garganta. Ela quis gritar quando foi agredida, mas ficou paralisada e não saiu nenhum som de sua boca. Uma tensão no braço é uma resposta à luta que não ocorreu, porque o sistema, para proteger-se, optou por submeter-se ao agressor. Uma inquietude nas pernas corresponde à resposta da fuga, que o organismo bloqueou ante à falta de saídas viáveis.

Levine (1997) e Ogden, et al. (2006), trabalham com essas sensações, desbloqueando essas memórias armazenadas de modo disfuncional no momento do trauma. Ogden, et al. (2006) e Ogden e Fisher (2008) destacam que a maioria das orientações psicoterapêuticas conferem pouca atenção aos aspectos somáticos, partindo da ideia de que ocorre uma regulação de "cima para baixo". Assim, a terapia cognitivo-comportamental (TCC) foca o trabalho na parte superior desse eixo (o neocórtex, a parte mais evoluída do cérebro triádico de MacLean), supondo que as mudanças nesse nível serão transmitidas automaticamente para os níveis inferiores. As terapias psicodinâmicas estão baseadas no trabalho com os elementos emocionais e na conexão emocional com eventos passados. Ogden indica que a conexão entre esse trabalho em níveis cerebrais organizativos superiores e o nível sensório-motor inferior (o cérebro mais primitivo, reptiliano) não são produzidas automaticamente. Na realidade, todos passam por essa experiência, seja qual for a nossa orientação, ainda que alguns elementos possam ser modificados com o trabalho dessas cognições ou emoções. Muitas vezes, os aspectos somáticos permanecem inalterados e não são resolvidos na mesma proporção dos demais.

Ao contrário, Ogden propõe uma regulação de "baixo para cima", não como oposta, mas como complementar a outras abordagens. Nessa aproximação são explorados os sintomas repetitivos somáticos subjacentes, as inibições de movimento e as intrusões somatossensoriais típicas do trauma não resolvido.

Modelo teórico integrador: o conceito de dissociação somatomorfa

Este conceito começou na psiquiatria francesa do século XIX. Nessa época, muitos autores centraram-se especialmente nas manifestações somáticas da histeria (Nijenhuis, 2000). Durante a Primeira Guerra Mundial, foram descritos muitos casos de dissociação somatomorfas entre os soldados traumatizados (Van der Hart, 2000).

A dissociação somatomorfa e a psicologia são, como mencionado anteriormente, fenômenos estreitamente relacionados, mas não completamente sobrepostos (Nijenhuis, 2000).

Dentro do conceito de dissociação somatomorfa estão incluídos tanto sintomas negativos (anestesia, analgesia e inibições motoras) como positivos (dor localizada, convulsões, sintomas somáticos intrusivos). Esta distinção já havia sido estabelecida por Janet, que os denominou "estigmas" e "acidentes mentais".

Recordemos a teoria da dissociação estrutural de Van der Hart (2000), que reconhece a distinção de Myers entre a personalidade aparentemente normal (PAN), encarregada de levar a vida cotidiana em frente, e a personalidade emocional (PE), que contém o trauma associado. Esta divisão está, segundo os autores, presente em qualquer transtorno derivado do trauma, desde o transtorno de stress pós-traumático (TSPT) até o TID. No seu formato mais simples (uma PAN ou uma PE), constituem o que os autores denominam dissociação estrutural primária. Quanto mais complexo é o transtorno dissociativo (o extremo de maior gravidade dentro do espectro pós-traumático seria o TID), mais é observada a fragmentação da PE (transtorno dissociativo não especificado [TDNE] e transtorno de personalidade limítrofe [TPL]) e da PAN (TID).

Os conceitos atuais dos transtornos dissociativos ou de conversão, geralmente, enfatizam os sintomas de dissociação somatomorfa negativa, o que implica numa perda mais ou menos permanente da funcionalidade da PAN: perdas de memória, sensações, funções perceptivas ou motoras. Em contrapartida, a PE caracteriza-se melhor por re-experimentações sensório-motoras traumáticas, que podem ser experimentadas pela intrusão da PAN. A dissociação somatomorfa é apenas uma das formas de resposta ao trauma, estando compreendida dentro de uma teoria global integradora que abarca a dissociação somatomorfa e psicológica.

Corpo e Psicoterapia

Nos modelos teóricos de dissociação o somático geralmente está presente. Um dos mais relevantes é o modelo BASK (Braun, 1988a, 1988b). Estas iniciais correspondem a *behavior* (conduta), *affect* (emoção), *sensation* (sensação somática) e *knowledge* (conhecimento). De acordo com este modelo, a informação é processada ao longo desses quatro níveis, com um funcionamento integrado que requer que todos eles estejam presentes em sincronia. A dissociação ocorre quando algum desses elementos está desconectado do resto, por exemplo: um indivíduo pode ter uma reação emocional sem entender por que isso ocorre em nível cognitivo, ou o inverso, pode ter conhecimento racional de uma situação que não corresponde à sua resposta emocional. Com as sensações acontece o mesmo: uma pessoa sente que algo lhe aperta a garganta e isto pode ser apenas o componente de uma experiência prévia de agressão, que não pode acessar os níveis cognitivos.

Os modelos de psicoterapia mais aceitos, como a TCC, estão baseados unicamente em uma parte deste esquema: conduta e cognição. A emoção e o somático ficam de fora ou como elementos acessórios. Por isso, o trabalho terapêutico debruça-se mais sobre a memória explícita ou declarativa do que sobre a memória implícita. Van der Kolk (2001) aponta que a psicoterapia tradicional está centrada em construir uma narrativa que explique por que uma pessoa sente-se de determinada maneira, com a expectativa de que, entendendo o contexto em que foram gerados, os sintomas

Anabel Gonzalez

(sensações, percepções, emoções e reações físicas) desapareçam. Contudo, esta suposição básica está longe de ser demonstrada, como aponta Ogden e Milton (2000).

Outro modelo, proposto por Levine (1997), é o SIBAM. Esse modelo destaca os aspectos somáticos da resposta traumática, que segundo o autor são compostos por diversos elementos (que compõem a sigla em inglês): *sensações* (respostas sinestésicas e proprioceptivas), *imagens* (representações internas de estímulos externos, incluindo os visuais, auditivos, tácteis, gustativos e olfatórios), *condutas* (voluntárias e involuntárias, incluindo as gestuais, emocionais, posturais, autonômicas e arquetípicas), *afetos* (incluindo a emoção, mas de forma mais ampla), e *significado* (incluindo cognição, pensamento e conhecimento, mas de forma mais ampla também). Levine, a partir desse modelo conceitual, propõe uma terapia centrada principalmente na sensopercepção, insistindo na diferenciação entre esta e a emoção. Ao ensinar o indivíduo a ser consciente de sua sensopercepção e permitir que o corpo processe os elementos traumáticos, o trauma seria resolvido. Segundo Levine, os animais, ao tentarem controlar suas percepções somáticas básicas desde o racional ou emocional, conservam sua capacidade de auto cura de traumas. Nos seres humanos esta capacidade é perdida, devido à tentativa de "controlar" a sensopercepção, que, desse modo, fica bloqueada, gerando patologia pós-traumática. As teorias propostas por Scaer (2001) estão nessa mesma linha, assim como os modelos terapêuticos de Rothschild (2000) e Ogden (2006).

A terapia sensório-motora de Pat Ogden (2006) é particularmente interessante, já que oferece uma abordagem predominantemente somática da patologia psíquica, mas baseando isso de maneira bastante sólida na teoria da dissociação estrutural (Van der Hart, et al., 2006). Ogden e Fisher (2008) descreveram a inter-relação entre trauma, apego e dissociação, sua repercussão no corpo e o tratamento a partir de intervenções desde o somático.

A terapia está evoluindo para a integração de vários modelos diferentes já existentes, superando antigas visões polarizadas. Além disso, continuam surgindo modalidades terapêuticas completamente novas e muito interessantes, que trabalham com todos os elementos cognitivos, emocionais e somáticos. Um bom exemplo desse tipo de tratamento é o EMDR1*

(*Eye Movement Desensitization and Reprocessing*) de Shapiro (2004). O esquema básico dessa terapia, desenvolvida inicialmente para o TEPT, consiste em focar a atenção do paciente em uma imagem da cena traumática, identificando uma cognição negativa associada (e uma cognição positiva alternativa), uma emoção predominante e uma sensação somática. Partindo de todos esses elementos, é feita uma estimulação bilateral alternada do cérebro e é solicitado ao paciente que comente as imagens que vierem a sua mente, de modo espontâneo. A pessoa vai associando as cenas, com suas correspondentes emoções e sensopercepções, até terminar com uma cena positiva ou neutra. Repetindo essas cadências associativas, a cena traumática vai sendo processada e a emoção disfuncional vai neutralizando-se e descarregando-se. Em alguns casos, o efeito dessas intervenções é assustadoramente rápido e eficaz.

Em resumo, não podemos trabalhar com pacientes dissociativos se não levarmos em conta os sintomas e reações corporais. Algumas modalidades de terapia já incluem o somático entre seus elementos. Se não for assim com nossos casos, teremos que fortalecer nossa formação nessa área. Do contrário, corremos o risco de deixar à margem do tratamento uma parte fundamental do que está acontecendo com o paciente.

---

[1]O EMDR é um método inicialmente desenvolvido para tratar o estresse pós-traumático. É obra de uma descoberta casual do efeito dessensibilizador dos movimentos oculares sobre pensamentos desagradáveis. Diante disso, Shapiro desenvolveu um procedimento para o tratamento do trauma que implica não apenas no efeito dessensibilizador, mas no processamento da informação. Trata-se de um método integrativo, no qualse trabalha com componentes emocionais, cognitivos e somáticos associados à imagem traumática. Além disso, espontaneamente, o paciente liga circunstâncias atuais com situações prévias, conseguindo que cenas passadas deixem de condicionar reações presentes. Os guias clínicos internacionais o reconhecem como um método eficaz e cientificamente validado para o tratamento de TEPT. Sua aplicação nos transtornos dissociativos requer um conhecimento profundo do esquema de trabalho com tais pacientes e possui características significativas nesses casos.

II. Tratamento

9: Tratamento: Aspectos Gerais

Vale a pena aprofundar no tema?

É evidente que, se o leitor chegou até aqui, o tema desperta ao menos curiosidade. Porém, terá realmente relevância técnica? Vai nos acrescentar algo na hora de trabalhar com nossos pacientes?

Essa é uma pergunta importante nos dias de hoje. Por experiência, sabemos que na psiquiatria e psicologia constantemente surgem novas classificações diagnósticas, além de uma proliferação de nomes que muitas vezes confundem mais que ajudam. A patologia mental é difícil de classificar e, conforme vamos encontrado novos casos que não se encaixam nos diagnósticos habituais, buscamos uma nova denominação para esses "casos intermediários". Por exemplo, todas as categorias dentro do campo dos quadros psicóticos: esquizofrenia, transtorno esquizofreniforme, transtorno esquizotípico... não contribuem muito na hora de abordar esses casos; o que nos interessa na prática clinica é definir se o paciente está ou não dentro do campo da psicose esquizofrênica, já que isso tem implicações terapêuticas e prognósticas significativas. Sabemos que existe um continuum de gravidade dentro dessas patologias e isso nos basta. O nome pouco importa.

Ocorre o mesmo com os transtornos dissociativos? Trata-se de uma descoberta acessória e irrelevante para o tratamento? Faremos o mesmo com o paciente se ele apresentar um quadro dissociativo significativo ou não? Não seria melhor "deixar correr" e nos concentrarmos nos demais aspectos da sintomatologia?

A última pergunta não é trivial por dois motivos. Primeiramente, apesar de questionarmos - nos capítulos anteriores - a crença de que, ao focar nos sintomas dissociativos do paciente, eles podem aumentar e ficar mais intensos, é provável que tal crença ainda seja levada em consideração pelo leitor. Nossa experiência com colegas de trabalho, com quem debatemos todos esses temas, é que, embora eles próprios tenham evidenciado em alguns pacientes a existência de uma patologia dissociativa "sobreposta", ao trabalhar nesses casos, continuam com os mesmos preconceitos. Essa postura é diretamente proporcional aos anos de experiência clínica do profissional. É claro que, se não temos apenas ideias pré-estabelecidas, valorizamos as novidades com maior naturalidade.

Em segundo lugar, podemos dizer que o melhor é não entrar no território dissociativo, porque vemos essa área como pantanosa. "Se entramos por aí, não sabemos onde é a saída". Isso também está relacionado com o tempo de experiência clínica. Todos temos nossos mapas e referências e, ainda que esses mapas nem sempre nos orientem bem sobre como abordar alguns casos, eles são nossos esquemas de trabalho. Algumas novas teorias são mais aceitas, pois encaixam-se em nossos esquemas, não exigem um remapeamento dos paradigmas basilares da nossa metodologia. Por isso, acredito que o transtorno de personalidade limítrofe (TPL), mesmo com um diagnóstico tão difícil, foi mais aceito. Além disso, o fato de algumas terapias behavioristas mostrarem-se empiricamente úteis - como é o caso da terapia comportamental dialética de Linehan (2003) - ajudou a assimilar seus pressupostos. As fontes teóricas que alimentam o terreno da dissociação são bastante diversas e demandam uma reordenação dos nossos pilares conceituais. Portanto, é comum que apresentemos alguma resistência.

Qual a diferença entre o tratamento desses pacientes?

1. Abordar especificamente a fragmentação

Se partirmos da teoria da dissociação estrutural, a fragmentação da personalidade pelo trauma é o mecanismo central dos transtornos dissociativos e de todos os quadros de base traumática. Portanto, atuar no sentido de reparar essa fragmentação deverá ser o elemento focal da terapia. Para isso, é preciso levar em conta que existem diferentes estados mentais no paciente, então, devemos utilizar técnicas específicas que nos permitam conduzir esses aspectos.

Estudos empíricos mostram que não abordar diretamente a fragmentação da personalidade e os sintomas dissociativos contribui para uma piora do prognóstico. Kluft (2003) afirma que praticamente todos os tratamentos eficazes publicados acharam útil, essencial até, trabalhar com as partes dissociadas. Segundo o mesmo autor, apenas 2-3% dos pacientes diagnosticados com transtorno de identidade dissociativa (TID), que é o transtorno dissociativo mais grave, alcançam a integração sem ter passado por um tratamento que inclua um trabalho com as partes ou estados mentais de maneira específica.

2. O roteiro ou linha de conduta

As fases do tratamento estão estabelecidas nas diretrizes clínicas da ISSD (Sociedade Internacional de Estudos da Dissociação). É necessário uma fase de estabilização e estabelecimento de segurança, uma segunda de trabalho com o trauma e, por último, um trabalho específico de integração das partes dissociadas. É contraproducente ignorar a fragmentação e a presença de um transtorno dissociativo, assim como a base traumática destes. Porém, tratar diretamente as lembranças traumáticas desses pacientes pode ser igualmente problemático, se não cuidarmos primeiro que a pessoa esteja em condições de manejar e elaborar essas lembranças de um modo e ritmo adequados. Por isso, é de vital importância essa primeira fase de estabilização e segurança.

3. A relação terapêutica

Os pacientes com traumas graves, muitas vezes, apresentam problemas complexos com a relação terapêutica. Esses problemas têm sua raiz no apego disfuncional que frequentemente ocorre na infância dessas pessoas, assim como nas experiências traumáticas. Algumas dessas dificuldades de relacionamento são do mesmo tipo das que encontramos no tratamento de pacientes com transtorno de personalidade, particularmente TPL. Comentamos anteriormente que a maioria desses pacientes apresentaria, pelo menos, uma dissociação estrutural secundária. A partir do modelo de trauma (Ross, 2000), é possível verificar um amplo grupo de patologias que partilham uma mesma base traumática. Comentaremos nos capítulos seguintes aspectos particulares da relação terapêutica desses pacientes.

4. As técnicas

Existem técnicas específicas, procedentes de vários campos teóricos. Muitas ferramentas são adaptações de técnicas de diversas escolas, aplicadas ao trabalho com transtornos dissociativos. Podemos fazer um trabalho cognitivo sobre as distorções graves apresentadas por esses pacientes, entendendo como são geradas e quais distintos estados de consciência podem apresentar diferentes distorções cognitivas. Podemos trabalhar com um modelo sistêmico em cima da relação entre as distintas partes em que a consciência e a identidade do pacientes estão fragmentadas. Os conceitos psicodinâmicos são aplicáveis ao relacionamento com o paciente, entendendo sempre que essa relação pode mudar de acordo com a fragmentação da mente do paciente com que estamos nos relacionando num dado momento. Todas as técnicas que sabemos manejar podem ter sua utilidade, sempre que tivermos um roteiro para saber onde aplicá-las e alguns objetivos terapêuticos definidos.

Muitos autores elaboraram técnicas e intervenções específicas (Phillips e Frederick, 1995). Não vamos descrevê-las todas, já que isso estenderia os limites de um livro introdutório como este.

O estado atual do tratamento dos transtornos dissociativos

Todos já tratamos muitos desses pacientes, ainda que não tenham sido diagnosticados como tal, e nossa abordagem partiu de outros sintomas apresentados. Contudo, os estudiosos desse grupo populacional costumam mostrar um grande número de diagnósticos diferentes e tratamentos ineficazes (Ross, 1989).

Mesmo quando os sintomas dissociativos são diagnosticados, na Europa, geralmente, estes não costumam ser entendidos em termos de fragmentação mental ou estados mentais. Como mencionado no capítulo 2, em nosso país, é comum trabalharmos com um conceito de dissociação "horizontal", de algum modo relacionado aos conceitos de consciente e inconsciente, ou relacionados à diminuição ou estreitamento do nível de consciência.

Lembre-se que este livro parte da ideia da dissociação como fragmentação da consciência (um conceito "vertical" de dissociação). Por isso, o tratamento deve incluir necessariamente a abordagem da dita fragmentação e um objetivo significativo será a integração dos elementos dissociados. Naturalmente, esse não será nosso único objetivo, já que devemos procurar formas de melhorar o nível geral de funcionamento mental do paciente - o que Van der Hart, Steele e Nijenhuis denominam como eficiência mental - assim como ajudar a pessoa a viver no presente, deixando de ficar condicionada pelas experiências traumáticas passadas. O indivíduo deve adquirir um nível de consciência mais ampliado, ressignificando não apenas suas experiências prévias, mas seu modo de estar no mundo (*realization*). Contudo, levar em conta a fragmentação é fundamental e é a principal diferença da abordagem psicoterapêutica habitual.

Kluft classifica as terapias recebidas por esses pacientes em três grupos:

a) *Rigidez procustiana:*

De acordo com o mito grego, as pessoas sempre cabiam na cama de Procusto, se não, ele cortava as pernas para que coubessem. Aqui, o terapeuta força o diagnóstico e o tratamento para encaixar esses pacientes na sua linha teórica profissional. Isso é mais comum entre terapeutas com muitos anos de experiência. Um dos meus pacientes, previamente, foi avaliado por distintos profissionais. Vários o diagnosticaram com transtorno esquizofreniforme, porque, dentre outros sintomas, ouvia vozes. Entretanto, seu histórico estava repleto de notas que mostravam a discordância dos próprios terapeutas com este diagnóstico, como, por exemplo: "os sintomas são psicóticos, mas o contato não encaixa..."; "ouve vozes, mas não parece esquizofrênico...".

b) *Minimização:*

Os sintomas dissociativos são reconhecidos, mas são ignorados ou recebem pouca importância, pensando que isso os fará desaparecer, enquanto trabalhar com eles irá "fortalecê-los". Os sintomas dissociativos são interpretados como "chamadas de atenção" (uma das expressões mais danosas da terminologia psiquiátrica) e isso gera uma atitude negativa por parte do terapeuta.

c) *Terapias que abordam de modo central os sintomas dissociativos:*

Ao contrário do que dizem os minimizadores, existem vários estudos que mostram que trabalhar com os sintomas dissociativos diretamente, ao invés de potencializá-los, a longo prazo, traz mais benefícios do que focar nos demais aspectos da psicopatologia desses casos (Kluft, 1985, 2005). Por outro lado, não existe nenhum estudo empírico que demonstre que prestar atenção a esses sintomas implique numa piora do prognóstico desses pacientes.

Kluft (1984) descreveu uma série de 123 casos com diagnóstico de TID que frequentaram seu consultório particular, dos quais 89% alcançaram a integração, 3% ainda estavam em tratamento e 11% não haviam evoluído bem (incluindo não integração, abandonos e falecimentos). É preciso levar em conta que esses eram pacientes particulares de um profissional prestigiado no campo da dissociação; sem dúvida, isso influência o tipo de pacientes descritos, mas os resultados são contundentes.

Coons (1984) acompanhou 20 pacientes em tratamento com diferentes terapeutas durante três anos. Cinco alcançaram a integração e dois terços apresentaram uma melhora significativa. Ellason e Ross (1997) acompanharam 54 pacientes admitidos em uma unidade específica de transtorno dissociativo, onde 23% alcançaram a integração e o grupo como um todo evoluiu muito favoravelmente.

Podemos dizer que há evidências empíricas de que abordagens específicas produzem melhores resultados, inclusive nos casos graves com diagnóstico de TID. Por outro lado, nada além de opiniões sustentam a ideia de que abordar diretamente a fragmentação incrementa ou potencializa os sintomas, piorando o prognóstico.

Terapias orientadas aos sintomas dissociativos (fragmentação): objetivos
Dentro das terapias que abordam especificamente os sintomas dissociativos, entendidos como fragmentação, existem diferentes abordagens, segundo o objetivo final do tratamento. Podemos agrupá-las em três tipos:

1. *Os enfoques integracionistas*
    Acreditam que o objetivo final deve ser a integração das partes dissociadas.
2. *As abordagens focadas na personalidade*
    Defendem que nos indivíduos normais existem diferentes estados mentais e que a divisão, não a integração, é o funcionamento normal. Portanto, concentram-se em buscar uma otimização da organização interna.

3. *Adaptacionismo*

São enfoques mais pragmáticos, que se concentram em melhorar o funcionamento do paciente e diminuir os sintomas.

Existe um debate importante entre essas tendências, mas os pacientes, que normalmente nos colocam em nosso lugar, provavelmente são os que indicarão o tipo de trabalho possível. Uma de nossas pacientes, que poderíamos denominar de "alto funcionamento", experimentou uma fusão espontânea de suas partes dissociadas depois de certo tempo de trabalho com elas. Com ajuda, outros também poderiam fazê-lo. Em alguns casos, os pacientes preferiram não chegar à fusão com seus estados dissociados, mas alcançaram o que podemos denominar como uma "convivência pacífica". Nos pacientes mais graves o trabalho com as partes foi quase impossível, mas houve uma melhora de suas condutas disfuncionais. Portanto, existem casos onde não houve uma melhora absoluta, contudo, ao contrário da ideia que geralmente temos sobre esses quadros, não foram a grande maioria.

Avaliação e prognóstico nos pacientes com transtornos dissociativos que recebem tratamento específico

Caul (1988) menciona uma lista de fatores que influenciam para que o prognóstico seja mais favorável nos casos de TID:
1. Duração de tratamentos prévios após o diagnóstico de TID.
2. Número de terapeutas que trataram o paciente depois que este foi diagnosticado adequadamente.
3. Inversão de energia e narcisismo nas separação das partes.
4. Preocupação em descobrir um ou outro material traumático, ao invés de focar na resolução.
5. Atitude violenta presente de forma prolongada.
6. Auto grau de confabulação.
7. Persistência de lutas de controle ou tentativas de dominar a terapia.
8. Implicação escassa ou nula na troca.

Sobre a evolução do TID, Kluft (2002) comenta que podemos encontrar três perfis diferentes de pacientes dissociativos:

A. *Respondedores rápidos ou TID de alto funcionamento*

São pessoas com recursos significativos em níveis psicológico, interpessoal, social, vocacional e financeiro. A comorbidade é escassa e têm poucos traços de transtorno de personalidade. Podem apresentar comportamentos que lembram o TPL, mas respondem com mais rapidez à terapia do que pessoas com um TPL mais nuclear. São capazes de aprender a lidar com níveis altos de mal estar e logo se estabelece uma boa aliança terapêutica. É possível que tenham sido hospitalizados, mas geralmente são tratados em ambulatório. Provavelmente, sua maior vantagem é que estejam sobre-representados em mostras de pacientes particulares.

B. *Grupo intermediário ou complexo*

Possuem alta comorbidade, apresentam um transtorno de personalidade significativo e recursos escassos em todos os níveis. É difícil avaliar que o paciente possui essas características logo nas primeiras etapas do tratamento, já que pacientes com TID, aparentemente caóticos, às vezes, podem evoluir muito rapidamente e favoravelmente com uma terapia adequada. Por outro lado, alguns apresentam traços de personalidade *borderline* mais arraigados e estruturais, comorbidade com abuso de substâncias, dano cerebral, transtornos alimentares, enfermidades médicas e transtornos depressivos complexos. As relações interpessoais e com parceiros costumam ser problemáticas. Em nível pessoal, apresentam maior dependência, baixa autonomia, um *lócus* de controle externo, culpabilização e auto-preocupação (Horevitz e Loewenstein, 1994). Seu tratamento evolui mais lentamente que o do primeiro grupo e as chances de chegar a uma integração completa são menores. Entretanto, podem ser beneficiados em vários níveis com o tratamento adequado.

C. *Grupo de baixo funcionamento, crônico, de pior prognóstico (Caul, 1988)*

Caracteriza-se por manifestações patológicas mais graves, episódios psicóticos ocasionais que sugerem transtornos comórbidos do espectro esquizofrênico ou bipolar, o que antigamente era denominado "psicose histérica" (psicose não especificada). Esses indivíduos costumam estar imersos em relações abusivas e apresentam frequentes condutas automutiladoras e antissociais. Não são candidatos à terapia orientada à integração a menos que apresentem uma grande melhora com o tratamento de apoio. Esse grupo constitui entre 10% a 33% dos pacientes que cumprem os critérios de TID. A prevalência maior corresponderá ao atendimento público e será também mais alta em unidades de emergência e casos de hospitalização.

Considerando que o TID é o transtorno dissociativo mais grave, com maior grau de fragmentação, no extremo mais severo do espectro pós-traumático, as possibilidades de recuperação são significativas e validam o emprego de terapias específicas. Esses resultados seriam transponíveis, no mínimo, aos quadros de transtorno dissociativo não especificado (TDNE) com características similares ao TID, ainda que não reúnam todos os critérios para este diagnóstico. Os casos com menor grau de fragmentação podem beneficiar-se das intervenções mais específicas do TID associadas com diversos tipos de terapias orientadas ao estresse pós-traumático simples.

10: A Relação com O Paciente Dissociativo

A interação que descrevemos no capítulo anterior pode parecer bastante incomum para aqueles que não se aventuraram nesse tipo de tratamento. É normal nos sentirmos estranhos na primeira vez que conduzimos um paciente a falar com suas vozes. Porém, uma vez familiarizados com esse tipo de entrevista, veremos que se trata de um gerenciamento técnico como qualquer outro que empregamos na clínica e teremos oportunidades de comprovar os efeitos benéficos dessas intervenções.

Entretanto, essa não é a parte complicada do tratamento desses pacientes. O mais complexo tem a ver com as dificuldades relacionais que podem nos ser familiares no tratamento de outros casos, como os transtornos graves de personalidade. Os pacientes com transtornos dissociativos não terão obrigatoriamente uma personalidade patológica, ainda que um grupo deles apresente dificuldades de gerenciamento semelhantes às do transtorno de personalidade limítrofe (TPL). Os poucos casos de transtorno de identidade dissociativa (TID) que tratamos haviam sido diagnosticados por outros profissionais como TPL, e realmente cumpriam critérios de ambos.

Características da relação terapêutica com o paciente dissociativo

Com alguns pacientes existem sérias dificuldades na relação terapêutica, as mais destacadas entre elas são:

A. A dificuldade de estabelecer limites claros e firmes, porém, flexíveis

Se aceitarmos que os transtornos dissociativos têm sua origem em um trauma infantil somado à falta de apoio nas primeiras etapas da vida, é comum entender que essas pessoas não podem ter interiorizado um conceito adequado de limite interpessoal. Assim, tudo se torna vulnerável: a relação pais/filhos, que deveria ser de atenção e proteção, converte-se em agressão; nem mesmo o corpo, de um ponto de vista físico, é um limite seguro, já que este é frequentemente invadido. Os limites psicológicos também são sistematicamente atacados.

O paciente dissociativo, em ocasiões, exige do terapeuta uma atenção desmedida, que deve ser tratada com bastante cuidado, assim como com firmeza e flexibilidade, explorando sempre as reações emocionais a esse tipo de intervenção. Por exemplo, um encaminhamento para outro profissional pode ser interpretado como abandono. O inverso também ocorre: muitos desses pacientes acabam invadindo (ou pelo menos tentando fazê-lo) os limites do terapeuta, fazendo perguntas pessoais e tentando mudar o tipo de relação. É comum tentarem passar de uma relação terapêutica para uma de amizade ou familiaridade, por exemplo, fazendo presentes e favores ao terapeuta, buscando "garantir" a relação. Esse tipo de atitudes do pacientes também devem ser manejadas cuidadosamente, explicando a necessidade de manter um limite estável na relação, aceitando os sentimentos do paciente, mas realocando as coisas.

B. **A tendência a entrar em padrões relacionais de revitimização, nos quais podemos facilmente nos ver imersos**

Não é incomum que uma pessoa que tenha sofrido maus-tratos físicos na infância, ao chegar na fase adulta, tenha um parceiro abusivo. Compreendendo isso a partir de um modelo de casualidade circular, não é apenas a escolha do parceiro que entra em jogo, mas as condutas do próprio paciente acabam gerando comportamentos hostis. Um indivíduo que tenha crescido em um ambiente extremo, com figuras que lhe agrediram, é provável que acabe dividindo as pessoas entre vítimas e agressores. Ser o agressor é inaceitável, a raiva é uma emoção repelida. Assim, sobra apenas o papel da vítima, e cada papel precisa do seu reciproco complementar (Ryle e Kerr, 2006).

A preocupação do paciente em controlar o terapeuta pode produzir neste frustação e exasperação (Kluft, 1994). Por trás disso, existem mecanismos psicológicos bem complexos. Por exemplo, o paciente pode atribuir ao terapeuta traços de abusador, lançando uma série de provocações mais ou menos sutis, que podem levar o terapeuta a incorporar esse papel (o profissional acaba sendo agressivo com o paciente, encaixando-se no mesmo papel do pai abusador). O inverso também acontece, o paciente pode assumir o papel do abusador, pensando que esta é a única forma de ter poder e controle das relações. Pode ser difícil para o terapeuta lidar com as acusações e agressões que surgem a partir dessa díade relacional, além de diferenciar a situação presente, e seus participantes, da cena traumática original.

Como terapeutas, devemos tomar muito cuidado para não entrar nesse ciclo nem assumir nenhum de seus extremos. Muitas vezes, isso resulta em uma tarefa exaustiva, na qual os pacientes podem alternadamente nos agredir (de diversos modos) ou se sentirem atacados por nós, gerando, em alguns casos, reações punitivas por parte do terapeuta. Se pensarmos nas "terapias" habituais com pacientes "histéricas" em Emergências, observaremos que não estamos tão longe do papel agressivo. Devemos nos reposicionar continuamente, lembrando sempre desse perigoso jogo.

A tendência à revitimização pode ter sua origem em diversos fatores e é comum que ocorra em numerosas relações interpessoais do paciente (Orengo-Garcia, 2002). Esse fenômeno pode gerar sentimentos de impotência e desespero no terapeuta, depois deste ter investido um esforço considerável para ajudar o paciente a adquirir perspectiva sobre esse problema. Superar tais situações costuma demandar um trabalho contínuo, no qual se encare cada nova ocorrência com o mesmo apoio das etapas iniciais (Kluft, 1994). Pode haver uma tendência a afastar-se afetivamente do paciente ou se sentir culpa e frustração por não conseguir resolver o problema do mesmo. A frustração também pode gerar reações agressivas contra o paciente. Ser consciente de nossas reações emocionais, conversar sobre elas com nossos colegas ou supervisionar esses casos nos ajudam a manter o nível de implicação adequado nas diferentes etapas e situações da terapia.

C. A motivação para a terapia às vezes deve ser a prioridade do trabalho terapêutico: ilusão x desesperança

Um paciente que tenha crescido em um ambiente sem amparo, sofrendo repetidos maus-tratos durante anos, provavelmente não verá o futuro com esperança. Provavelmente, não verá futuro algum. Tem a sensação de que a dor não terminará nunca. Há anos não enxerga saída para a sua situação. Em muitas ocasiões, grande parte do esforço terapêutico deverá ser focada em modificar essa perspectiva.

Entretanto, isso também esconde uma armadilha. A impotência aprendida pelo paciente, o papel de submissão que aprendeu a jogar durante anos, pode se repetir conosco. Nossas tentativas de motivá-lo para seguir em frente podem ser compreendidas como tentativas de dominação. Deixar de tentar nos deixa nas mãos da desesperança do paciente; ele é uma vítima da dor e nada irá resgatá-lo. Inclusive, em alguns casos, a única forma dessa pessoa ter a sensação de domínio sobre algo é resistindo à terapia. Sair dessa etapa paradoxal é, muitas vezes, uma tarefa extraordinária.

Em alguns casos, o paciente vem no sentido contrário. Desde o início enxergam uma saída e nós, os terapeutas, como aqueles que podem salvá-lo. Tudo vai ficar bem, desenha planos ou elabora soluções que vemos baseadas em ilusões desmedidas. Qualquer posicionamento extremo deve nos alertar para a necessidade de encontrar um equilíbrio. Trabalhar com uma ilusão realista é tão importante como trabalhar a desesperança e ainda pode preveni-la.

Um trabalho cognitivo pode ser muito útil. Por exemplo, um paciente apareceu por episódios de irritabilidade e tendências agressivas, ainda que não tenha chegado a colocá-las em prática. Vinha de uma família bastante desestruturada e, dentre seus seis irmãos, era o único que havia conseguido levar uma vida adaptada, com família própria e trabalho. Seu irmão vivia como mendigo e perdera a tutela de seus filhos. Então, imagine as tentativas desesperadas desse paciente para ajudar o irmão. Tal situação gerava um sentimento de culpa e cognições de que não merecia ser feliz: "Era como se estivesse roubando a vida dos outros". Isso estava diretamente relacionado com o não comparecimento à terapia, pois sentia que não merecia ser cuidado; sentia-se ridículo ao comparecer e acreditava que outros mereciam mais o nosso tempo. Questionando as cognições distorcidas e entendendo a origem destas, o paciente começou a aparecer regularmente.

Em outros casos, é necessário evidenciar a situação relacional na terapia e demonstrar como esta conecta-se com as experiências do paciente. Uma mulher com TID, inicialmente motivada pela consulta, começa a criar empecilhos para comparecer. Conversamos sobre a situação relacional, disse-lhe: "Parece que, nos dias bons, você começa a buscar motivos para não vir. Tenho a sensação de que não podemos investir energia para melhorar, como se isso fosse ruim. Do meu ponto de vista, tenho a impressão de estar numa espécie de armadilha. Você já se sentiu assim?". Muitas vezes, as sensações geradas no terapeuta são um espelho das sensações vividas pelo paciente, como foi nesse caso. Ela reconheceu que se sentiu assim durante toda sua infância, que se acostumou com as repetidas situações ruins e com a ideia de que nunca sairia delas (impotência aprendida). Explicar que essa era uma reação lógica naquele momento, mas que não precisava ser repetida, ajudou a paciente a romper esse modus operandi. Também foi necessário trabalhar com as partes, especialmente uma parte agressiva que queria castigar a personalidade principal e que pensava que ela não merecia ser feliz. Reformulamos a atitude dessa parte como uma proteção frente à desilusão: "Às vezes, matamos a ilusão por ser tão doloroso vê-la romper uma e outra vez, sendo preferível não ter nenhuma". Precisamos retomar esse trabalho em várias ocasiões ao longo do tratamento, mas isso permitiu que a terapia avançasse e que o estado do paciente melhorasse.

Esse é um elemento central no tratamento de um trauma complexo. O paciente deve interiorizar, graças à ajuda continuada e meticulosa do terapeuta, que renunciou à esperança porque não tinha opções quando criança e, desde então, a resignação era a única forma de tolerar aquilo. Porém, quando adultos, sempre temos opções. Podemos escolher, podemos decidir. As coisas podem ser diferentes agora, e o paciente é quem escreve o roteiro da vida que tem pela frente.

D. Terapia x crise

Em alguns casos, o tratamento de um paciente dissociativo é uma corrida de obstáculos. As crises são constantes e fica difícil abandonar o papel de "socorrista". Por exemplo, um paciente apresentava vários comportamentos alterados, especialmente agressivos, ocasionalmente dirigidos a figuras de autoridade. Isso resultou em uma série de processos judiciais. Cada indiciamento, cada audiência, somados com dias de tensão antecipada em razão desses eventos, além dos meses posteriores de elaboração, logravam o tempo da consulta. Chu (1998) comenta que alguns desses pacientes são "viciados em crises": ainda que a experiência seja muito desagradável, de alguma forma, isso os emancipa da luta com seus demônios internos. Muitos vivem em uma crise permanente, que é transmitida para a terapia. Dessa forma, sobra pouco tempo para trilharmos os capítulos futuros e devemos fazer um esforço contínuo para que o tratamento não perca o rumo.

Na medida do possível, devemos aproveitar os momentos de crise como uma fonte de experiências para superar os problemas e tentar aprender com eles. Em diversos casos, uma descompensação nos avisa sobre aspectos problemáticos não evidentes a princípio. É importante diferenciar se essa situação está relacionada com algo que aconteceu na sessão ou na relação terapêutica, se foi disparada por algum evento na vida do paciente ou se corresponde a um processo interno.

Um exemplo da primeira situação é o seguinte paciente com transtorno dissociativo não especificado (TDNE). Na sessão anterior, combinamos com uma parte dissociada uma trégua nas condutas agressivas de risco. Na sessão seguinte, outro colega fez uma entrevista padrão com o paciente e, logo depois, ocorreu uma nova agressão. Explorando os motivos disso, a parte dissociada afirmou ter se sentido ignorada e enganada pelo nosso acordo.

Outro paciente apresentou uma descompensação claramente relacionada a um problema familiar. Sua mãe era uma mulher hostil, que fazia frequentes comentários desqualificadores, mas ele não tinha muito contato com ela. Em um momento de fragilidade, várias situações desagradáveis com a mãe geraram uma crise, trazendo à tona os sentimentos de desvalorização e desamparo que sempre possuíra.

Por último, uma mulher em tratamento por um transtorno dissociativo começa a ter, à medida que sua terapia evolui, sonhos e sensações que a fazem pensar na possibilidade de ter sofrido um abuso sexual na infância do qual não se recorda. Ainda que o surgimento desses elementos possa indicar um progresso no seu tratamento, o contato com um material tão perturbador, que esteve afastado de sua memória até então, levou essa paciente a um significativo estado depressivo que precisou ser tratado farmacologicamente.

Em resumo, precisamos compreender o significado das crises e procurar seguir a direção do processo terapêutico, ao mesmo tempo em que atendemos situações pontuais.

E. O problema da responsabilidade

As condutas que causam danos a terceiros costumam ser de partes dissociadas agressivas, que têm a raiva como emoção predominante. A personalidade principal geralmente carece de habilidades para fazer valer seus direitos e confrontar os ataques. Uma vez que a "outra parte" é quem realiza essas condutas, fora do controle ou consciência do paciente, o indivíduo pode não se sentir responsável pelos danos causados. A resposta dos outros diante das agressões do paciente pode ser entendida por este como a "causa" do seu comportamento, uma justificativa para o mesmo.

Para escapar desse ponto de vista, é necessário que a personalidade principal assuma sua parte nesse ciclo vicioso, onde entram inclusive muitos pacientes não dissociativos também. Por exemplo: reprimo minha raiva, porque, se a deixo sair, causarei dano a alguém, portanto não me defendo nem reclamo o que preciso. Isso vai debilitando-me e enchendo-me de ressentimento, o que faz crescer a raiva. Um dia, chego no meu limite e explodo, geralmente dizendo ou fazendo algo prejudicial a outra pessoa. Isso gera culpa e assim o ciclo vicioso recomeça. No paciente dissociativo a progressão dessa situação é menos gradual, chegando a um determinado ponto que "dispara" a outra parte dissociada. Além disso, os gatilhos podem estar mais relacionados com experiências traumáticas anteriores do que com a situação atual.

Todo sistema interno do paciente deve assumir a responsabilidade. A forma como o indivíduo lida com essas situações, muitas vezes, está relacionada com a responsabilidade negada ou colocada em outras figuras relevantes na infância do sujeito. Um pai que maltrata fisicamente sua esposa e filhos pode culpá-los e responsabilizá-los por suas ações: "Olha o que você obriga-me a fazer", dizia o pai de um paciente enquanto lhe batia repetidamente. Dessa forma, os agredidos sentem-se responsáveis pela conduta do agressor, tentando agir sempre de maneira a não provocar a alteração de comportamento deste. Em outros casos, o agressor pode demonstrar, posteriormente, um arrependimento tão intenso e verossímil que os agredidos não podem nem sentir raiva dele: "Nesses momentos não sou eu, fico cego e perco o controle".

Ele não é o responsável, mas seus nervos, o álcool... Esse padrão pode ser reproduzido quando aparecem comportamentos agressivos no paciente já na fase adulta.

O progenitor não abusivo pode apresentar uma reação indefensável e de submissão, sendo incapaz de proteger seus filhos. Se as crianças vêem essa figura como vítima da situação e, por vezes, como o único vínculo aceitável, quando se tornam adultos, dificilmente atribuirão a esse progenitor não abusivo sua parte de responsabilidade pelo ocorrido. Como em um papel recíproco, desde a infância, o paciente pode entender-se como um protetor dessa figura, invertendo o padrão normal de cuidados, em que os progenitores cuidam das necessidades de seus filhos.

F. O problema do controle

Putnam (1989) aponta que o controle é uma área central na terapia de transtornos dissociativos. Ainda que ele se refira especificamente ao TID, podemos estender esse apontamento aos pacientes com trauma complexo e dissociação. Essa necessidade de controle se expressa com os outros (e portanto com o terapeuta) e com o mundo interno do paciente. A experiência subjetiva desses pacientes é de uma permanente falta de controle ou de uma exaustiva luta pelo mesmo.

Em nível interno, o paciente pode tentar controlar rigorosamente, por meio de diferentes manobras, seus pensamentos, emoções, ações ou sintomas. Entretanto, essa tentativa de controle apenas aumenta a tensão interna e gera um desgaste permanente de energia que, inclusive, poderia ser utilizada para outros fins mais adaptativos. Uma parte significativa da terapia consiste em ajudar o paciente a compreender que essa luta permanente não implica em um controle real, mas, ao contrário, ela aumenta a divisão e o conflito interno. Desse modo, quando essa tentativa de controle fracassa, seja por esgotamento ou por uma intensidade emocional demasiada, a perda de controle é ainda maior. Por outro lado, essa perda de controle e suas consequências reforçam a convicção do paciente sobre a necessidade de manter um rígido controle sobre seus fenômenos internos.

Em nível externo, o paciente pode reagir – diante de seu caos interno -, controlando rigorosamente seu entorno, as pessoas com quem se relaciona ou o terapeuta. Em outros casos, a terapia converte-se em uma reprodução do sistema interno do pacientecom o terapeuta, pressionado a exercer controle sobre o paciente, que se mostra incapaz de fazê-lo. Isso é comum nas ameaças autolíticas, em que o paciente transfere o controle da situação e a responsabilidade do que fazer ao terapeuta.

Além disso, pode acontecer que o terapeuta (por não conseguir distanciar-se e ter perspectiva do que está acontecendo) passe a ser uma peça desse conflito interno e, portanto, embarque na mesma luta pelo controle na qual o paciente vive constantemente. Por exemplo, ante condutas auto ou heteroagressivas, geradas por uma parte dissociada hostil e raivosa, o terapeuta pode incrementar as estratégias da parte principal (PAN ou parte da personalidade aparentemente normal) para controlá-la. Entretanto, isso pode estimular mais conflito interno e facilita a explosão incontrolada de raiva.

G. Vulnerabilidade à rejeição

Pessoas com traumas graves, geralmente, têm problemas significativos de apego precoce. Em diversas ocasiões, são essas figuras de apego as responsáveis pelo trauma, ao maltratar ou abusar do paciente quando pequeno. Em outros casos, simplesmente não reagiram de modo adequado ante esse maltrato ou abuso, ignorando a criança, negando que tal fato tenha ocorrido e até mesmo castigando-a por dizê-lo. A sensibilidade à rejeição ou à desatenção é bastante alta nesses indivíduos.

A partir disso, diversos problemas podem ser gerados. Por um lado, buscando a aceitação do terapeuta, o paciente pode adotar uma atitude extremamente submissa e dependente, pois não imagina outro modo de consegui-la. Ele busca um vínculo desesperadamente, já que este lhe foi negado durante sua infância. Entretanto, quando o terapeuta responde a partir de um papel recíproco de cuidado e atenção, acaba convertendo-se em uma figura de apego, e como as figuras de apego primárias estão relacionadas ao trauma infantil (sendo portanto sinônimas de perigo), todos os alarmes são acionados e o sistema defensivo entra em ação. Por isso, o paciente pode reagir ao terapeuta de forma agressiva e hostil, de maneira explícita ou encoberta.

Putnam (1989) aponta que, quando o paciente sofre um TID, encontramos partes dissociadas diferentes em cada um dos extremos. Aceitar o pedido de ajuda de um lado supõe rejeitara outra parte e coloca em marcha uma ação defensiva e protetora. Ao trabalhar com um paciente com TID reforçando as habilidades e recursos da PAN, disparou-se uma reação hostil de uma parte dissociada mais agressiva, que interpretou isso como uma aliança com a PAN e contra ela. Portanto, nesses tipos de paciente é importante verificar a resposta de todos elementos do sistema antes de qualquer intervenção, incluindo as partes aparentemente mais inócuas, positivas e supostamente seguras.

H. Segredos

Os segredos são especialmente significativos nos casos de abuso sexual infantil. Às vezes, a criança é coagida pelo abusador a não revelar o acontecido. É possível que a relação de apego com os pais seja tão disfuncional que, ainda que não exista essa pressão, a criança não conte nada por vergonha ou por medo de castigos ou represálias. Em outras ocasiões, acabam contando para alguém da família, e é esta pessoa que areprime para não contar nada, criando assim um pesadosegredo familiar.

Os maus-tratos físicos ou psíquicos são mais evidentes no âmbito familiar, mas também podem ser um segredo inconfessável fora da família. "Os assuntos familiares devem ser resolvidos em casa." A pessoa cresce em dois mundos completamente separados que não se comunicam.

Por isso, não é incomum que os pacientes levem muito tempo, anos até, para contar esses casos de abuso, enão é apenas por uma questão de confiança, inclusive a relação terapêutica pode estar solidamente estabelecida. Porém, a consignação do segredo é tão forte que ele não pode ser revelado até um dado momento da terapia em que o paciente sinta-se preparado.

Entretanto, depois de um tempo trabalhando com essas questões, aprendemos a intuir quando existe "algo mais" do que o paciente está nos contando. Em ocasiões, somado a isso, o indivíduo não se lembra de alguns períodos da infância. Os conteúdos traumáticos podem estar guardados em um estado mental que é o guardião do segredo e a PAN pode não ter consciência deles. Explorar os acontecimentos dos períodos de amnésia pode provocar reações disfuncionais dessa personalidade emocional, como reações hostis com o terapeuta ou abandono da terapia.

Dizer a esses pacientes que não somos detetives nem investigadores, que não temos interesse em descobrir nada, apenas ajudá-los a sentirem-se bem, que são eles que decidem o que - e quando - querem nos contar, é uma intervenção fundamental. O respeito é o pré-requisito básico em uma patologia gerada exatamente em ausência deste e na violação dos limites e da intimidade. Muitas vezes, como resultado de tais intervenções, os pacientes sentem-se confiantes para começar a compartilhar seus segredos conosco. Em outros casos, precisaremos trabalhar em outras áreas, respeitando o ritmo do paciente.

I. A relação com o paciente deve ser com a pessoa como um todo

As partes não são pessoas diferentes do paciente e não podemos cair nessa ilusão. Para nós, o paciente não está completo sem uma dessas partes e, desde o início do tratamento, devemos nos esforçar para trabalhar com o indivíduo como uma unidade. Isso não entra em contradição com contatar as partes e negociar com cada uma delas.

As metáforas costumam ser utilizadas para fazer o paciente compreender isso e para que nossas intervenções sejam intuídas. Podemos dizer ao paciente que ele, as vozes, as outras partes vão todos no mesmo barco: o corpo. Se o corpo se destrói, todos vão à falência (algumas partes pensam que podem existir fora do corpo). Se não pararem de lutar uns contra os outros e decidir o que querem fazer e em que ordem, simplesmente ficarão à deriva sem chegar a lugar nenhum. Nosso papel deve ser o de mediador, árbitro, moderador, possibilitando que a pessoa coloque sobre a mesa todas as suas tendências e conflitos, decida suas metas vitais e o método mais eficaz para alcançá-las e reunir forças até lá.

Com alguns desses pacientes, as dificuldades surgem logo no início da terapia. São indivíduos com frequentes problemas relacionais, com uma alta desconfiança (baseada em suas experiências negativas) e, ocasionalmente, com um histórico de terapias fracassadas (entre os pacientes dissociativos existe um número relevante de terapias fracassadas antes do primeiro diagnóstico de transtorno dissociativo). Muitas vezes, quando é possível neutralizar essas dificuldades, o paciente responde surpreendentemente bem, ainda que algumas intervenções pontuais sejam necessárias. Em outros casos, o gerenciamento da relação e da atitude do paciente com a terapia converte-se nos eixos da mesma, constituindo os casos mais complexos, que costumam demandar um tratamento mais extenso.

Entretanto, nossa atitude ante os elementos mais disfuncionais é especialmente importante. Knipe (2008) aponta que o trauma nuclear desses pacientes é que ninguém os enxerga com aceitação plena, com um olhar de amor incondicional. Que o paciente aprenda a enxergar a si mesmo é um passo crucial na evolução terapêutica. Que possa ver em nós esse olhar de aceitação, sem juízo algum, irá ajudá-lo a ver a si mesmo desse modo. Portanto, quando ele nos mostra sua pior face, deve encontrar à frente o mesmo terapeuta de quando se mostraagradecido pelo nosso trabalho. Isso não implica em tolerar qualquer agressão por parte do paciente, mas reagir com neutralidade e firmeza, e não de modo defensivo.

J. Culpa e vergonha

A culpa e a vergonha são parte das respostas normais ao trauma, tanto no transtorno de stress pós-traumático (TEPT) (Horowitz, 1980), como nos transtornos de stress extremos (DESNOS) (Van der Kolk, et al., 2005). As crianças tendem a culpar-se por eventos fora do seu controle, como a separação de seus pais e acontecimentos familiares. Podemos ver isso potencializado nas famílias disfuncionais, onde os pais tendem a acusar a criança repetidas vezes. Um exemplo disso é uma frase que comentamos anteriormente, em que, enquanto bate no seu filho, o pai grita: "Olha o que você obriga-me a fazer". A criança interioriza essas frases dos pais, constituindo nos casos de maior fragmentação, partes críticas que correspondem às introjeções das figuras abusivas.

Em situações como essa, entram em ação os elementos que indicamos ao falar do problema da responsabilidade. Naquele caso, fizemos referência à responsabilidade pelas consequências das condutas próprias e não de terceiros. Aqui, falamos da culpabilização interna desproporcional do paciente. Ambos aspectos são, muitas vezes, dois extremos entre os quais os pacientes oscilam. Como dizíamos, é bastante comum que um pai ou mãe que maltrate psicologicamente ou fisicamente a sua família não tenha autocrítica e não assuma a culpa pelo seu comportamento. Do outro lado, o progenitor não abusivo costuma declarar-se indefeso, declinando toda sua responsabilidade de deter o abuso e proteger seus filhos. É uma casa onde ninguém reconhece sua culpa ou responsabilidade, enquanto a criança absorve por compensação toda essa carga que flutua no ambiente.

Em outros casos, o perfil do progenitor abusivo é de um agressor que, logo depois do ataque, mostra profundo arrependimento e vontade de mudar, mas reinicia o ciclo mais adiante. Isso também configura um padrão patológico na criança. Nesse caso a culpa é disfuncional, diferente do sentimento adaptativo que nos ajuda a modificar as condutas prejudiciais a terceiros. Em um ambiente de maus-tratos, essa culpabilidade disfuncional justifica e legitima o dano e o abuso, já que o progenitor agressivo "realmente não queria fazê-lo e está arrependido". Transferindo para o paciente, às vezes, este sente uma culpa real por danos infligidos a outras pessoas, mas é importante que isso mobilize uma mudança. Por outro lado, muitas vezes, o paciente sente-se atormentado e bloqueado pela culpa, que só aumenta o mal estar interno e torna mais provável as condutas de risco.

Uma paciente tem explosões de ira quando se sente ameaçada ou vulnerável. Durante esses eventos, é extremamente provocadora com os outros, sabendo identificar qual insulto será mais ofensivo e seguindo esse caminho até que o interlocutor lhe agrida. Isso costuma ocorrer diante de figuras de autoridade, principalmente médicos e policiais. Tal comportamento tem várias motivações, entre elas uma intensa culpa inconsciente, gerada por uma história de abuso sexual incestuoso. Por um lado, provoca a agressão para ter um castigo. Por outro, aumenta sua provocação para que a agressão em resposta a libere da culpa. Essa culpa era bastante intensa e a atormentava por semanas quando se portava de tal forma com uma pessoa que não respondia a sua agressão. Quando alguém a tratava bem, sua atitude era injustificável. Porém, quando a resposta era de agressividade e rejeição, sentia-se legitimada a descarregar toda sua raiva contra essa pessoa e sentia um grande alívio. Não possuía outros recursos para descarregar a tensão e manter esse alívio, fator que contribuía para a repetição do ciclo. Além disso, conseguir que o outro agisse de modo agressivo, verbal ou fisicamente, contribuía para situá-la dentro da díade vítima-agressor, o único polo associável para ela.

Em casos de abuso sexual, o sentimento de culpa é frequente e a vergonha característica é intensa. Muitas vezes, essa vergonha faz o paciente omitir tal informação do terapeuta por bastante tempo, anos até. Em outras ocasiões, gera dissociação e amnésia desses episódios. Quando a fragmentação é muito intensa, algumas partes podem castigar o restante do sistema interno ou o corpo, ao considerá-lo culpado pelo ocorrido, indigno e sujo.

K. Devolver o poder ao paciente

Herman (1992) aponta que a experiência nuclear do trauma psíquico é o desamparo e a impotência, a ausência de poder sobre a própria vida e a desconexão com os outros. Portanto, a recuperação deve se basear em devolver o poder ao sobrevivente e na criação de novas conexões. Essa recuperação não pode acontecer no isolamento, mas no contexto das relações.

A autora cita as palavras de uma sobrevivente de incesto que refletem esse aspecto muito bem: "Os bons terapeutas são os que realmente validam minha experiência e ajudam-me a controlar minha conduta, ao invés deles tentarem controlar-me".

Davies e Frawley (1994) indicam, como um dos diagramas relacionais básicos, a reprodução da fantasia infantil de que um herói onipotente virá salvá-lo do inferno em que vive. O paciente pode repetir esse diagrama na terapia, idealizando o terapeuta de forma extrema, adotando o papel recíproco complementar da criança indefesa que pode apenas esperar pelo resgate ao qual tem direito. Essa não é uma boa posição relacional para a relação terapêutica. Devemos ajudar o paciente a relacionar a situação atual com o cenário traumático original, diferenciando o período que viveu como uma criança realmente indefesa do momento atual, em que, como adulto, tem opções e poder de decisão. Em alguns casos, leva-se tempo até que o paciente possa entender isso, uma vez que continua percebendo-se como uma criança. Ainda que na vida diária e no funcionamento em outras áreas seja consciente que dispõe de recursos e pontos fortes, a aproximação a conteúdos traumáticos faz emergir estados emocionais que estão conectados a essas experiências e que funcionam da mesma maneira, portanto, com o estilo cognitivo e emocional da criança que era naquele momento.

L. Dúvidas e ambivalência

Como assinalamos nos capítulos anteriores, o campo dos transtornos dissociativos e dos transtornos baseados em traumas está repleto de dúvida entre os profissionais. Inclusive, no DSM (*Manual diagnóstico e estatístico dos transtornos mentais*) encontramos os transtornos dissociativos, factícios e somatomorfos, nessa ordem, o que reflete uma atitude menos desconfiada por parte da psiquiatria norte-americana ante esses quadros. O fato da dissociação psicológica e somática serem as duas faces dos transtornos factícios certamente não é casual mas expressa algo generalizado nos dois lados do Atlântico. Os transtornos dissociativos são um "diagnósticosob suspeita".

Parte dessa suspeita está provavelmente conectada às atitudes em relação ao abuso sexual na infância, especialmente quando elas ocorrem no âmbito da terapia. Ainda que as memórias infantis possam ser confusas ou distorcidas, não parece justificável duvidar de todas informações dadas pelo paciente nesse contexto. Se, aparentemente, uma entre cada cinco mulheres reconhece ter sido vítima de abuso sexual (levemos em conta que estamos falando apenas de mulheres que possuem lembranças conscientes disso) e sabemos que o abuso sexual infantil é um fator associado ao desenvolvimento de psicopatologias em adultos, é de se esperar que encontremos muitos casos entre nosso pacientes.

Entretanto, se pensarmos nas pessoas que procuram nossa ajuda, geralmente não detectamos uma porcentagem tão alta de casos. Um fator relevante pode ser a tendência biologicista da psiquiatria atual e a orientação cognitivo-comportamental, que prioriza o presente frente ao papel das experiências anteriores. Contudo, também é possível que elementos mais conectados à experiência traumática do paciente estejam funcionando nesses casos.

Davies e Frawley (1994) indicam que "sempre que uma criança sofre abuso sexual, alguém está de olhos fechados". Quando o abuso é incestuoso, o pai não abusador costuma ter uma atitude de negação e de desconexão com a vítima. Para que uma situação desse tipo ocorra, é comum haver um apego disfuncional previamente.

Para a criança é comum que a resposta do progenitor não abusador seja mais traumática que a do agressor em si. Essa resposta pode oscilar entre o não escutar ou negar o que a criança diz e a agressão direta (Ramos, 2007). Em alguns casos, a criança não chega a comentar nada, por receio que não acreditem nela ou que a culpem. Uma situação como essa indica uma disfunção no vínculo com o pai não abusador.

A partir disso, o paciente pode oscilar entre "não querer ver ou recordar" o que passou e, nos casos de amnésia, desejar desesperadamente averiguar a verdade. Se encararmos essa angustia por saber de modo literal e nos colocarmos a indagar com o paciente, podemos disparar a reação oposta de convite a omissão. Precisamos explicar ao paciente que, se sua mente não lembra, é porque em algum nível não sente que está preparada para isso. Portanto, devemos melhorar suas capacidades de afrontamento primeiro, antes de ir em busca dos elementos traumáticos.

Em outras ocasiões, o paciente pode ter lembranças embaçadas e fragmentadas, mas se perguntarepetidas vezes se o fato "aconteceu realmente". Ele pode transferir essa pergunta ao terapeuta, que não deve dar uma resposta direta. Não somos juízes em busca de um culpado ou analisando a probabilidade dos eventos. O que sabemos com certeza é que essas imagens e sensações estão na mente do paciente e vamos trabalhar com elas porque são uma fonte de mal-estar. O restante será esclarecido ao longo da terapia.

M. Idealização e raiva dos abusadores

Esse elemento que comentávamos ao falar de DESNOS está presente também nos transtornos dissociativos. Nesses casos, os elementos de idealização e de ódio podem estar contidos em diferentes estados mentais. Uma criança precisa vincular-se ao pai abusador, porque é sua figura de apego e o apego é essencial para sua sobrevivência. Porém, a raiva é uma emoção defensiva normal ante a agressão e a ameaça que o esse mesmo pai representa. Para uma criança essas duas tendências são incompatíveis e ela não consegue assumir esses sentimentos contraditórios ao mesmo tempo: não pode querer odiar seu pai. Essas tendências incompatíveis são um dos elementos que geram a dissociação, permitindo assim conter ambos aspectos sem experimentar a contradição e a ambivalência intolerável.

Na relação terapêutica isso pode ser expressado de diferentes maneiras, frequentemente complexas. A própria exploração da história traumática pode provocar reações defensivas na tentativa de preservar a imagem do pai bom. Em alguns casos, o paciente pode negar que as situações de abuso ou mal trato tenham ocorrido realmente, mesmo que as tenha relatado num outro momento. Em ocasiões, essa reação está baseada na ativação de um estado mental com amnésia dos conteúdos traumáticos, e outras vezes na reação de ocultamento do pai agressor (às vezes reproduzindo a atitude de consentimento e omissão do progenitor não abusador). Essas mudanças no relato podem ser confundidas erroneamente com inconsistências ou mentiras, ou até provocar uma grande confusão no terapeuta.

Ambos aspectos podem ser refletidos na percepção que o paciente tem do terapeuta, oscilando também entre a idealização (e submissão) e a agressão. Essas reações podem ocorrer a partir dos modelos que viveu em sua infância, reproduzindo padrões agressivos tomados da figura do abusador. O paciente pode ter consciência disso em seguida, convivendo com uma culpa intensa. É importante ajudá-lo a entender como isso faz parte do contexto do trauma original e que recursos possui agora, como adulto, para modificar a situação. Pontuar diretamente como o comportamento dele se parece com o do agressor será uma intervenção impactante e, geralmente, só aumenta a culpa e a luta desmedida pelo controle, piorando o problema do paciente.

O lado do paciente: quais as expectativas dele, baseadas em suas experiências traumáticas, que podemos esperar encontrar

É importante romper os preconceitos com o terapeuta o quanto antes. Talvez mais do que em outros tipos de patologias, existem inúmeras crenças negativas que o paciente pode ter sobre nós. Isso se deveaos graves problemas de apego que, como vimos anteriormente, costumam existir nesses casos e que por sua vez estão alinhados com significativos problemas nas relações interpessoais. Os problemas de apego e as dificuldades relacionais são transferidos à relação terapêutica e devemos estar atentos para detectá-los e neutralizá-los o mais cedo possível, ou certamente comprometerão o processo terapêutico.

Essas são algumas das ideias que o paciente dissociativo pode ter a respeito do terapeuta e sugestões de possíveis intervenções:

1. *Queremos controlar, dominar e nos impor, como aqueles que o maltrataram quando criança.*

Enfatizar constantemente que não vamos impor nada, que não podemos nem queremos fazer isso. Em vários momentos ao longo do tratamento surgirão resistências, muitas vezes relacionadas com esse tipo de cognição. Em geral, é importante adotar uma atitude respeitosa, de diálogo, nunca impositiva e, ainda assim, detectar quando o paciente se sente pressionado. Pode acontecer que a PAN apareça para o terapeuta e isso seja interpretado por uma personalidade agressiva (PE: parte emocional da personalidade) como uma situação de risco de abuso, gerando condutas de autolesão ou resistência, inclusive, abandonos do tratamento. Portanto, verificar a reação das distintas partes sobre nossos comentários ou propostas é uma boa forma de prevenir tais problemas.

2. *Cedo ou tarde lhe causaremos algum dano.*

Aceitar a desconfiança e redefini-la como "prudência", buscando sempre a finalidade adaptativa das emoções e comportamentos (quão mais negativos forem, mais importante será esse posicionamento). Alguém que sofreu maus tratos quando criança temerá sofrer o mesmo tratamento de qualquer um: entendemos como lógica a sua reticência, mas também devemos explicar que o excesso de desconfiança pode fazê-lo perder a oportunidade de melhorar as coisas.

3. *No fundo queremos enganá-los para conhecer seu segredo.*

Nossa atitude nunca deve ser de indagar ou sacar. Asseguramos explicitamente que ele não deverá contar nada que não queira e que é sempre o paciente quem decide o que, quando e como nos dizer algo.

4. *Não somos honestos, não cumprimos nossas promessas, o tratamento não é o que parece ser.*

Focar-se novamente em aceitar a desconfiança como "prevenção" e concordar que a relação com os demais sempre requer uma dose de cuidado, que é arriscado confiar em um desconhecido logo no início. Não pedimos ao paciente que confie em nós, insistimos que não deve fazê-lo. Contudo, sugerimos que continue comparecendo tempo suficiente para saber se pode confiar no terapeuta ou não.

5. *Cedo ou tarde iremos abandoná-lo.*

A experiência de abandono é muito comum nesses pacientes e pode ser até mais relevante do que o trauma em si. Muitas vezes, o próprio paciente abandona a terapia na tentativa de "prevenir o inevitável", da mesma maneira que boicota vários relacionamentos. Nas primeiras fazes do tratamento, quando percebemos um iminente abandono ou uma frequência irregular, podemos ligar para o paciente e, quando ele comparecer, tentar trabalhar essas e outras suposições que estão relacionadas à ausência ou abandono. É preciso ter cuidado para não "extrair" do paciente, o objetivo é que ele assuma a responsabilidade pela terapia. Porém, se não formos flexíveis, um número significativo de pacientes dissociativos se desligará do tratamento e, provavelmente, retornará em meio a uma crise nervosa tempos depois. Todos tivemos experiências com pessoas que abandonaram o tratamento e seguiram bem sem nossa ajuda, mas isso tende a não ocorrer nos casos de traumas mais graves. O grau de intervenção varia ao longo do tratamento, devendo diminuir à medida que avançamos com este (o contrário é preocupante).

6. *Quando o conhecermos de verdade, pensaremos que é desprezível.*

Nossa atitude inicial com as condutas disfuncionais é peça-chave para lidar com essas situações. Isso pode ser bem difícil se o paciente insiste em agredir a si mesmo e seus comportamentos disfuncionais incluem a vitimização de outras pessoas. Geralmente, uma das bases da terapia é que até os comportamentos de autolesão ou agressivos, aqueles que o paciente e os que o rodeiam mais rejeitam, podem ser trabalhados a favor da melhoria. Todas as forças são positivas e nosso empenho é que somem positivamente ao trabalho. Devemos oferecer sempre uma narrativa diferente daquela do paciente, fugindo dos conceitos de "bom" e "mau". Uma conduta agressiva implica em consequências negativas para o paciente e sua relação com os demais, porém, a força, a capacidade de defender-se, a energia para brigar e lutar são recursos inestimáveis para ele, sem os quais nada poderá seguir em frente. Uma autolesão, por estranho que pareça, sempre busca algo bom para o paciente, já que é ele mesmo quem a produz. Precisamos apenas buscar essa finalidade: interromper uma sensação emocionalmente dolorosa mediante a dor física, "voltar" de uma vivência de despersonalização, aliviar um sentimento de culpa auto-infligido - seu próprio castigo -, tentar "reagir ao paciente" quando este se comporta de modo débil e vulnerável desejando que lhe causem dano... Se alcançarmos essa mesma finalidade por uma linha mais adaptativa, encontraremos uma alternativa bem mais produtiva que apenas tentar suprir a conduta disfuncional.

7. *Muitos pacientes dissociativos "testam" o terapeuta.*

Em algumas ocasiões, parecem querer provocar o nossa rejeição, partindo novamente da ideia de "prevenir o inevitável". Ainda que precisemos impor limites para determinadas condutas, é importante compreender que nossa resposta "à hora da verdade" terá grande influência na relação terapêutica posterior. Muitas vezes, tais momentos constituem um ponto de virada, onde esses comportamentos cessam para dar lugar a um trabalho mais dedicado à recuperação e que se necessita focar menos (sem nunca perdê-la de vista) na relação terapêutica.

O lado do terapeuta: a traumatização vicária

Trabalhar com quadros traumáticos graves pode ter repercussões nos terapeutas (Portnoy, 1996). Trabalhar com a doença mental, ainda que nos dediquemos de modo específico à área do trauma, implica lidar com situações adversas e por vezes dramáticas de maneira continuada durante anos. Isso pode acabar produzindo desgaste nos profissionais e diversos sintomas que afetam tanto nosso funcionamento profissional como aspectos da vida pessoal.

Quando isso ocorre, geralmente, o resultado é mais extremo quando trabalhamos com pacientes com traumas graves. Para descrever a repercussão sobre os terapeutas, foramcriados os conceitos de "fadiga da compaixão" e "trauma vicário". Figley (1995), especialista na investigação da fadiga por compaixão, aponta que a exposição ao material traumático de outra pessoa pode causar um TEPT. No TEPT, o trauma não resulta apenas da experiência do evento. Testemunhá-lo pode ser igualmente traumatizante. Figley verificou que 30% dos conselheiros (*counselors*) tinham um TEPT ativo. Pearlman e McCann (1990) criaram outro termo, denominado "traumatização vicária", com o qual descrevem como o acúmulo de testemunhos relacionados com o material traumático dos pacientes afeta a perspectiva que os terapeutas têm do mundo, especialmente no que toca a segurança, a confiança, o poder e o controle.

Se trabalharmos com traumas graves, é especialmente importante explorar nossas próprias experiências traumáticas. Williams e Summer (1999) advertem que um trauma não resolvido do terapeuta pode ser ativado pelo relato de traumas similares do paciente. Os terapeutas deveriam fazer-se as seguintes perguntas: por que me tornei terapeuta?, quais os principais eventos da minha vida que me levaram a esse trabalho? Estão entre as respostas: perdas prematuras, mortes de pessoas significativas, uma história de abuso ou negligência, crescer em um ambiente onde servir aos outros era a única norma aceita, etc. Esses aspectos podem ser reativados no processo da terapia e provocar reações não relacionadas à situação nem à conduta do paciente, já suficientemente complexa, mas com nossa própria história traumática e a forma como nos defendemos dela. Os pacientes, como no exemplo citado anteriormente, podem inclusive captar essa dificuldade no terapeuta e protegê-lo de suas experiências mais perturbadoras.

Tudo isso não é argumento para que não trabalhemos com quadros de trauma complexo, mas para que sejamos conscientes de quais aspectos podem influenciar nosso modo de encarar esses casos. Além disso, especialmente, para remarcar a importância do cuidado dos terapeutas, se queremos ser realmente eficientes em ajudar a nossos pacientes e seguir com esse trabalho durante anos.

Quando começamos a utilizar as ferramentas diagnósticas que apresentamos nos capítulos anteriores e começamos a diagnosticar mais casos de transtornos dissociativos, especialmente com nosso primeiro caso de TID, é frequente passar por um período de surpresa e fascinação (Kluft, 1994). Posteriormente, ao entrar em contato e experimentar a complexidade que às vezes reveste o gerenciamento desses quadros, é comum atravessar uma etapa de desespero e confusão. Tratando de enfrentar esse desespero e confusão, os terapeutas podem, ocasionalmente, reagir de diversas formas negativas:

a) Desconectando-se da implicação e da empatia para assumir uma postura de distanciamento, como em uma investigação detetivesca, na qual se desconfia do paciente, das suas histórias ou do transtorno e onde o mesmo é colocado à prova de maneira explícita ou encoberta.

b) O terapeuta chega à conclusão de que o paciente foi tão maltratado que o dano não pode ser reparado. Isso pode enfraquecer ou sobrepor os limites da relação terapêutica, ao procurar fazer algo "tangível pelo paciente".

c) Outra possibilidade é que, frente ao sentimento de impotência, o terapeuta reaja de maneira a assumir a responsabilidade pela vida do paciente, convertendo-se em seu advogado mais do que terapeuta.

d) A empatia extrema pode levar a uma superidentificação e contagio emocional, no qual o terapeuta se sente tão angustiado, desesperado e devastado pelos traumas quanto o próprio paciente, desenvolvendo sintomas de estresse pós traumático.

Identificar essas tendências nos ajuda a evoluir para um estágio mais maduro enquanto terapeutas, em que assumimos as dificuldades do paciente e entendemos o que nós e a terapia podemos oferecer, além de criarmos expectativas realistas de mudança e de como atingi-las.

Kluft (1994) destaca várias características recorrentes nas reações emocionais dos terapeutas que trabalham com quadros dissociativos graves. Algumas, como o desgaste profissional, os custos da empatia, a perda dos sentimentos de eficiência e precisão e a sensação de estar preso nas reatuações do paciente, já foram comentadas em outros capítulos. Apontamos mais algumas a seguir:

1. Frustração e exasperação com o mundo interno dos pacientes com dissociação grave. As mudanças dos estados mentais do paciente podem gerar confusão e esgotamento nos terapeutas. Muitas vezes, as versões da infância e das situações presentes às quais o paciente se refere são radicalmente opostas. Uma típica reação ao trauma precoce é a elaboração de realidades

construídas mais aceitáveis, que forneçam uma visão mais amável dos malfeitores. A princípio, isso pode causar curiosidade e fascinação, mas, com o tempo, pode frustrar o terapeuta.

2. Frustração e exasperação com a preocupação do paciente em fugir da dor. Esses pacientes apresentam diversas reações fóbicas, entre elas, a fobia dos conteúdos traumáticos (Van der Hart, et al., 2006). As reações para evitar esses temas podem ser diversas, incluindo mudanças de estado mental ou dos sintomas, manipulação, mentira, racionalização ou omissão da informação. Essas reações podem ser percebidas pelo terapeuta como falta de motivação para a terapia, que é a raiz de vários problemas.

3. Frustração e exasperação com a preocupação do paciente em controlar o terapeuta. O cenário traumático possui uma vítima e um algoz. Até que os processos sejam resolvidos, esse cenário pode ser reproduzido nas relações atuais e, frequentemente, na terapia. A interação entre o pai malfeitor e a criança indefesa pode ser reatuada entre um terapeuta cansado e frustrado, que repreende o paciente que diz ser uma vítima incapaz de se defender e um paciente hostil que acusa e recrimina injustamente o terapeuta que não sabe como reagir. Trabalhar com essa díade relacional passa por diferenciar a situação presente e seus participantes do cenário traumático original.

Em resumo, as reações emocionais do terapeuta que trabalha com uma caso de trauma complexo são intensas e se alternam. O trabalho com nossas próprias reações emocionais é uma parte imprescindível e essencial da terapia. Algumas orientações, como as psicodinâmicas, prestam mais atenção a esses fenômenos em geral e, compartilhando ou não essas suposições, os trabalhos em cima da contratransferência traumática podem suscitar reflexões importantes. Além disso, alguns autores psicanalíticos também ilustraram a importância de revelar esses elementos contrarreferenciais (Dalenberg, 2000).

Ignorar esses aspectos pode fazer o paciente, em alguns momentos, tentar preservar o terapeuta de uma revelação por achar que ele não está em condições de escutá-la ou tolerá-la. O testemunho a seguir expressa muito bem as complexas reações emocionais que esses pacientes podem ter diante dos seus terapeutas:

"Acredito que sempre fui dependente dos sentimentos dos outros ou, mais ainda, de não fazê-los sentirem-se mal, nem ser razão para sentirem-se de uma outra maneira. Minha terapia anterior terminou com algo assim: meu terapeuta emocionava-se em várias ocasiões com as histórias que lhe contava. Tratava-se de um homem com mais de 20 anos de experiência. Imaginei que estivesse passando algo e, ao final, só me preocupava verificar o que estava acontecendo e em ajudá-lo... deixei de preocupar-me com o motivo pelo qual estava ali; desejava apenas ajudá-lo de qualquer maneira. Queria ajudar, mas também tinha medo de sua presença. Minha fobia social e angústia por sentir-me observada em qualquer lugar acabou focalizando-se nele, agora tinha grande angústia de sair à rua e encontrá-lo. Ao final, saí por outros motivos e porque me sentia cada vez pior...

Tenho muitas perguntas que nunca fiz ao meu terapeuta. Não é falta de confiança, talvez evitemos uma pergunta para evitar a resposta, mas a verdade é que ela não resolveu a maioria das minhas questões. Nunca falou abertamente comigo sobre a amnésia, a dissociação...

... a partir de algo que lhe disse inconscientemente e de um tema que tirou-me apenas uma vez (quando transbordou minha ansiedade, disse-me que se havia equivocado ao conversar comigo sobre esse assunto, que esquecesse, que não queria ter dito-me isso e que eu não tinha nada a ver com o tema), não voltamos a falar nada relacionado com esquecimentos, lembranças... Disse-me apenas uma vez que me dissociava e que utilizava a negação".

Dalenberg (2000) defende a importância de revelar os aspectos "transferênciais" e "contratransferênciais" a esses pacientes. A partir de uma perspectiva sistêmica, falamos da importância da metacomunicação: conversar sobre como estamos nos relacionando. Isso implica ir além dos conteúdos e falar a partir do emocional: explicar o que eu entendo que você sente, como estou sentindo-me em relação a isso, como vejo que estamos nos relacionando... Essa intervenção é muito potente e exatamente por isso precisamos manejá-la com muito cuidado. Não podemos deixar que o paciente sinta-se responsável por como nos sentimos. Devemos nos abrir com muito respeito e com o aceite do paciente, buscando entender juntos o que está acontecendo na relação.

São comentários do tipo: *"Parece-me que às vezes você não se atreve a contar-me algumas coisas. Entendo que você não confie em mim, porque as pessoas que deveriam ter cuidado de você quando criança lhe prejudicaram. Acredito que é bom ser cauteloso e não confiar 100% nos outros, mas também não desconfiar a ponto de impedir aqueles que desejam nos ajudar. O bom é encontrar um nível médio de cautela, em que você possa conceder-me o benefício da dúvida e avaliar o que eu digo e se sou confiável. Gostaria que conversássemos sobre esses temas, porque, se você explicar-me quais dos meus comentários ou comportamentos levantam dúvidas, posso tentar mudar. Se você avisar quando eu fizer algo que te incomode, podemos melhorar as coisas. Não ficarei chateado. Posso cometer erros. É possível que a sua experiência de vida lhe faça desconfiar de tudo. Apenas conversando sobre isso poderemos entender e mudar."*

Esses tipos de intervenção introduzem uma forma de comunicação radicalmente diferente da que as pessoas estão acostumadas. Uma casa onde há maus tratos, abuso e abandono não é um espaço onde seus pais possam ver como você se sente e perceberem suas necessidades, mostrar-lhes seu incômodo adotando certo comportamento sem retirar seu afeto e sem desqualificá-lo. Não se fala sobre as coisas e predomina uma comunicação indireta. Na fase adulta, o paciente não consegue verbalizar suas emoções ou, quando faz isso, não está tentando comunicá-las, mas agredir o outro. De certa maneira, é como se tivéssemos que ajudar uma pessoa a aprender um idioma completamente novo: o da comunicação clara, respeitosa e construtiva.

Os padrões relacionais, os papéis estabelecidos entre paciente e terapeuta mutuamente (Ryle e Kerr, 2006), também são elementos centrais na terapia desses pacientes. A partir de orientações terapêuticas que contemplam as dinâmicas interpessoais, mesmo que não estejam focadas nos pacientes com traumas graves (terapia sistêmica, psicodrama, terapias de grupo em geral, terapia comportamental, etc.), podemos aproveitar maneiras de detectar padrões de interação e de intervenção sobre eles. Entretanto, é importante incorporar determinados elementos específicos. Os problemas da relação entre paciente e terapeuta estão conectados com a história traumática e de apego de ambos. Com esses pacientes, o terapeuta precisa ser bastante consciente da implicação de suas próprias experiências e sobre o gerenciamento da relação. Nesses casos, a melodia que precisamos interpretar na terapia pode ser extremamente virtuosista e, por isso, devemos procurar ser instrumentos cuidadosamente afinados.

Essa exploração das nossas próprias experiências passa por uma contínua e franca reflexão de nossa parte, pelo intercâmbio de experiências com colegas e por um trabalho terapêutico próprio. Algumas orientações terapêuticas incluem, em sua formação, o processo terapêutico dos profissionais. Outras vangloriam-se de nunca tê-lo realizado, considerando que isso mostra que o terapeuta tem problemas e não está em condições de realizar seu trabalho. Na minha opinião, nós terapeutas somos seres comuns, com nossas biografias e nossos pequenos ou grandes traumas. A compreensão dos acontecimentos que vivenciamos e como isso afeta a nossa formação nem sempre nos dá condições para superar essas situações. Se acreditamos no que fazemos, iremos nos cuidar e nos ajudar no mínimo tão bem como o fazemos com nossos pacientes.

Por último, depois de examinar nossas experiências, emoções e reações, devemos ler as situações relacionais do paciente e demarcá-las na sua história traumática anterior. Alguns profissionais questionam essa ideia, argumentando que para ver, entender e propor alternativas para um comportamento do paciente no presente, seja na terapia ou na sua vida diária, não é necessário conectar essa conduta com o trauma anterior. Além disso, dizem que fazer o paciente voltar a essa parte de sua história pode induzir comportamentos regressivos ou focá-lo exclusivamente em suas experiências anteriores.

Entretanto, o fato é que pacientes com traumas graves já vivem em meio a suas experiências traumáticas. Os cenários traumáticos repetem-se ubiquamente em suas relações atuais e reproduzem-se no contexto terapêutico. A tendência à repetição também contribui para que esses padrões disfuncionais sejam particularmente rígidos e recursivos. Não somos nós que levamos o paciente à sua história traumática, mas eleé quem vive permanentemente numa reedição dessa história. Como aponta Van der Hart, et al. (2006), não há uma capacidade de viver no presente, no aqui e agora. Fazer o paciente adquirir perspectivas sobre quais emoções, sensações, reações, etc. estão conectadas com seu passado e quais são elementos adequados e proporcionais às situações presentes é um trabalho nuclear nesses casos, pois ajuda a estabelecer uma nova narrativa. Além de não atrapalhar, essa perspectiva contribui para a busca de novas reações mais adaptativas, ajustadas e produtivas.

Pensar que o melhor é não "ir atrás", por um lado, é uma suposição derivada de uma orientação terapêutica centrada no aqui e agora que minimiza o papel das experiências traumáticas, mas, em parte, também é uma reprodução de um fenômeno pós-traumático em si. O paciente "tem seguido em frente" até o momento. Sobreviveu ao trauma optando por "não ver", "não pensar" nessa experiência. O fato dessa estratégia não estar funcionando é justamente o motivo pelo qual ele está tratando-se conosco. Qual seria o benefício de participar de um sistema defensivo, essencial em sua infância, mas claramente ineficaz no momento?

É verdade que nas primeiras etapas do tratamento de submersão nas experiências traumáticas precoces, devemos evitar o extravasamento emocional do paciente. Queremos que a pessoa volte ao trauma sendo capaz de manter uma consciência clara e contínua de estar no presente, em conexão com seu "eu" adulto, com seus recursos. Conforme vemos que o indivíduo é capaz de fazê-lo desse modo, podemos seguir progressivamente elaborando, relendo e, finalmente, superando suas experiências traumáticas.

Nos estágios iniciais, buscamos que o paciente consiga entender o que está acontecendo. Enxergar as conexões entre seu histórico e sua situação atual é imprescindível. Não precisamos entrar em detalhes sobre o que aconteceu se a pessoa não está em condições fazê-lo. Porém, relacionar o que está acontecendo entre terapeuta e paciente com as experiências prévias deste é um caminho privilegiado para mudar padrões disfuncionais no paciente e para romper obstáculos de mudança.

11: As Etapas do Tratamento: Estabilização

Importancia desta etapa

As primeiras abordagens do tratamento dos transtornos dissociativos insistiam em processar os elementos traumáticos. Com o tempo,percebeu-se que muitos pacientes descompensavam-se, apresentando crises e autoagressão quando estetrabalho começou.assim, ficou mais evidente que era necessária uma etapa prévia de estabilização e de estabelecer uma segurança, o que atualmenteé considerado fundamental no tratamento desses pacientes (International Society for theStudyofDissociation, 2005; Loewenstein, 2006). Alguns autores (Boon, 1997) afirmam que muitos pacientes não poderão passar dessa etapa e que em alguns casos não é indicado trabalhar diretamente com as lembranças traumáticas.

Por tratarem-se de quadros de origem pós-traumática, o esquema de tratamento dos transtornos dissociativos e os transtornos pelo estresse extremo (DESNO) seguirá as linhas de tratamento do trauma definidas por Herman (1992). Considera-se que exista uma primeira fase de estabilização, logo um processamento das lembranças e uma terceira fase de reconexão. Na primeira etapa,nos ocuparemosem fortalecer e estabilizar o paciente, somente depois abordaremos o trabalho com o trauma propriamente dito. Finalmente, poderemos dedicar-nos à reintegração da personalidade e à recuperação da funcionalidade interpessoal e social.

Nas etapas iniciais, os esforços servem para estabelecer uma boa aliança terapêutica e educar os pacientes sobre seus problemas e sobre o processo do tratamento.Para que a terapia evolua de uma forma estável e para conseguir uma boa evolução, é crucial manter um marco terapêutico sólido e um meiocapaz de contê-lo. Os pacientes com transtornos dissociativos, igual a outros que padecem de estresse pós-traumático complexo, apresentam muitas condutasautodestrutivas,que ameaçam sua segurançae que devem ser abordadas e neutralizadas desde o princípio.(International Society for theStudyofDissociation, 2005).

Dificuldades da fase de estabilização

Quando começa-se a ler sobre este tipo de tratamento, todos os autores insistem na importância de estabilizar o paciente antes de realizar um trabalho específico sobre os elementos traumáticos. A ideia é perfeitamente clara: devemos conseguir um marco seguro de trabalho, devemos ter certas garantias de que podemos "trabalhar tranquilos".

Mas, quando a pessoa planeja isso paraseus pacientes concretos, essa premissa acaba sendo às vezes algo impossível. Em primeiro lugar, certo número dessas pessoas chegaa um estado de significativa deterioração em todos os níveis. Muitas estão completamente sós, outras mantêm relações patológicas que chegam a ser mais um problema do que uma ajuda. A possibilidade de tratamento em um âmbito hospitalar costuma ser inviável, salvo nas crises muito graves ou pontuais. As unidades de meia permanênciaestão desenhadas para pacientes esquizofrênicos e este tipo de caso não se encaixa, geralmente sendo negado. Assim,muitas vezes deveremos escolher entre tratar o paciente em ambulatórioou nãointervir muito. Quando o caso é suficientemente grave e outras terapias mais habituais não funcionam, resta apenas a alternativa de intervir em condições arriscadas.

Em muitos casos, esperar estabilizar o paciente antes de trabalhar com os elementos traumáticos é impossível. De certo modo, é pedir ao paciente uma melhoria relevante antes de trabalhar com o que está alimentandoo problema. As condutas de risco e de desregulação estão originadas em traumas e muitas vezes, a pressão interna que isso pode gerar faz com que falar sobre o trauma seja a intervenção mais estabilizadora. Devemos utilizar nosso sentido clínico para valorizar como e quando começar a trabalhar com os elementos traumáticos. Mas enquanto não adquirimos experiência com esses casos, o mais aconselhável é a prudência e o cuidado.

Intervenções orientadas à estabilização e à segurança
A. Psicoeducação e contrato terapêutico.

Começamos desde as primeiras consultas a dar sentido com o próprio paciente a qualquer sintoma que se apresente (lembremos que isso não os faz aumentar). Como com qualquer outro transtorno, é importante que o paciente entenda o que lhe acontecee compreenda em que consiste o tratamento. Isso será um processo que deverá serfeito muitas vezes durante o tempo que dure a terapia, mas que tem que começar (em diferente nível para cada paciente) desde as primeiras sessões. Assim, ao paciente damos a opção de falar desses sintomas, inclusive apresentá-los na consulta, podendo expressar-se mais abertamente. Mas o fato de mantê-los escondidos não osfará desaparecerem. Simplesmente, não podemos intervir sobre um campo operatório se primeiro nãoexpusermos a área cirúrgica.

A paciente da qual falamos no primeiro capítulo não comentava os sintomas com um dos terapeutas que trabalhava no caso, porque ela notava que ele ficava nervoso (ele confirmou que realmente era assim), de forma que somente mostrava suas partesmais alteradas e agressivas comigo porque eu aceitava sem problemas que isso acontecesse. Isso quer dizerque era o terapeuta que induzia os sintomas ou simplesmente a pacientese permitia mostrá-los diante de quem não mostrava uma reação negativa quando isso acontecia?A evolução favorável da paciente e a de outros casos similares nos faz pensar que a resposta correta é a segunda. Os pacientes precisam ser aceitos em todos os seus estados de consciência, principalmente, nos mais negativos. Somente assim poderão aceitar a si mesmos.Mas sua extrema vulnerabilidade à rejeição e à importância do segredo esua ocultação pode fazê-lonão mostrar os sintomas a um clínico pouco receptivo a aceitá-los.

Como expusemos no capítulo anterior, nesse trabalho psicoeducativo, devemos concluir que é preciso entender a conexão entre os sintomas e as experiências passadas e presentes do paciente. O mundo interno de um paciente gravemente traumatizado precisa geralmente de um sentido, este compõe-se de um conjunto de experiências confusas e desconectas. Não existe uma integração nem uma compreensão global desses fenômenos internos que bloqueiam a elaboração. O processo psicoeducativodeve ser uma completa reformulação da experiência nas linhas desenvolvidas por Ryle (2006).Isso nos permitirá, nas etapas posteriores, projetar as intervenções em um marco coerente e colaborativo.

Como cada passo que damos na terapia desses casos, é preciso lembrar que o caráter progressivo e o respeito ficarão marcados em cada uma de nossas intervenções. Não faremos o mesmo com um paciente com uma amnésia massiva e alguém que tem lembranças bastante complexas de sua história. Assim como não faremos o mesmo em um paciente com uma evitação fóbica extrema e outro que afronta com maior fortaleza o que aconteceu e acontece atualmente. Devemos encontrar um equilibro entre ajudar o paciente e ir mais além de sua posição atual ao adquirir perspectivas, entender e respeitar seus ritmos. Lembremos que as necessidades dessas pessoas foram muitas vezes negadas ou ignoradas. Se mesmo com a melhor intenção de ajudar reproduzirmos esse pernicioso esquema, estaremos reproduzindo mais uma vez o cenário do trauma original.

O contrato terapêutico pode ser mais ou menos formal segundo as preferências do terapeuta e do paciente. É importante ter em conta que deve ser estabelecidoum contrato tanto com o paciente como com cada uma das partes, quando existe uma fragmentação importante. Nesses casos, desde as primeiras sessões é preciso contatar e negociar com as partesmais agressivas, já que elas podem facilmente pôr em perigo a terapia, o próprio paciente e outras pessoas. Muitos terapeutas são receosos em fazer isso, pensandoque as partes mais agressivas devem ser eliminadas para que o paciente melhore. Isso não funcionará principalmente a longo prazo. A prova é que o pacientetenta isso durante toda a sua vida, sem outro resultado além de piorar o conflito, o desgaste estéril de energia e a piora em conjunto de seus problemas. Não devemos nos contagiar com a visão do paciente que descreve essas partes de si como se descrevesse um inimigo. É necessário considerar que as partes agressivas também são o paciente. E, desde o princípio, devemos transmitir a mensagem de que são fundamentais para ele, que fazem parte de sua mente e que não podemos forçá-las a participar da terapia, mas que seria muito importante para nós conhecer sua opinião sobre o que iremos propondo.

Também devemos ir transmitindoque é instaurado na terapia um novo modo de funcionamento: a luta de umas partes contra outras não leva a nenhum lugar e não beneficia *nenhuma delas*. Devemosainda encontrar uma forma de entrar em acordo ejuntar forças.

Este é um exemplo de uma interaçãocom um paciente. Essa pessoa escuta uma voz que insiste para que cometa atos agressivos.

Terapeuta: Acho interessante entenderporque aparece essa voz. Já disse que acho que é uma parte de você e devemosconsiderá-la...

Paciente: Essa voz não pode ser minha.

T: Então o que você pensa que é?

P: Não sei, mas me diz coisas ruins, é uma voz ruim.

T: *Desmontando o rótulo dicotômico mau/bom*, não acredito que exista alguém totalmente bom ou totalmente mau.

P: Ele é ruim, porque quer que eu faça o mal.

T:(*falemos da emoção, não da conduta*): Essa parte de você tem muita raiva, sente tanta raiva que quer destruí-lo todo. A raiva é sempre uma reação contra a dor, eu tenho a sensação de que você sente uma dor terrível e que por isso reage assim.

P: A voz me diz que lhe machuque.

T: Você sente-se mal pelo que acaba de dizer?(*vamos à mensagem da conduta, não à conduta em si*). Ainda que minha intenção não seja incomodá-la, de repente algum dos meus comentários pode incomodar.Não é necessárioque eu diga essas coisas, você pode me explicar claramente o que lhe incomodou.

P: Ela me dizque não fale com você.

T: Não confia em mim?(*o terapeuta explora os motivos da conduta*).

P: Não... (*começa a aceitar a interação*).

T: Você faz muito bem em não confiar. Não me conhece. A pessoa não deve confiar nas outras pessoas, porque podem lhe prejudicar muito (*conotando a conduta positivamente, explorando possíveis distorções cognitivas geradas em um trauma*).

P: Sim, me diz que não confie, que não fale com você.

T: Essa parte de você tem muita prudência e a prudência é muito importante. No fundo eu acho que quer se protegerpara que você não se prejudique. Não acho que seja má... está tentando lhe proteger (*procurando um fim adaptativo para essa parte do paciente. As partes agressivas costumam derivar-se das partes inicialmente protetoras*).

P: Mas diz coisas más.

T: Por que tem muita raiva, mas a raiva é fundamental para sobreviver (*tem uma finalidade adaptativa*). Se não sentíssemos raiva, não seriamos capazes de defender-nos quando nos prejudicam. Sua raiva é imprescindível para você. Você precisa dela.Só que precisa entender que, se você a usa contra si, estará utilizando-a contra você mesmo.

P: Você disse que não acredite em você.

T: E você tem toda razão. Não tem mesmoque acreditar em mim; nem em mim, nem em ninguém. Ninguém tem que lhe dizer o que você deve fazer. E nem você deve confiar em mim. Somente com o tempo e vendo como vou comportando-me e como reajo a cada situação, você irá decidir se eu sou confiável ou não.

P: Dizque sim, mas só quando realmente quiser.

T: Eu não vou obrigar ninguém a fazer nada. Só acho que posso ajudarvocês aentenderem que estão no mesmo barco e que brigando consigo mesmas não chegarãoa lugar nenhum. Talvez tenhamos que sentar e conversar para decidir o que fazer e eu gostaria que a voz também opinasse, acho que sua opinião é fundamental. Tem muita força e poderia ajudar muito... (*estabelecendo-se um contrato implícito, a parte agressiva pode colaborar*).

P: E o que eu tenho que fazer?

T: No momento, escutar um pouco mais o que diz a voz e o que ela precisa. Eu gostaria que ela viesse à sessão e participasse.

P: Quando ela queira...

T:Claro, já disse que aqui ninguém obriga ninguém a fazer nada que não queira fazer.

P: Está de acordo.

T: Bem.

O contrato terapêutico não pode ser muito rígido neste tipo de paciente. Os descumprimentos terapêuticos são frequentes e repetidos. O contrário nos serve de marco de referência, havendode retomá-lo em inúmeras situações. Mas exigir de um paciente que se esquece de si mesmo, que se autoagride, que não tem esperança no futuro... que desde o início da terapia compareçaregularmente, que se ajude segundo o que comentamos na sessão e que deixe de ter condutas de risco, é pedir que cure a si mesmo de modo imediato antes de começar a terapia. Essas sãoprecisamente suas carências. O mais importante é explorar com o paciente quais fatores levaram aodescumprimento das condições que havíamoscombinado.

O paciente sobre quem comentávamos não cumpriu nosso acordo nas semanas seguintes. Quando falamos disso, a parte dissociada dizia continuarinteressada em mudar as coisas, mas em alguns momentos sentia tanta raiva que era incapaz de controlar a conduta e acabava precipitando-se em atos agressivos. Trabalhamos para procurar sistemas que aliviassem essa raiva interna, o que fez com que as agressões desaparecessem e a terapia foi evoluindo adequadamente.

É importante explorar se os problemas são produzidos como uma reação ao que fizemos na sessão.Uma parte dissociada pode precipitar uma conduta problemática para boicotar a sessão em resposta a uma atitude nossa. O motivo pode não ser evidente; por exemplo,o paciente pode reagir diante de uma mudança de consulta, a qual interpreta a partir de sua alta vulnerabilidade ao desprezo, como uma mostra de desinteresse. Ou o disparador pode ser um elemento da vida do paciente, não conectado com a terapia. Esta diferenciação é muito importante, porque é muito provável que o paciente sinta-se mal por algo que dissemos, que tenhamos feito ou deixado de dizer, e não se expresse de modo direto e nos fale por meiode seus sintomas.Se o paciente pudesse expressar diretamente seu mal-estar, a dissociação não se produziria. Ele dissocia-seporque não se vê capaz de assumir situações dolorosas e esse mal-estar acaba sendo expressosintomaticamente e de modo disfuncional. Para modular a relação terapêutica, necessitamos fazer um contínuo exercício de tradução da linguagem, "linguagem dissociativa".

B. Autocuidado

Existem aspectos que podem ser evidentes para o terapeuta, mas que não são para um paciente com DESNO ou transtorno dissociativo. Essas pessoas podem não considerar um problema não dormir à noitee não comer. Se a fragmentação é significativa, os ritmos sono-vigília podem estar alterados, os padrões alimentícios podem ser irregulares e o paciente pode entender este caos como funcionamento normal,simplesmente porque para ele isso é "o normal",tem sido assim durante anos ou toda sua vida.

Deve-se explorar em detalhes o funcionamento geral do paciente, analisando um dia concreto passo a passo: a que horase levanta, o que toma nocafé da manhã, seu asseio, vestimenta, comida... Devemos perguntar se a pessoa descansa, seela se cuidaquando está doente, se faz alguma atividade gratificante... Lembremos que uma pessoa com problemas graves de apego prematuro pode não ter interiorizado um padrão de autocuidado adequado, pela simples razão de que nunca foi cuidada adequadamente, inclusive, em aspectos muito básicos (Chu, 1998b). A criação deficientecaracterizada pelo escasso ou nulo interesse na experiência da criança (em oposição àobediência ou aparência), não desenvolve o autocuidado (Ryle, 2006). Também pode acontecer que uma vítima de maus tratos ou abuso infantil, motivada por evidências de culpa ou de vergonha, abandone todo o cuidado de si mesma, por causa da ideia de que não o merece e que deveser castigada pelo ocorrido.

As cognições sobre o corpo também influenciam estes aspectos, os quaismuitas vezes devemos trabalhar, mostrando que o corpo é algo bom e explicando porque é importante dormir, comer adequadamente, etc.

O autocuidado é estendido a outros aspectos:

- Existência de um equilíbrio entre o cuidado consigomesmo e com outros.
- Perceber as próprias necessidades e procurar modos adaptativos de satisfazê-las.
- Capacidade de pedir o que se necessita e de negar os pedidos excessivos.
- Não realizar condutas nem ter relações prejudiciais;
- Ser capaz de cuidar de si mesmo quando se sentir mal, tratar-se e falarconsigo mesmotão bem como o faria com outra pessoa.

Esses aspectos estão muitos afetados nas pessoas com traumas graves e a intervenção sobre eles é importante em etapas iniciais. Terapia é cuidado. Se o paciente não interiorizou um padrão de autocuidado adequado, a terapia pode ser enfrentada a partir deuma perspectiva muito disfuncional. Por exemplo, um paciente pode procurar reviver com um terapeuta as experiências traumáticas, funcionando mais como uma traumatizaçãodo que como uma tentativa de resolução: neste sentido, quase poderíamos entender a terapia como uma autolesão. Ou pode recorrer à terapia, tratando de fazer desaparecer seus sintomas dissociativos, levando-nos a participar do conflito interno que está gerando seus problemas.

Um exercício que pode ser tanto exploratório como terapêutico é pedir ao paciente que visualize em sua cabeça a criança que foi quando aconteceram os eventos traumáticos (Knipe, 2008). Teremos cuidado em separar a imagem de si mesmo das imagens da situação traumática, as quais nesta primeira fase não queremos expor ao paciente. Pedimos a ele que simplesmente olhe essa criança, sem julgá-la, e que nos diga o que vê. Um paciente gravemente traumatizado em sua infância mostra geralmente um intenso desprezo por estaimagem interna, culpando a criança pelo que aconteceu, mostrando reações fóbicas às lembranças e às emoções que viveu nesse estado mental e que ainda estão armazenadas ali. Ou sente-se muito frágil, indigno ou incapaz de cuidar-se. Conseguir trabalhar com o paciente os obstáculos para que consiga fazer esse exercício é uma tarefa fundamental. Também é importante remarcar que ali as coisas foram assim e que ele, como era uma criança, não pode evitar, mas que aqui e agora é um adulto e tem opções de mudar as coisas.

O olhar de aceitação e de amor incondicional sobre si mesmo é um ponto básico da recuperação, é preciso assumir que é um adulto capaz de decidir o que fazer com sua vida e não uma criança indefesa àmercê dos adultos, e estabelecer este diferente nível de consciência, separando o passado do presente. Estes aspectos podem necessitar de uma inversão importante de tempo na terapia, mas é fundamental que estejam bem assentados para que o trabalho posterior seja produtivo. Além do início da terapia, essas intervenções (cuidar de si mesmo, separar passado e presente, sentir-se um adulto com opções) haverão de continuar sendo implementadas longitudinalmente ao longo das distintas etapas da terapia, incorporando-as às diferentes intervenções.

C. Parar com as condutas autolesivas

Entre os transtornos dissociativos,as taxas de autolesões são de 82% (Ebrinc, et al., 2008). Os pacientes com autolesões têmas pontuações mais altas nas escalas de dissociação e traumas prematuros. Entre 61 e 72% dos pacientes realizam tentativas de suicídio e os suicídios consumados entre pacientes com transtornos de identidade dissociativo (TID) alcançaram de 1 a 2,1% dos casos (Coons, 1990; Putnam, 1986). Entre os DESNOS (Van der Kolk, et al.,2005), 65% têm condutas autodestrutivas e 95% preocupações suicidas ou tentativas de suicídio. O abuso físico e sexual na infância associa-se de modo independente à conduta suicida e às autolesões em diferentes transtornos mentais (Ystgaard, et al., 2004). Esses dados aconselham a não subvalorizar o risco real de suicídio nesses pacientes.

Funções

Essas condutas podem cumprir diferentes finalidades para o paciente (Brand, 2001)e é importante analisá-las por essaperspectiva para poder implementar a intervenção adequada. Essas funções podem ser:

1. Tentativas de manipular as emoções: regulação emocional

Esses pacientes não aprenderam habilidades efetivas para acalmar e modular suas emoções. Essas habilidades apresentam-se em um desenvolvimento normal a partir de uma interação de apego adequada. O cuidador principalmente cuida, protege, acalma, distrai e modula as emoções da criança. Com o tempo, ela interioriza estes padrões e é capaz de aplicá-los a si mesma de forma cada vez mais autônoma. Nas situações de apego desorganizado, maltrato e/ou abuso, é impossível que a criança adquira tais habilidades.

As autolesões constituem muitas vezes formas de escapar de emoções desagradáveis, como a raiva e a culpa, ou maneiras de sair de um estado dissociado. A dor pode ser uma emoção real que encobreo paciente de uma vivência de despersonalização.

O trabalho terapêutico neste caso será ensinar ao paciente maneiras de regulação emocional mais adaptativas. Pode-se empregar diversos tipos de técnicas, como a visualização de cenas associadas a sensações de tranquilidade e segurança, técnicashipnóticas de contenção, trabalho cognitivo-comportamentalanalisando a sequênciaem que acontece a autolesão, valorizando suas consequências imediatas e, a médio prazo, ensinando o paciente a colocar em palavras ou símbolos a emoção, mais do que nos atos...

O modo que o terapeuta reage diante das emoções vividas pelo paciente como intolerável é um modelo de regulação emocional que provavelmente o paciente necessitou na infância. Uma criança angustiada, com dor, assustada e excitada aprende a modular estes estados de ânimo graças à presença serena e paciente de um adulto que é capaz de ver suas necessidades e procurar atendê-las do melhor modo, incluindo a demora da gratificação quando isso é o melhor para a criança carente desses modelos de regulação. A relação terapêutica pode proporcionar um modelo que, com o tempo, o paciente acaba interiorizando e realizando automaticamente.

Nesse sentido, trabalhar com visualizações de autocuidadoajuda a incorporar modelos internos de regulação emocional. Para isso,sem que necessariamente tenhamos identificado uma fragmentação grave, podemos trabalhar com diversas imagens em que o paciente, a partir do seu "eu" adulto, visualiza-se cuidando da criança que sentiu pela primeira vez essa sensação, entendendo sua necessidade e procurandouma maneira de entendê-la, cuidando e transmitindo uma aceitação incondicional.

Um exemplo é pedir para o paciente,quando experimenta uma sensação psicossomática perturbadora, contra a qual está lutando, que coloque sua mão sobre a zona do corpo em que sente e que imagine que essa sensação é a de um bebê doqual está cuidando. Dependendo da gravidade da disfunção no apego prematuro do paciente, pode ser necessário um trabalho "pedagógico", explicando como se cuida de um bebê assustado, que chora ou que sente-se mal. Podemos abraçá-lo paraque sinta nosso calor, nossa respiração, falar com ele suavemente, roçar seu rosto no nosso, cantar,distraí-lo... dando-lhe tempo e tendo muita paciência, até que pouco a pouco ele vá regulando-se e acalmando-se.Devemos situar o paciente no papel de cuidador:é frequenteque um paciente que abandona ou maltrata a si mesmo conserve em algumas áreas uma boa capacidade de cuidar dos outros: filhos, outros familiares aos quais atende em detrimento de suas próprias necessidades...Cuidamos que possa investir em si mesmo uma habilidadeque é capaz de utilizarcom os outros.Alguns pacientes no começo somente são capazes de fazer esse exercício se imaginam que o bebê éalheio a eles. Mas de qualquer forma, estão sevendocuidando de sua situação perturbadora, centrados nas suas capacidades adultas e sem lutar consigo mesmos.

2. Tentativas de manusear material traumático

O paciente podeautolesionar-se como uma tentativa de distrair-se das lembranças traumáticas. Quando experimenta-se um abuso ou maltrato,reiterada a sensação de incerteza absoluta, saber inevitavelmenteo que sucederá, mas nunca saber quando, pode ser mais intolerante que o próprio abuso. Diante do inevitável, o paciente pode optar por causar-se dor e ao menos reter assim certa sensação de controle. Às vezes, o paciente prefere a dor física à dor emocional.

A autolesão pode ser gerada por partes agressivas como uma forma de proteger a personalidade principal da vivência do trauma. Na mente do paciente, a diferença entre uma lembrança e a realidade não éem absoluto evidente. As cenas traumáticas reproduzem-se com frequência de forma muito viva, sem que o paciente as diferencie de uma situação real. Quando as imagens voltam, é o mesmo como se o abuso estivesse acontecendo de novo e por isso as partes agressivas o impedirão de todas as formas.

Dado que na terapia haverá etapas nas quais se trabalhará com essas lembranças traumáticas, devemosestar especialmente atentosàs possíveis condutas autolesivas. Com frequência, essas lembranças estarão rodeadas de ocultação e segredo, às vezes, diretamente gerados pelos abusadores e outras motivadas pelos sentimentos de vergonhae da culpa do paciente. Por isso, o trabalho com material traumático deverá ser feito pausadamente, em partes que o paciente possa tolerar e elaborar, intercalando intervenções de estabilização e avaliando cuidadosamenteas reações de diferentes partes.

3. Tentativas de comunicar e guiar as relações

As famílias nas quais desenvolve-se esse tipo de problema não diferenciam-se precisamente pela comunicação direta e aberta. É fácil que um indivíduo com transtorno dissociado ou DESNOS se expresse muitas vezes pelaconduta e pelo corpo. O sintoma pode também servir como uma forma de conseguir controle e poder nas relações e isso pode estardirigido tanto ao meiodo paciente, como ao próprio terapeuta. Por isso, é importante colocara responsabilidade dessas condutas em seu lugar. Não é lógico pensar que o paciente tem um controle absoluto e voluntário desses comportamentos e não podemos assumir como terapeutas a responsabilidade de pará-los. Isso estabeleceria um paradoxo sem solução e ajudaria pouco o progresso da terapia.

Uma paciente com TID autolesiona-se eagride-se de múltiplas maneiras. Muitos dos episódios de autolesãoacontecem em função dos problemas com a mãe, pela procura de um olhar autêntico da mãe e uma agressão contra ela por não corresponder a esta necessidade. Ela é consciente dessarepetição, o que aumenta o abismo que aseepara de seus pais, mas está presa nesta pauta disfuncional. O trabalho contínuo e paciente será situar arelação com os pais na história da família na infância, processando e trabalhando a atitude dela sobre si mesma no aqui e no agora. A paciente aprenderá a dizer "não posso mudar o modo como meus pais trataram-me porque épassado e já não pode ser modificado, mas agora como adulta escolho aprender a cuidar-me cada vez melhor." Essa mudança vai acontecendo por diversas intervenções durante o processo terapêutico.

Às vezes, podemos inclusive ver-nos imersos num novo padrão devitimização. Um paciente admitia que só sentia que o terapeuta cuidava dele quando ele, o paciente, estava furioso.Era amesma sensação que experimentava com seu pai e,de certo modo,provocava paraque esta situação se produzisse. Devemos estar atentos às nossas reações emocionais porque podemos ver-nos imersos em uma situação desse tipo, de modo que sejamos capazes de vê-la de fora e ajudar o paciente a entendê-la e desmontá-la. Se observarmos, não é nada surpreendente que pacientes com condutas autolesivas repetidas gerem reações de hostilidade nos profissionais.

Estratégias para conduzir as condutas autolesivas

Brand (2001) mostra vários aspectos-chave na hora de estabelecer segurança:
a) *Se as condutas autodestrutivas ocorrem fora da consciência, deve-se conectar com a parte responsável por elas.*
Isto pode ser feito pelo paciente que se comunicará internamente ou diretamente com alguma das partes.Esta comunicação direta costuma diminuir de forma muito notável a raiva das partes agressivas.
b) *É também importante valorizar a função que impele os impulsos ou as condutas destrutivas. Também podem ser geradas em conflitos internos e externos.*

Para avaliar estes aspectos, perguntaremos ao paciente "o que esta sentindo? O que estava acontecendo justo antes de você começar aferir-se? De que forma lhe ajuda esta conduta? O que espera que aconteça com o resultado dos ferimentos auto infligidos?". Ao paciente pode ser difícila resposta destas perguntas, mas é importante ajudá-lo a aprofundar-se nelas.

c) *Pode negociar uma trégua, ainda que seja temporária.*

Para isso nos dirigimos ao paciente mais o menos nesta linha: "Eu posso ajudá-loàs vezesouinterná-lo se necessário, masnão posso forçá-lo a não se machucar. Entretanto, você sim pode fazer isso. Quando era pequeno não era assim, não podia controlar o que acontecia com seu corpo, mas agora você pode fazê-lo, agora você pode mudar a situação...".

d) *Elaborar com o paciente um plano de ação antes os impulsos autolesivos.*

O paciente pode ligar para um bom amigo, usar técnicas de relaxamento ou usar a imaginação para se distrair das imagens negativas, usar técnicas hipnóticas para conter as emoções desagradáveis, usar técnicas de ancoragem para sair das experiências dissociativas, fazer exercícios moderados, revisar as consequências das autolesões,lembrar que as más experiências passam logo, realizar atividades de distração e em último caso, ir a um terapeuta ou ir ao hospital se esses impulsos tornarem-seinsuportáveis.

e) *Explorar as distorções cognitivas que alimentam as condutas autolesivas*

Devemos avaliar quando estas condutas estão sustentadas por crenças do paciente sermau, de merecer um castigo, de não ser digno de ser feliz, etc. Ajudar o paciente a entender porque estas crenças foram sendo geradas nele, a questioná-las e a elaborar novas visões mais adultas e positivas de si mesmo fará com que tais condutas desconstruam-se.

D. Orientação à realidade

A partir das diversas orientações, desenvolveram-se técnicas que podiam dominar deimediatoa realidade. A essência das mesmas é manter o paciente no aqui e no agora, conectado a suas sensações corporais. O paciente, às vezes, "desconecta-se" do que acontece. Isto pode ser adaptativo quando estamos experimentando um trauma inevitável, representa um problema para enfrentar de um modo adequado a vida cotidiana. É importante tambémque o paciente não seja absorvido por uma lembrança traumática, entrando em uma nova experimentação do trauma. Para poder elaborar essas lembranças de modo adequado, o paciente terá de aprender a estar absolutamente voltado para isso (Van der Hart, et al., 2006), concentrando-se em sensações reais e atuais. Do contrário, as lembranças dos conteúdos traumáticos se converterão em reviver o que aconteceu. Longe de ser terapêutico, pode ser outra vez traumatizante, agravando ainda mais o estado do paciente.

Um elemento comum a muitas dessas técnicas é a diferença entre o "eu" observador e o "eu" experimentador, o que Rothschild (2000) denomina consciência dual. Uma pessoa que experimentasintomas pós-traumáticos tende a identificar-se com suas sensações fisiológicas. Nós devemos ensinar-lhe uma maneira diferente de avaliar sua experiência: ao invés de reexperimentar a vivênciatraumática como se estivesse acontecendo agora, o indivíduo deve aprender a dizer "estou sentindo... enquanto me lembro... mas ao mesmo tempo eu sei que não está acontecendo agora".

Ainda que não dominemos muitasdessas terapias, podemos utilizar técnicas pontuais que são de grande utilidade.

1. Orientação à realidade

Não é obvio para um pacienteque se dissocia, perceber que ao seuredorhajaum escritório, que nós somos um terapeuta que tenta ajudar, que seu corpolhe pertence. Qualquer estratégia que elaboremos neste sentido pode ajudar, por exemplo, se a pessoa tem dificuldade de lembrar-se de onde e como está. Levar um cartão dentro do bolso, que possa ler no momento necessário, às vezes, é bem útil. Alguns pacientes pensam nafigura do terapeuta como um modo deacalmar-se e orientá-los à realidade fora daconsulta. Outros podem ter objetos ou fotos de pessoas cujo contato osequilibra.

Na consulta, o contato ocular com o paciente é particularmente útil (Chu, 1998). Pode ser difícil fazer isso no meio de uma crise se não treinamos previamente o paciente para isso. Este treinamento é aconselhável nas primeiras etapas, ainda que o indivíduo nos apresente outras demandas prioritárias.

Usar objetos familiares também pode ser útil para a orientação da realidade. Uma de nossas pacientes conecta-se ao presente mais facilmente quando fala de seu filho pequeno. Quando se dissocia, mostramos a foto do menino, o que a situa em seu papel de mãe e cuidadora, tirando-a dos estados mentais centrados nas emoções do trauma. Trabalhar na consulta com esses elementos pode ajudá-los a ir mais adiante, onde esses recursos podem ser úteis.

Linehan (2003) aconselha a seus pacientes a pegarem uma pedra de gelo para neutralizar a tendência a dissociar-se. Knipe (2008) propõe ativar o reflexo de orientação do paciente lançandoe fazendo com que elenos devolva um objeto (uma almofada, uma bola de papel) para reverter a desconexão e centrar o paciente no presente. Este autor propõe dentro da terapia EMDR (sigla em inglês de Dessensibilização e Reprocessamento por meio dos Movimentos Oculares), maspodendo levar alguns elementos a terapias de outra orientação, uma interessante aproximação progressiva aos elementos traumáticos. O paciente dedica o tempo necessário na sessão de terapia ao enraizamento no presente e à orientação para a realidade. A partir dessa situação, vai fazendo aproximações de muito curta duração (podem ser inclusive uns poucos segundos) ao material traumático, para voltar imediatamente àorientação presente. Somente quando o individuo é capaz de fazer este contato com a experiência passada mantendo-se no presente, vai incrementando a cena traumática, mas a partir deuma sólida experiência de segurança e de controle do paciente. Este elemento de progressão deve estar presente de modo geral em todas e cada uma das intervenções.

Lanius (2008) propõe o uso de aromas e cheiros, testando para que não se associem com elementos traumáticos, pela característica dos estímulos olfativos de não passarem pelo tálamo e irem diretamente ao sistema límbico e o córtex frontal. Pode ser solicitadoao pacienteque traga seu perfume favorito ou algo cujo cheiro seja agradável e associe-se com seu presente, para ajudar a reverter um estado dissociativo.

Em geral, podemos usar nossa criatividade e o conhecimento que temos de nosso paciente para elaborar intervenções orientadas a situá-lo no aqui e agora e darrecursos para ele aprender a fazer isso por si mesmo.

2. Autoconsciência corporal.

Pat Ogden (2006) descreve o que denomina de treinamento na autoconsciência corporal como uma das bases da terapia sensório-motora que propõe para o tratamento do trauma. É uma boa técnica de estabilização e orientação à realidade. Em pacientes traumatizados, o reconhecimento da senso-percepção normal e atual do corpo costuma estar enormemente dissociado. Costumam oscilar entre a inundação das sensações muito negativas e a hiperativação autonômica, derivada do trauma e dadesconexão do corpo como único mecanismo para sair dessas sensações. A observação das sensações, sem julgá-las nem lutar contra elas, é uma experiência desconhecida para muitos pacientes e o treinamento nesta habilidade apresenta importantes benefícios. Por outro lado, a conexão com o corpo não traumatizado, com os aspectos sadios, é fundamental e muitas vezes está bloqueada pela focalização da atenção nas sensações perturbadoras ou por uma rejeição das sensações agradáveis ou prazenteiras baseadana vergonha, na culpa ou na vivência do corpo como responsável peloabuso. Se treinamos esta capacidade na consulta e mediante exercícios programados para casa, quando precisarmos deste recurso para tratar de experiências traumáticas, o paciente poderá recorrer a ele mais facilmente. Também Rothschild (2000) descreve técnicas similares. Sem estarem diretamente dirigidas aos pacientes comtraumas complexos, algumas intervenções baseadas no desenvolvimento da autoconsciência (Langer, 2007) podem ajudar-nos nesta etapa. Essas técnicas são mais úteis em geral com o relaxamento, com o qual nós podemos encontrar respostas paradoxais nos pacientes dissociativos.

3. Identificação de sensações de tensão-relaxamento muscular, explorar edelimitaros limites do corpo

Os limites do corpo dessas pessoas foram desrespeitadose invadidos muitas vezes. Além dos mais, esses pacientes costumam ter a experiência de que o corpo não é um lugar seguro. Tudo está desestruturado e é necessário aprender a perceber os limites (Rothschild, 2000). Isto pode ser feito ajudando o paciente a perceber o contato com objetos reais, os pontos de contato de seu corpo e onde ele está apoiado. Muitas vezes o exercício físico cumpre esta função, ajuda o individuo a enraizar-se, a ser mais consciente de como suas pernas apoiam-se no chão ao mesmo tempo em que conecta-se com as sensações de força e de controle.

É de particular importância explorar a distância física adequada com os pacientes, já que podem viver o contato físico ou a aproximação de forma amena. A distância deve ser valorizada pelo paciente, já que nossa percepção de qual espaço é o mais indicado seguramente não será a mesma que a sua. No paciente com uma maior fragmentação, devemos levar em consideraçãoque esta distância interpessoal de segurança pode ser diferente para uns estados mentais e para outros. De fato, a partir de um estado do ego, o paciente pode nos pedir um abraço, que pode ser vivido pelo outro estado de ego como abusivo, invasivo ou perigoso. Longe do extenso debate em psicoterapia sobre se é adequado tocar ou não os pacientes, já que em minha opinião é impossível estabelecer uma regra categórica aplicável a todos os pacientes, devemos ser, entretanto, muito conscientes das múltiplas implicações e complexidades que implica o contato físico com pacientes. Algumas pessoas podem precisar de uma mão no ombro ou um gesto de apoio e uma atitude muito distante pode ser tãonociva como uma aproximação inadequada. Explorar com o paciente, pedir licença e ser prudente, nunca édemais e pode prevenir reações negativas. Lembremos que, se não exploramos especificamente, pode ser que eles não sejam capazes de manifestar seu incômodo. Aprenderam desde pequenos a tolerar passivamente a invasãode seus limites pessoais. Sem um gesto de mal-estar e apresentando uma aparente conformação e agrado, podemos estar disparando associações com vivências traumáticas importantes. Perguntar cuidadosa e respeitosamente não pode causar prejuízo. Fazer suposições, ao contrário, pode implicar em graves efeitos.

E. Recursos positivos

O paciente muitas vezes não é consciente de quais são seus pontos fortes ou dos recursosque já dispõe. Devemosajuda-lo a vê-los e a ser capaz de utilizá-los. Outras vezesdevemos desenvolvê-los, mas sempre é mais útil partir de uma capacidade já disponível.

1. Lugar de cura

Nas terapias orientadas ao trauma, fala-se com frequência do "lugar seguro" referindo-se à criação de imagensque gerem sensações de calma e de tranquilidade, como uma técnica para direcionar as emoções disfuncionais. Entretanto, como afirma Turkus y Kahler (2006), com pacientes dissociativos a palavra "seguro"tem numerosas implicações, pode relacionar o lugar seguro com o lugar em que acontece o abuso (associado geralmente aos lugares mais íntimos e privados) ou podem ter sido palavras enganosas verbalizadas pelo abusador nas próprias cenas traumáticas. Por isso, não é estranho que essas técnicas provoquem reações paradoxais em muitos desses pacientes.

Os autores propõem falar de "lugar de cura", um espaço imaginárioa que o indivíduo pode ir em situações de crise, em momentos de sobrecarga ou durante o trabalho terapêutico. Isso deve ser praticado repetidamente e deveráestar bem estabelecido antes de passar a outras etapas do tratamento. Além do mais, pode ser um recurso paraautoacalmar-se, reduzir emoções nada prazerosas e em geral para a estabilização do paciente.

Turkus y Kahler (2006) o introduzem assim: "este é um momento para que você ocupe-se de si mesmo, para facilitar o processo de cura interior profunda, é um momento de voltar-se para todos os aspectos do 'eu', todas as partes de sua mente e do seu espírito interior, para criar esse lugar de cura, tal como você descreveu-me. Preencher o espaço com todas as coisas confortáveis e bonitas que deseja que estejam ali. Utilize suas cores favoritas, experimente com todos os seus sentidos, olhe ao seu redor, toque os objetos, sinta os cheiros, escute os sons e mova-se por todo o espaço. Empregue todo o tempo que precise para encher de criatividade o espaço e para experimentá-lo completamente. Você tem que saber que pode voltar aqui a qualquer momento para estar fisicamente seguro no mundo e que ninguém ointerromperá. Este é um lugar de cura para toda a sua mente, seu corpo e seu espírito. Esta é sua criação".

Em alguns casos, é bem complexo construir estas visualizações. É possível que um paciente cujo os espaços privados foram sistematicamente expostosse vejatambém invadido durante o processo por intrusão de materiais traumáticos e pelo boicote ativo das partes perseguidoras. A capacidade de cuidar de si mesmo e deproteger-senão foi desenvolvida ainda e isso pode ser visto durante o exercício do "lugar de cura". O processo de construção pode ensinar o paciente a proteger-se e aautocuidar-se, mas tambémresultará numa intervenção desestabilizadora em algumas ocasiões.

Por meioda hipnose, podem ser aproveitadosmuitos desses obstáculos, já que em estado de transe as sugestões do terapeuta têm ummaior peso e efetividade. Ainda que não dominemos a hipnose, muito desses pacientes entram espontaneamente em transe com facilidade, o que podemos aproveitar neste sentido.

Com o EMDR, podem reforçar-se estes lugares de cura. A estimulação bilateral ajuda a instalar as sensações de segurança, a processare a desativar as associações traumáticas.

2. *Conexão com os recursos positivos*

Recursos são as capacidades e habilidades existentes ou desejadas que seria importante o paciente ter disponíveis e com a adequada intensidade. Por um lado, ajuda pacientes com uma autoestima normalmentemuito baixaa serem conscientes dos aspectos positivos que possuem e dos momentos bons que existiram em suas vidas. Por outro lado, de um modo construtivo e criativo, contribui para o desenvolvimento de áreas menos evoluídas nesta pessoa, apartir de pequenos elementos já disponíveis ou mesmo de modelos reais, imaginários ou simbólicos. O trauma precoce e crônico cria como problema adicional às sequelas diretas e aos modelos de apego disfuncional a dificuldade para adentrar as zonas nãoafetadas pelo trauma: as figuras de apego sadio que a pessoa foi conhecendo, aos momentos positivos e em geral à parte boa da vida. Muitas situações que podiam ter sido experiências emocionais corretivas para o paciente podem ter sido limitadas em seu desenvolvimentopelas dificuldades relacionadas ou também com as de enfrentamento. Mas também podem ter existido e sido positivas para a pessoa e ser o atualestado depressivo ou a pressão dos elementos traumáticos que impedem o acesso a estas capacidades, modelos positivos e lembranças.

Estes recursos alcançariam (Jarero, 2005):

a) Habilidades e capacidades que a pessoa tem: capacidade de cuidar, força, persistência, calma... muitas vezes os pacientes têm uma autoestima baixa e não sabem dizer nada bom de si mesmo. Devemos ajudá-losa verem o que têm de bom, os momentos emque tiveram recursos (por exemplo, podem sentir-se frágeis, mas terem passado algum momento de sua vida em que foram fortes),ou parte de uma capacidade que se tem, ainda que seja algo que deveria desenvolver-se mais. Em outras ocasiões vem como recursos aspectos que são realmente problemáticos, como o "pensar nos outros", que representa em realidade atender as necessidades dos outros e ignorar as próprias.

b) Pessoas da vida do paciente que lhe fizeramsentir-se bem consigo mesmo. É importante para este objetivo que sejam selecionadas pessoas que não despertem sentimentos ambivalentes ou que não conectem o paciente com eventos negativos, como duelos ou perdas.Também devemos ter cuidado com as figuras de apego primárias ou figuras abusivas, que podem ser vistas como positivas a partir deum mecanismo de idealização.

c) Personagens reais ou imaginários, imagens simbólicas que representemuma qualidade ou habilidade que o paciente gostaria de desenvolver ou potencializar.

Pediremos ao paciente que visualize essas situações. Se são momentos que foram vividos, o ajudaremos a lembrar-sede como sentiu-se nestes momentos e que recriem todos os detalhes sensoriais (cores, sons e cheiros...), as emoções que sente e as sensações do corpo. O paciente deve conectar-seunicamente com as sensações que são positivas e deigual intensidade e devemos pedir que permaneça alguns minutos sentindo essas sensações.

O procedimento é o mesmo para um elemento simbólico ou imaginário. A única diferença é que, ao invés de uma lembrança, trata-se de uma elaboração na imaginação do paciente.

Estas sensações positivas podem ser reforçadas em alguns pacientescom EMDR (Korn e Leeds 2002) ou com hipnose (Phillips e Frederick, 1995), em função da formação específica do terapeuta. Mas podem funcionaradequadamente sem isso, ainda que o nível de intensidade alcançado seja provavelmente menor.

Alguns pacientes apresentam um resultado muito positivo a estas intervenções, melhorando sua autoestima, sua estabilidade emocional e sua fortaleza. Em outros casos o paciente não é capaz deconcentrar-se nas visualizações, o que faz sua mente constantemente acessar elementos negativos de sua personalidade ou de sua história. Ainda que o paciente possa desenvolver o exercício sem problema, nem todos beneficiam-se no mesmo nível destas intervenções mais dirigidas a elementos traumáticos. De qualquer modo, são técnicas em geral bem aceitas e um bom modo de começar a trabalhar com o paciente é a partir de situações sem cargas negativas. Isso ajuda a realizar uma aproximação gradual aos conteúdos traumáticos, de forma necessariamente progressiva, calculando com o paciente o ritmo adequado e avaliando o efeito de diferentes intervenções.

3. Técnicas do fortalecimento do "eu"

Para que o paciente possa afrontar a etapa de trabalho com o trauma, terá de estar o mais fortalecido possível. Em geral, qualquer técnica que aumente a capacidade de manuseio das emoções (como aprender a aceitar e a controlar a raiva) ou as habilidades de afrontamento (como o treinamento em assertividade) ajudaráo paciente a desenvolver o que poderíamos denominar um "eu" central mais forte e sólido. O desenvolvimento e a instalação de recursos que comentávamos no capítulo anterior produz um efeito de reforço. Uma medicação antidepressiva pode em um dadomomento ser também uma técnica de fortalecimento do "eu".

Às vezes, tais intervenções são em si mesmas uma parte essencial da terapia, por exemplo:

Uma pacientesofre episódios de movimentos anormais nos braços e pernas, acompanhados em ocasiões de agitação e de ansiedade, e às vezes perdas de conhecimento. Trata-se de uma mulher inteligente com um excelente rendimento em seutrabalho. Teve estes episódios em diferentes épocas de sua vida, desde a adolescência.

Em sua história prematura, destaca-se uma figura paterna extremamente autoritária e agressiva verbalmente. A paciente diante dos gritos de seu pai sente-se literalmente congelada. Esta reação repete-se automaticamente diante de qualquer pessoa que eleve o tom de voz ou que tenha uma atitude de autoritarismo.

Como o modelo de expressão de raiva que teve em sua infância foi o de seu pai e como alternativa a atitude de aceitação submissa de sua mãe, a paciente não interiorizou um modelo interno adaptativo da raiva. Recusa esta emoção em si mesma, a olha a partir da perspectiva de uma menina paralisada diante da raiva de seu pai (sentir raiva é ruim, prejudica as pessoas, não ter raiva também não é bom) Quando sente raiva, dissocia-se completamente, não sendo sequer consciente de senti-la. Ao fazer isso,não pode negar nenhum pedido ou exigência, nem pode reclamar do que precisa.Vê-se submetida a muitas situações nas quais deve fazer mais do que pode ou considera que deverá fazer, ao mesmo tempo em que sacrifica sempre suas necessidades em benefício do outro. Isto intensifica o desgaste interno e o ressentimento, emoção que também dissocia habitualmente.

Quando este círculo vicioso incrementa a tensão interna até uma necessidade determinada, acabam se produzindo as crises convulsivas. Podemos entender estas crisescomo a desinibição de uma resposta defensiva habitualmente bloqueada pela resposta de congelamento provocando essa desinibiçãoquando a pressão interna ultrapassa um determinado estágio inicial.

O trabalho com essa paciente foi uma reformulação de seus problemas, entendendo-os a partir deste modelo explicativo. E entãoprogramou-se uma série de tarefas e intervenções focadas a reconhecer, assumir e a integrar a raiva como uma emoção normal e adaptativa. O primeiro passo foi dar-se conta de em quais situações cotidianas seria possível que se ativasse a raiva, para depois aprender a conectar-se com essa emoção, modulá-la, expressá-la de um modo adaptativo. Esta intervenção implicou em maior fortalecimentoem nível interno e emrelação ao afrontamento de suas situações externas.

Van der Hart, et al.(2006), formulam o conceito de energia e eficiência mental(retomando os conceitosde energia e tensão mental de Janet). Nos indivíduos traumatizados, é frequenteque, apesar existirem grandes quantidades de energia interna, existe muito pouca disponível para implicar em ações adaptativasno mundo interno.Muitas vezes a energia mental é investida em controlar os fenômenos internos do paciente, deixando-o perto do esgotamento. A intervenção orientada a diminuir este conflito interno e ajudar o sistema a evoluir até a cooperação e a integração diminui este desgaste estéril de energia e contribui para o fortalecimento do paciente.

A hipnose tem numerosas técnicas do que denominam o fortalecimento do "eu", o *ego-strengthening* (Phillips e Frederick, 1995). Um exemplo seria desenvolver uma imagem de um escudo protetor. Por exemplo, com um indivíduo em um estado de relaxamento o terapeuta lhe diria o seguinte: *"se você quiser agora pode decidir fechar os olhos e imaginar-se em uma fonte de energia branca que, iniciando na parte de cima de sua cabeça, movimenta-separa baixo, por todo o seu corpo, ao redor de cada braçoe ao redor de cada perna, de forma que você fique completamente rodeadopor este escudo de energia, que permite que você mova-se livremente, que é invisível para todos, mas que é forte e que oprotege. Este escudo oprotege dos prejuízos das palavras negativas que os outros podem lançar contra você. Se alguém resolver lançar palavras que ferem, você as verá chegar, mas o escudo as deterá e elas cairão. Pode ser que aproximem um pouquinho, mas não poderão entrar. Você tem o controle do escudo, se você quiser pode desconectá-lo quando dormir ou quando sentir que não necessita dele... tente fazer isso..."*. Esta intervenção repete-secom um problema concreto do paciente. (Watkins e Watkins, 1997). Podemos empregar qualquer metáfora, construída por nós, com elementos que tenham significado adequado para o paciente e que se associem a sentimentos de controle, segurança e bem-estar... Um paciente que sofreu um trauma prematuro e grave não é capaz por si mesmo de conectar-se com essas sensações facilmente.

F. Medicação

A medicação é outro recurso de estimável ajuda, sempre que tenhamos claro o que pode contribuir. Loewenstein (1991,2005) afirma incontestavelmenteque a maior parte dos sintomas, problemas, dificuldades e crise dos pacientes com transtorno dissociativo não são causados pelos transtornos comórbidosdo eixo I e,portanto, responderão de modo atípico aos medicamentosindicados nestes casos. Pelo contrário, a origem dos sintomas deverá ser lida como influência das partes conhecidas e desconhecidas, conflitos entre partes, lembranças traumáticas ocultas, problemas vitais e atuais... Tendo isso claro, os fármacos podem reduzir ou aliviar alguns sintomas. Isto é mais provável quando trata-se de sintomas presentes no individuo global e nãoestão somente restringidos a uma parte dissociada.

Os antidepressivos são úteis em muitos pacientes, já que diminuem um pouco o sofrimento subjetivo e a realidade emocional. Sua utilidade é mais clara quando existe uma depressão melancólica comórbida, mas o efeito não parece manter-se de modo prolongado. A resposta pode ser em ocasiões paradoxais e, em outros casos, o paciente abandona a medicação porque a utiliza como dependência ou por algum tipo de auto castigo. Também haverá vezes em que as constantesmudanças no estado mental e as amnésias características dos pacientes dissociativos fazem impossível a constância no tratamento. Neste último caso, podem ajudar o uso dos antidepressivos semanalmente.

Os ansiolíticos em doses elevadas servem para acalmar os estados de alta ativação emocional. Ainda que seja importante que o paciente aprenda a modular suas emoções, porém, devemos ser realistas e saber que este é um processo lento e às vezes muito difícil. A medicação ajuda a reduzir o mal-estar e é um recurso sempre mais adaptativo do que uma autolesão ou uma agressão, funciona rápido e dácerta estabilidade que permite-nosprosseguir trabalhando.

Os neuropáticos também podem funcionar bem para este propósito, especialmente aqueles de maior efeito sedativo, ao mesmo tempo em que oferecem certo grau de controle de conduta. Mas o que fica claro é que não suprirão as vozes quando sua origem é dissociativa (Loewenstein, 1991,2005; Torem 1996). Quando muito podem conseguir que sejam diminuidas em frequência ou intensidade e de modo secundário a uma maior sedação do paciente ou ao seu efeito ansiolítico.Entretanto, muitos psiquiatras prescrevem antipsicóticospelo fato de que o paciente escuta vozes, inclusive ainda que claramente entendam essas vozes como dissociativas e diferentes das alucinações esquizofrênicas, estes casos,às vezes,sãorotuladoscom o final clássico de "psicose histérica". Mas lembremos que empregar o termo psicose não significa que por trás detodos esses quadros o mecanismo casual seja o mesmo. No transtorno dissociativo, não estamos diante de um desequilíbrio de neurotransmissores que podem se compensar com um fármaco antidopaminérgico, ainda que esteja bem documentado que o trauma produzum efeito sobre a estrutura cerebral. Os estudos empíricos mostram que as alucinações dissociativas não diminuem com os neuropáticos.

Dado que o transtorno dissociativo e a esquizofrenia são diagnósticos diferentes, mas não incompatíveis, existem pacientes em que apresentam ambos os quadros e aqui os neuropáticos são sem dúvida alguma eficazes. A existência de alterações do curso do pensamento ou idealização delirante de prejuízo típica, junto com outros sintomas dissociativos ou antecedentes traumáticos graves, orientaria para este diagnóstico misto.

Um fármaco que oferece possibilidades interessantes por seu efeito na impulsividade é o tiporamato (Matarredonda, et al.,2004), do mesmo modo que se pode ver no transtorno limite de personalidade - TLP (Nickel, et al.,2004,2005). Lembremos que muitos pacientes com TID cumprem também certos critérios para o TLP e muitos destes pacientes poderiam beneficiar-se de dispositivos assistenciais desenhados para estes casos. Em algumas unidades específicas para traumas psíquicos, tratam-seambos os grupos de paciente.

A naltrexona parece ter um efeito direto sobre as ato lesões em ao menos um grupo de pacientes com TDI (Loewenstein, 2005). Nestes pacientes diminuem a frequência e o impulso a autolesionarem-se e também incrementam a percepção da dor durante a autolesão.

G. Trabalhar com as partes em objetivos de estabilização

Estabilizarum paciente dissociativo sem abordar diretamente a fragmentação, na maioria das vezes, é impossível. Um exemplo: uma paciente experimenta uma intensa disforia, sem resposta a nenhuma intervenção farmacológica. Decidimos esperar que ela consiga um estado de ânimo que lhe permita minimamente trabalhar, já queencontra-se num estado de crise permanente. Mas os repetidos fracassos da ação do fármaco e de outros tipos de psicoterapia nos levama começar a trabalhar diretamente sobre os sintomas dissociativos, ainda que a sensaçãoseja a de tentar sentar e conversar tranquilamente em meio a um temporal.

Estas intervenções são especialmente importantes quando há uma parte agressiva claramente relacionada com um ato autolesivo ou agressivo. Aqui tem que se negociar de entrada com esta parte para conseguir a liberaçãode uma conduta, ou ao menos uma "trégua" que nos permita prosseguir com aterapia. Uma paciente não reagia a nenhum tipo de intervenção. Na entrevista SCID-D (Structured Clinical Interview for DSM-IV DissociativeDisorders), mostrou sintomas claros de um TID. Contatamos com uma parte dissociada que não queria que a paciente seguisse com o tratamento, mas acabouporconverter-se em uma boa aliada. O terapeuta principal da paciente não quis prosseguircom este trabalho, mas a paciente pôde pactuar com essa parte, que a deixou chegar até ela. Depois disso a pacientecontinuou regularmente a terapia comportamental-cognitiva, com uma boa evolução. Ainda que tivesse sido preferível continuarintegrando esta parte dissociada na terapia, a intervenção pontual teve consequências claramente positivas.

Outro trabalhoque é importante realizar durante a fase de estabilização e que envolve as partes é procurar uma organização do sistema que permita que uma parte cuide de outras. O paciente, às vezes, está em condições de fazê-lo desde o início. Talvez o conflito entre as partes agressivas e a personalidade principal seja muito forte para fazer um replanejamento radical de entrada, mas não esqueçamos que existem outras partes talvez menos aparentes, as que não devemos esquecer por gerarem menos problemas. Muitas podem contribuir com recursos internos e assumir novas funções orientadas a acalmar e a consolar as partes infantis ou frágeis, fazer dormir ou levar para um lugar seguro as partes mais disfuncionais ou alteradas, organizar o sistema, etc.

Nesta linha, é importante ver se existem cuidadores internos: partes que exercem no sistema uma função de guia ou cuidador(Allison, 1974). Ainda que este fenômeno não seja exclusivo dos pacientes dissociativos (Comstock, 1991), parece apresentar-se com frequência no TID (Putnam, 1989). Adams (1989) mostra que estas partes costumam ter capacidade para intervir nas situações de crise e que adotamcom frequência um rol de coterapeutas neste tratamento. Com frequência se descrevemcomo espíritos ou anjos.

Uma paciente depois de seis anos de terapia reconhece a existência de um destes cuidadores internos, mas não reveloua seu terapeuta por diversos motivos. Entretanto, depois de varias sessões é possível incorporar esta parte à terapia, cuidando muito para que esta manobra não seja vista como uma tentativa de tirar-lhe sua função no sistema, mas muito pelo contrário, de reforçá-la. Esta mudança no enfoque do tratamento associou-se a uma evolução mais favorável do caso.

H. Trabalho com o trauma durante a fase de estabilização

Na maioria dos pacientes, abordar diretamente os acontecimentos traumáticos que geraram o transtorno ou outros traumas secundários, já nas primeiras etapas, terá resultado gravemente desestabilizador. Todo transtorno se foi constituido precisamente para evitar isso e, se nós começarmos por aí, antes que a relação terapêutica esteja bem estabelecida e o paciente tenha se fortalecido e tenhamos feito um trabalho com as partes, é bastante fácil que produza-se uma crise. Entretanto, podemos ir fazendo desde o princípio um trabalho de questionamento das cognições associadas ao trauma, sem termos que falar dele em momento algum. Por exemplo, é frequente que uma vítima de maltrato ou abuso sinta-se extremamente vulnerável. Nós podemos lançar esta mensagem de que em nossa opinião o paciente tem uma grande fortaleza, já que sobreviveu a situações que o resto das pessoas não está costumada a ter que enfrentar e que ela chegou até aqui. Ainda que a pessoa geralmente defenda uma visão bem diferente, estamos começando adesgastara narrativa que descreve o paciente como "vítima" para passar a outra de "sobrevivente". Ao invés de "culpado" a "vítima" e logo a "sobrevivente" é uma evolução cognitiva que irá produzindo-se ao longo de toda a terapia, mas que pode começar desde o princípio. Inclusive, quando o paciente tem amnésia com respeito aos fatos ocorridos ou sequer selembra de ter sofrido algum trauma: "é evidente que existe um sofrimento muito grande em você e apesar disso você chegou até aqui... isso demonstra que você não é tão frágil...".

Um modo de trabalhar cognições e emoções associadas ao trauma, sem tocar nas lembranças traumáticas, é o trabalho com os estados mentais ou estados do ego (Watkins y Watkins, 1997). Nos pacientes com amnésia de períodos da infância, podemos começar a trabalhar "por meioda amnésia". Dizemos ao paciente que não queremos remover seu passado nem que se exponha a lembranças de coisas que sua mente não está ainda em condições de aceitar, mas que imagine a criança que era quando tudo aconteceu. Trabalhamos com estes exercícios de visualização com a interação entre o "eu" adulto e o "eu" do passado, na aceitação de aspectos desprezados de si mesmo, o autocuidado, a diferença entre o passado e presente e todos os elementos que fomos comentando.

Como em qualquer área, não podemos esquecer que existem algumas regras fixas. Há pacientes para os quais nenhuma intervenção estabilizadora funciona. Na verdade, em algumas ocasiões, essas intervençõesresultam, paradoxalmente, desestabilizadoras. Um paciente com graves episódios de agressividades respondia aparentemente de modo adequadoa intervenções, como a instalação de um lugar seguro, mas entre sessões a consequência era um surgimento de episódios de heteroagressividade. A resposta ao relaxamento era diretamente paradoxal, assim como qualquer tentativa, por mais indireta que fosse, de induzir a um transe hipnótico. Entretanto, o trabalho com EMDR – uma técnica em princípio contraindicada nesta fase, centradaem transtornos altamente traumáticos, tornando-se duas vezes mais contraindicada –, produziu uma descarga de tensão psíquica e a elaboração deste materiale uma melhoria clínica evidente. A terapia foidesbloqueada e continuamos alternando intervenções de negociação com as partes, adaptação, solução de problemas e trabalho direto com o trauma, empregando EMDR com excelentes resultados. Atualmente, depois de menos de um ano de terapia, as condutas agressivas do paciente sumiram, dando lugar a um estado emocional adequado, ainda que a situação pessoal deste paciente seja bastante complicada.

I. Aproveitar as crises

Algumas crises são inevitáveis e nossa resposta a elas pode influenciar negativa ou positivamente. Muitas vezes ocorrem como resposta a situações externas, mas outras vezes estarão relacionadas com o ocorrido na terapia e será necessário interpretá-las adequadamente. Alguns pacientes "forçam" a relação terapêutica até o limite da ruptura. Em parte, é uma prova para o terapeuta:

precisam saber se vão ser abandonados como tantas vezes lhes aconteceu previamente, inclusive por outros terapeutas. De algum modo tentam provocar o que sentem inevitável, já que vão ser desprezados e isso não poderão controlar,procuram controlar ao menos quando acontecerá. Às vezes, a tendência das vítimas de maltrato a entrar em padrões de serem outra vez vítimas, os levará outra vez a condutas provocativas ou muito dependentes que geram agressividade no terapeuta. Somente existe para eles dois papéis na vida: vítima ou carrasco. E para que exista um rol, é necessário seu complemento. Nós podemos nos ver metidos nesta armadilha sem saber muito bem como. Quando sentimos raiva de um paciente, tentar ver oque está acontecendo sob um ponto de vista externo, comentando com um companheiro, solicitando, se possível, supervisão, é um exercício imprescindível para tomar a decisão adequada.

É importante saber "ler" o que significa a crise neste momento, como se relaciona com as circunstâncias vitais do paciente ou se tem mais a ver com o próprio processo de terapia ou com relação terapêutica. Analisar com o paciente oque aconteceu na sessão imediatamente anterior e nos dias seguintes até a crise ajuda a situá-la a entendê-la e, portanto, adotar medidas para preveni-la no futuro, o que pode ser uma intervenção extraordinariamente produtiva.

A divisão entre a fase de estabilização e de trabalho com o trauma não é estrita nem rígida. Ambos os elementos provavelmente necessitarão ser combinados em diferentes graus e ao longo da terapia. O que demanda a delimitação de uma fase de estabilização é principalmente a necessidade de preparar o paciente em diversas áreas para o trabalho que logo realizaremos.

12: Trabalho com as Partes

Quando falamos de trabalho com as partes, não estamos nos referindo apenas à fragmentação mais extrema, o transtorno de identidade dissociativo (TID), mas também ao manejo dos estados mentais ou estados do ego (Watkins e Watkins, 1997). As intervenções são similares, ainda que no TID, como as barreiras entre os estados são mais rígidas e impermeáveis, necessitemos de mais tempo e esforço terapêutico para obter resultados.

Um paciente com uma amnésia dissociativa pode não ter sintomas dissociativos em seu funcionamento cotidiano que nos leve a pensar em um TID. Entretanto, quando o fazemos visualizar a criança que viveu as situações de sua infância da qual ele não se recorda, o trabalho entre o adulto e a criança implica muitos elementos que vamos comentar neste capítulo.

Uma paciente com um trauma complexo sente uma raiva injustificada de seu parceiro em alguns momentos. Ela não identifica isso como uma parte dissociada, e nós não precisamos nomeá-la como tal para trabalhar essa raiva como um estado mental. Podemos, por exemplo, pedir que pense em qual idade começou a sentir essa raiva e que desenhe a si mesma com essa idade. Essa paciente, curiosamente, desenhou um bebê chorando. Seus sentimentos ao ver o desenho eram de rejeição. Quando se conectou com a capacidade de cuidar de seus próprios filhos e observou seu parceiro sob esse ponto de vista, suas emoções mudaram. Trabalhando dessa maneira ao longo da sessão, suas reações de raiva desapareceram.

Já comentamos algumas estratégias a respeito. Desde o início do tratamento, devemos levar em conta todos os estados mentais do paciente. A fragmentação mental está aí e é importante dispor de técnicas que nos ajudem a trabalhar nessas situações, pois nosso objetivo será reduzi-la. Porém, para atingir este objetivo, devemos abordar a fragmentação de maneira direta, não ignorá-la.

Também precisamos recordar a todo momento que o trabalho com as partes é um estágio do tratamento, mas que nosso objetivo sempre será deslocar a energia do mundo interno do paciente para um enfrentamento adaptativo das situações de sua vida presente e o funcionamento mental integrado. O problema pode estar tanto em ignorar esse lado da vida do paciente como ficar preso à fascinação que essa complexidade psicopatológica pode produzir. O terapeuta que aproxima-se dos seus primeiros casos de TID corre o risco de transformar-se em um elemento a mais do sistema de partes do paciente, agravando a situação ao invés de auxiliar sua evolução para sistemas mentais mais adaptativos.

Outro ponto importante é que o funcionamento fragmentário da mente de um paciente gravemente traumatizado não é equivalente à fragmentação de uma mente previamente integrada. Quando os eventos traumáticos e os problemas de apego ocorrem na infância do paciente, eles interferem no desenvolvimento global do seu aparato psíquico.

Consciência e metaconsciência

Putnam (1997) explica o desenvolvimento da criança como uma evolução a partir de estados discretos de consciência até a flexibilização e complexidade dos mesmos, com o desenvolvimento de uma metaconsciência (consciência reflexiva) que os unifica, modula e regula.

Os problemas causados pelo apego prematuro e pelas experiências traumáticas precoces alteram esse desenvolvimento normal, dando lugar a um desenvolvimento retraído dessa metaconsciência e a manutenção de formas mais primitivas de funcionamento.

Esses estados mentais discretos mantêm-se na idade adulta de pacientes cuja metaconsciência ou consciência reflexiva não se desenvolveu o suficiente, dando lugar aos diferentes estados do "eu" ou, em sua forma mais extrema, às partes dissociadas do TID.

As barreiras entre esses estados mentais são mais rígidas e impermeáveis quão mais grave for a fragmentação, a dissociação do sistema psíquico. Por isso, a permeabilização e flexibilização dessas barreiras são um dos aspectos a serem trabalhados para reverter a dissociação.

Entendemos por consciência "um estado de consciência em que uma parte da personalidade é capaz de experimentar diretamente os pensamentos, sentimentos, percepções e ações de outro álter", segundo Morton Price (1906) (citado em Kluft, 1984).

O trabalho com as partes dissociadas e sua subsequente integração não consiste unicamente em reunir as peças de um quebra-cabeça. O trabalho com o paciente, ao longo das diferentes etapas da terapia, auxilia no desenvolvimento de uma metaconsciência (Bowers, 1990, 1992) na qual a pessoa vai tornando-se capaz de adotar uma atitude reflexiva e de planificação. Diversos autores fazem referência a essa evolução como a aquisição de um nível maior de complexidade das funções mentais, ainda que com diferentes restrições, como a hierarquia de tendências de ação que falava Van der Hart (2006), que, mesmo orientada ao transtorno *borderline*, considera o desenvolvimento da capacidade de mentalização como o "x" da terapia desses pacientes e boa parte pode ser aplicada no tratamento de transtornos dissociativos.

Ryle e Kerr (2006) falam do conceito de metaprocedimentos, em uma linha semelhante ao que foi mencionado. Esses metaprocedimentos normalmente mobilizam e vinculam adequadamente o repertório de papéis recíprocos do indivíduo, que encontram-se interrompidos nesses pacientes ou não se desenvolveram corretamente e, como resultado, eles insistem em padrões de papéis recíprocos diferentes, desconectados, parcial ou totalmente dissociados. Interrupções são produzidas na autorreflexão que acompanha as mudanças de estados, a capacidade de autorreflexão geral deteriora-se e, com ela, a capacidade de responsabilizar-se pelas condutas prejudiciais ou de aprender com a experiência.

Não entraremos em detalhes nesses conceitos, mas devemos levar em conta que muitas vezes precisaremos ajudar os pacientes a desenvolverem estilos de pensamento mais maduros, elaborados e flexíveis, para que estejam preparados para integrar aspectos até então dissociados. Se fizermos um exercício para favorecer a consciência de uma pessoa cujo sistema global não está preparado, podemos produzir mais descompensação do que equilíbrio.

Uma paciente muda de estado mental constantemente e fala por meio de cada um deles, sem ser capaz de distanciar-se e ter perspectiva do que está acontecendo em nenhum momento. Ela explica muito bem a importância dessa parte do trabalho com pacientes dissociativos:

... Eu nunca pensei realmente, minha cabeça nunca esteve comigo. Todas essas coisas aconteciam constantemente na minha mente e eu só podia deixar-me levar, não tinha nenhuma influência sobre isso... é que eu, falar assim, como estou falando contigo agora, que alguém me pergunte "Como se sente?" e eu poder responder... nunca tive isso. Desde criança, ninguém sabia que havia algo errado, nem como eu me sentia, ninguém me perguntava, ninguém se importava... nem eu sabia, antes de começar a terapia, que tudo isso que acontecia comigo, que as vozes e tudo mais não

eram normais. Nunca havia comentado com ninguém... pensava que era assim com todo mundo.

Agora, estou começando a pensar. Vejo as imagens na minha cabeça de tudo que me aconteceu quando criança e sei que não está acontecendo agora, ainda que as veja da mesma maneira de antes e sinto o sabor na minha boca, o cheiro, como se estivesse aqui. Começo a escrever e desenhar. Nunca havia feito isso... e coloco aí o que me passa, coloco como me saí. Quando faço algo, posso pensar no que estou fazendo e, então, sou capaz de escolher as palavras. Falo melhor as coisas porque posso pensar.

Porém, tudo isso me acontece, as imagens e sensações em minha cabeça, as vozes... mas estou começando a ser eu.

Objetivos do trabalho com as partes dissociadas

1. Estabelecer uma boa aliança terapêutica com todo sistema

É habitual que as partes não falem diretamente com o terapeuta nas primeiras etapas do tratamento. Para contatá-las, podemos empregar a técnica de "falar por meio de..." (Braum, 1984; Kluft, 1982; citados em Putnam, 1989), dizendo algo como: "Quero que todos que estão aí atendam-me em conjunto e sem divisões, quero que todos escutem". Sem esse legenda explícita, é possível que algumas partes desconectem-se durante parte da conversa ou durante toda ela. Por isso devemos ir contatando as partes individuais em determinados momentos. O mais comum é que peçamos ao paciente que nos transmita o que a parte disse e que nós falemos com o paciente pedindo que ele deixe que essa parte escute o que estamos dizendo. É importante pedir ao paciente que transmita literalmente o que a parte disse, porque a tendência habitual é interpretar o que ela quer dizer, muitas vezes de maneira equivocada.

2. Quebrar as cognições que mantêm as barreiras entre os estados de consciência

Essas cognições são do tipo: "Essa parte é má, essa parte não sou eu, essa parte é culpada pelo abuso...". O paciente pode verbalizar essas cognições espontaneamente ou não, mas nós podemos questioná-las inclusive se ele não verbalizar, por exemplo: "Talvez essa parte tenha seus motivos para querer causar dano ao corpo, talvez ela acredite que o corpo é mau... Eu não acredito que o corpo seja mau e não sei se ela se dá conta que, quando causa dano ao corpo, causa dano a si mesma...". Algumas partes acreditam que não compartilham o mesmo corpo ou até que são espíritos ou demônios que podem sobreviver à morte do corpo físico. Muitas dessas cognições vão quebrando-se à medida que o tratamento evolui, mas abordá-las diretamente é uma estratégia útil no tratamento desses pacientes.

3. Trocar a discussão e luta interna por diálogo e cooperação

O conflito interno é um elemento nuclear do tratamento dissociativo e um dos primeiros aspectos a abordar. O paciente rejeita as intrusões provenientes dos outros estados mentais, os conteúdos traumáticos armazenados neles, determinadas emoções muito intensas ou com conotações negativas. Manter sob controle todos esses elementos requer uma energia interna constante e implica um estado continuo de tensão. Esse é um dos fatores que condicionam a falta de eficiência mental que o pacientes com traumas graves apresentam (Van der Hart, et al., 2006).

Nossa atitude de aceitação e neutralidade diante de todos aspectos existentes na mente do paciente supõe uma troca de visão, a partir da qual o paciente possa começar a ver a si mesmo de outro modo. Como dizia o paciente de uma colega: "Antes não era capaz de aceitar a mim mesmo, mas agora consigo, porque me vejo com outros olhos".

Diferentes técnicas podem ser empregadas: ser o "moderador" ou ajudar o paciente a buscaruma espécie de "mesa redonda interna", estabelecer um espaço interno de diálogo onde as partes que desejam debater algum tema possam ir, etc. Aqui também podem ser úteis os fantoches, desenhos ou diferentes objetos intermediários. As técnicas terapêuticas que utilizamos para o manejo de sistemas ou grupos podem ser aplicáveis.

Conforme o processo terapêutico avança e a informação contida em diferentes estados mentais começa a compartimentar-se, surge a empatia e a compreensão. Geralmente, se um estado mental dissociado aparece na cabeça do paciente como uma voz que o insulta e diz que ele não vale nada, o paciente (a PAN ou personalidade aparentemente normal) irá utilizar todos os sistemas ao seu alcance para que esse estado desapareça. Ao invés de ater-se apenas ao conteúdo da voz, analisar com o terapeuta quando ela aparece o ajudará a entender qual é sua função. Estabelecer um diálogo com a voz, ou permitir que o terapeuta o faça, possibilita que escute pela primeira vez quais emoções ou pensamentos estão contidos nesse estado mental, fazendo sua imagem estereotipada ir quebrando-se. Posteriormente, distintos estados mentais podem compartilhar conteúdos ou realizar tarefas juntos. Neste ponto, a dissociação ainda acontece, mas mudamos o conflito para a cooperação e o trabalho coletivo.

4. Estabelecer sistemas de ajuda interna

O padrão de autocuidado que comentamos como um dos elementos nucleares a serem modificados (ou mesmo criados em muitos casos) não é apenas uma intervenção nas fases iniciais. Ao longo de toda terapia, devemos introduzir esse elemento, que deve "colorir" todas as nossas intervenções.

A maneira como nos relacionamos e consideramos todos os estados mentais do paciente introduz um modelo de aceitação e cuidado em uma relação significativa para o paciente. Ensinar a alguns estados mentais a reproduzir esse modelo - simular um adulto cuidando da criança que foi ou ajudar o paciente a cuidar de seus sintomas ao invés de brigar com ele -, muda um sistema interno que permite uma nova forma de funcionamento.

Uma parte pode ajudar a outra quando esta vai mal, criando um sistema interno de autotranquilização. Podemos propor as partes mais cuidadoras ou adultas que ocupem-se das partes mais infantis, com emoções predominantes de medo e vulnerabilidade. Há ocasiões em que existe uma parte cuidadora interna antes da terapia e esta parte pode ser aproveitada como uma espécie de "terapeuta interno". Em outros casos, partes que inicialmente não aparentam essa disposição podem converter-se para essa função com o tempo. Isso permite ao paciente reduzir a dependência do terapeuta e encontrar recursos dentro do seu próprio sistema interno.

5. Focalizar na colaboração entre as partes para alcançar objetivos no mundo externo

As partes, além de aprenderem a trabalhar em equipe, podem aprender a colaborar para ajudar a solucionar problemas cotidianos. Não podemos esquecer que contatar as partes dissociadas e ajudar a melhorar o funcionamento intrapsíquico tem como objetivo ajudar o paciente não apenas a sentir-se melhor consigo mesmo, mas a adaptar-se melhor ao mundo, de maneira produtiva e enriquecedora para ele. O paciente, às vezes, não tem esse aspecto interiorizado. Sua energia sempre foi consumida no interior de sua mente e ele lida com o mundo externo de maneira desadaptativa, conflitiva, fóbica. Por isso, nós devemos ajudar o paciente a reorganizar o sistema e direcionar a energia, desde o início da terapia, para alcançar uma interação melhor com o seu meio.

6. Buscar uma nova finalidade adaptativa para cada parte

Algumas partes já ocupam no sistema o papel de observadoras ou cuidadoras internas. Essas partes podem participar da terapia com relativa facilidade, sem a necessidade de modificar suas funções de maneira significativa no sistema. Porém, a médio prazo, nosso objetivo é alcançar uma evolução e um maior equilíbrio interno. Portanto, é especialmente importante investir toda nossa criatividade em buscar também finalidades adaptativas para as partes aparentemente mais disfuncionais. A energia dessas partes não precisa diminuir, mas ser empregada a favor da terapia. Uma parte agressiva pode vir a ser uma excelente coterapeuta. Em algumas ocasiões, isso pode provocar "ciúme" nas demais partes, o que também deverá ser trabalhado. Ainda que já tenha sido mencionado, vale reforçar que não podemos nos deixar contagiar pela visão do paciente, que demoniza as partes agressivas, rejeitando-as por completo. Por mais negativas que sejam as consequências da influência ou controle de tais partes, é impossível que a terapia possa evoluir se elas não forem somadas de algum modo.

Diferentes abordagens

As técnicas de trabalho com as partes podem ser classificadas de acordo com a gradação de "externalização". Existem partes que sentem-se mais cômodas com uma ou outra situação. As técnicas mais externalizadoras são, geralmente, as mais ativadoras e isso deve ser levado em conta. Entre as menos e mais externalizadoras, temos as seguintes técnicas:

a. Trabalho Interno

Falar "por meio de...": podemos falar com o paciente observando que este "deixe" a outra parte ouvir o que estamos dizendo. O paciente nos transmitirá os comentários dessa parte. Há ocasiões em que, à medida que a terapia evolui, a parte começa a falar mais diretamente, com menos intervenções da personalidade principal. As técnicas hipnóticas e de imaginação guiada trabalham geralmente no espaço interno.

b. Objetos Intermediários

Podem ser fantoches, desenhos, etc. Permitem um visão de fora, mas com uma mediação do paciente. É uma técnica que encontra-se no meio do caminho entre a externalização completa e o trabalho puramente interiorizado. Alguns pacientes mostram resistência, porque não querem colocar suas partes "tão para fora", mas geralmente é bem tolerada. Esse tipo de intervenção favorece também o desenvolvimento de uma metaconsciência, ao apresentar de forma concreta os fenômenos intrapsíquicos fora da mente do paciente, permitindo-lhe observá-los em perspectiva e "falar de fora" sobre o que lhe ocorre e experimenta.

c. Trabalho Psicodramático

Faz-se, por exemplo, o paciente sentar-se em cadeiras diferentes segundo o estado mental que esteja descrevendo ou representando fisicamente. Essa técnica pode ser muito útil, mas é necessário levar em conta que essa prática é altamente ativadora. É aconselhável utilizá-la com prudência, reservando-a para pacientes que conhecemos bem e que não sejam muito desestruturados.

Vejamos um exemplo: uma paciente, com uma boa funcionalidade e uma personalidade principal forte, entra em um estado regressivo quando lhe pedimos que ocupe a cadeira que representa "a voz" (uma voz intrapsíquica lhe ordenando que se mate), verbalizando conteúdos que claramente evocam um abuso sexual. As características da paciente tornaram possível conter esse estado mental e a sessão foi bastante reveladora e terapêutica para ela, mas em indivíduos com patologias dissociativas mais graves, pode equivaler a "abrir uma caixa de trovões". Uma ab-reação não contida e que não permite nenhum processamento tem baixo valor terapêutico e, geralmente, tem um resultado retraumatizante.

Algumas intervenções

1. Mapas

Entre as intervenções preliminares, estaria realizar um mapa do sistema com o paciente, o que também pode ser repetido em estados posteriores da terapia. Isto já foi comentado em outros capítulos, portanto não iremos nos aprofundar neste tema agora. Alguns autores (Boon, 1997) não consideram positivo empregar esta técnica nas primeiras sessões, uma vez que ela pode ativar material traumático. Segundo nossa experiência, normalmente não há problema, sempre que estivermos atentos para que não se dispararem ab-reações no paciente. Ao desenhar partes negativas, é comum experimentar-se emoções desagradáveis, mas não centraremos o paciente nelas, ao contrário, procuraremos distraí-lo de tais sensações. Ao desenhar o sistema como um diagrama, geralmente obtém-se uma visão "de fora" que oferece uma certa perspectiva ao paciente.

Existem transtornos dissociativos que não são trabalhados com essa técnica, por exemplo, os transtornos de despersonalização ou de amnésia, nos quais não há uma confusão ou alteração de identidade. Se o paciente não descreve partes em conflito, o mapa (pelo menos nesse momento) não será necessário, caso contrário, precisamos de um esquema de partida. Nesse primeiro esquema, provavelmente, não estarão presentes todos estados mentais e é comum que, ao longo da terapia, esse esquema torne-se mais complexo, com o surgimento de novas partes. Se este fosse o resultado final do tratamento, tudo isso seria um grande erro, como sugere o *Manual Diagnóstico e Estatístico dos Transtornos Mentais* (DSM-IV). Porém, o objetivo final é que o paciente termine com uma única identidade e para isso precisamos aclarar a situação na qual ele encontra-se e fazermos o possível para fortalecer essa identidade.

Como fazer esse mapa? É preciso estar claro desde o início o que buscamos, para que cada terapeuta possa usar sua experiência e criatividade. Como propõe Ross (1989), é possível pedir ao paciente que desenhe um círculo para cada parte identificada. Por exemplo: "Você disse-me que às vezes comporta-se de maneira agressiva e diz coisas que machucam os outros, coisas que às vezes nem se lembra de ter dito, e que arrepende-se depois. Gostaria que desenhasse um círculo que represente a parte que você é agora e, depois, desenhe outro círculo que represente essa parte agressiva. Este círculo será maior ou menor, de acordo com a força que você acha que essa parte tem, e estará mais ou menos perto da parte que você é agora segundo a sua sensação de proximidade a ela".

Uma vez que o paciente tenha feito esses círculos e entenda o que estamos lhe pedindo, perguntaremos: "Além destas duas, você comporta-se de maneira completamente diferente em alguma outra ocasião?". Se a resposta for positiva, pediremos que desenhe outro círculo representando essa outra parte, considerando sua proximidade às demais e sua força no sistema. Esse processo deve ser repetido com todas as partes identificadas pelo paciente.

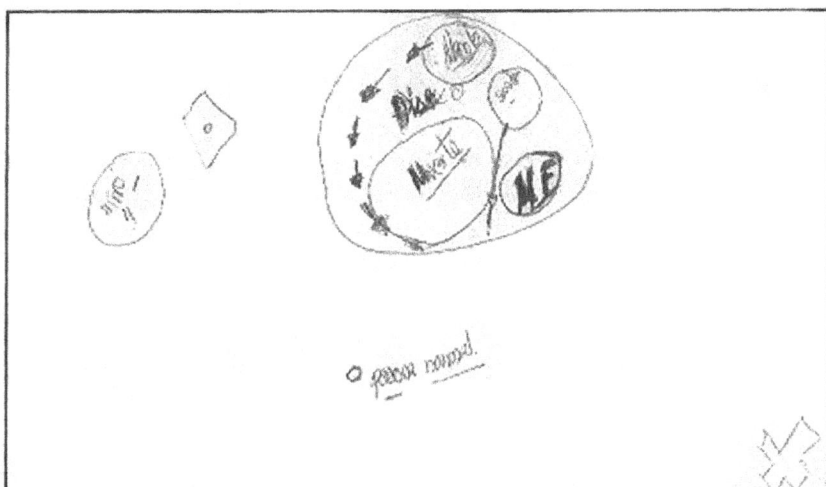

Esse paciente desenhou à direita um grande círculo com várias partes, indicando com flechas como estas relacionam-se entre si. Dentro desse círculo estão agrupadas as partes agressivas ou hostis, que ele denomina como "diabo", "morte"..., e algumas com nomes de figuras da vida do paciente que representam introspecções. À esquerda, ele desenhou um círculo menor onde escreveu "criança"; esta é uma parte bastante vulnerável, a qual as figuras agressivas aterrorizam constantemente. Por último, na parte inferior do papel, desenhou um círculo bem pequeno que chama de "pessoa normal". Esse mapa nos dá uma boa ideia de como está estruturado o sistema mental desse paciente e até que ponto as partes agressivas estão dominando a sua mente e a sua conduta. Quando encontramos uma estrutura como essa, podemos supor que a debilidade da personalidade principal precisa de um longo e difícil tratamento, primeiramente focado em fortalecer essa personalidade. Concretamente, o trabalho com as partes hostis nesse paciente resultou impossível, especialmente as mais agressivas, e a terapia não teve um resultado efetivo. Por sorte isso não costuma ser a regra, mas a exceção.

Outro sistema que pode ser favorável é a utilização de diferentes fantoches: demônios, animais, figuras tristes ou entediadas, etc. Pedimos ao paciente que escolha uma figura para cada parte identificada. Também podemos pedir que faça um desenho representando cada parte. Dessa maneira, abrimos a possibilidade de trabalhar com esse mapa por meio de um objeto intermediário, propondo modificações na organização do sistema ou partindo da representação de uma parte para interagir com ela.

Esse é um paciente de 14 anos que especificou quatro partes, as quais correspondem aos fantoches superiores. Os fantoches que colocamos abaixo referem-se às figuras de sua vida com as quais relaciona-se a partir de cada estado mental. A PAN define-se como um "menino bom" e muito religioso (representada curiosamente pela fantoche do Pinóquio). Esse estado mental relaciona-se com todas as figuras do seu âmbito familiar (vive com uma família adotiva, para onde foi levado devido aos maus tratos e rejeição dos seus pais biológicos) e com professores e colegas também. Existem duas figuras menos normativas (o leão e o gato) que chegam a relacionar-se com seu meio, mas apenas com os terapeutas (representados pelo senhor de barba e pelo mágico). Quando escolhe o gato, verbaliza uma experiência de despersonalização: "Este é quando não reconheço meu corpo". O demônio, a figura mais carregada de raiva, não relaciona-se com o mundo, está completamente asilado e indica que essa parte aparece "quando vejo um corpo desenhado".

2. Metáforas

Uma das linhas de tratamento do paciente dissociativo é trocar o conflito interno por uma cooperação entre as partes. Nesses pacientes há uma enorme quantidade de energia psíquica desperdiçada em opor-se a uma tendência interna. As metáforas costumam ser úteis para fazê-lo entender que, se sua força for empregada na mesma direção de suas metas, poderá alcançá-las facilmente. A metáfora do barco (o corpo) e os tripulantes (as partes) é um exemplo. Também podemos comparar as partes com membros do exército, onde cada um decide quando, como e onde atacar. Podemos contar uma história que reflita a mesma ideia. O ideal é partir da narrativa do paciente e de seus próprios elementos, para que ele identifique-se mais facilmente. Naturalmente, no caso de um paciente que foi agredido e sofreu abusos de militares, não devemos utilizar metáforas envolvendo o exército.

Este poderia ser um exemplo de relato: "Um bando de pombos caiu na rede de um caçador. Estavam tão assustados que debatiam-se sem parar, desesperados. Machucavam uns aos outros na tentativa de escapar do perigo. Então, um pássaro decidiu ajudá-los. Ele disse: 'Preciso que vocês escutem-me. Podem sair facilmente. Só precisam organizar-se e voar todos na mesma direção'. Então, os pombos viram que ele tinha razão e começaram a levantar suas asas, subindo. Assim, a rede levantou-se e finalmente ficaram livres. Agradeceram ao pássaro e seguiram seu caminho." A ideia é elaborar uma narrativa adaptada a cada paciente, que transmita a ideia de equipe e colaboração.

3. Contrato terapêutico

Vimos anteriormente um exemplo de como estabelecer um contrato com uma parte negativa. É aconselhável definir o que estamos fazendo, os objetivos e a contribuição esperada do paciente e terapeuta para reduzir ao máximo a subversão dos limites. Não obstante, não estranhemos se nos virmos obrigados a reconduzir a terapia de vez em quando, mas é importante ter um marco de referência claro.

Como indicamos logo acima, não podemos estabelecer esse contrato com a personalidade que apresenta-se ao tratamento ignorando as outras partes, especialmente as mais agressivas, pois isso pode converter-se em uma aliança do terapeuta com a personalidade principal contra as outras partes, gerando problemas graves em algumas ocasiões.

Vejamos um exemplo do que pode acontecer nesses casos: o paciente nos relata seu problema, como episódios de agressividade que, afirma, estão fora do seu controle. Não quer que esses episódios ocorram. Nós aceitamos sua definição da situação. Como esses episódios são provocados por uma parte diferente, esta interpreta a atitude do terapeuta como uma tentativa de fazê-la desaparecer. Entre uma sessão e outra, provoca graves transtornos de conduta, querendo passar a mensagem de "você não pode comigo".

Para evitar essas situações, devemos tentar conexão com as partes mais hostis desde as primeiras sessões, passando a seguinte mensagem: o tratamento é para todos e você é uma parte fundamental do processo. Até a parte mais disfuncional ou que gera as condutas mais patológicas pode trabalhar a favor da melhoria. Recordemos: o paciente é uma unidade e, ainda que acredite que determinados fenômenos (comportamentos, alucinações...) não pertencem ou são externos a ele, nós temos outro modo de compreender o que se passa e devemos explicar com clareza.

Dentro do trabalho que realizaremos com esses pacientes, negociar com as partes talvez seja o mais diferente das técnicas habituais, portanto não é incomum que os profissionais que comecem a trabalhar com esses temas evitem entrar nessa área, pois sentem-se inseguros. Entretanto, como afirmado anteriormente, uma vez que nos familiarizemos com a técnica, essa provavelmente não será a parte mais difícil do tratamento com o paciente dissociativo.

4. Criar espaços de diálogo interno

Anabel Gonzalez

Procuramos com a personalidade principal um espaço interno relaxante e apropriado para o diálogo, então, pedimos que convide as partes que desejam dialogar. Podemos sugerir um lugar com uma mesa de reuniões ao redor da qual pode-se conversar ou outro tipo de espaço escolhido com o paciente para esse propósito. Deixamos claro desde o início que esse é um lugar seguro, onde nenhuma parte pode ferir a outra. As partes entram aí não com o aspecto que a personalidade principal lhes deu, mas com a forma que vêm a si mesmas. Nenhuma é obrigada a participar e todas são livres para sair a qualquer momento. Podemos eleger ou não um mediador. Esta técnica (Fraser, 2003) pode ser empregada sem uma introdução hipnótica formal, ou em associação com uma terapia de estados do ego (Watkins e Watkins, 1997) ou com EMDR (Dessensibilização e Reprocessamento por meio dos Movimentos Oculares) (Shapiro, 2004).

5. Tarefas que fomentam a coconsciência e o trabalho em equipe

Ao longo do processo de integração, a consciência entre os diferentes estados mentais vai desenvolvendo-se, mas podemos potencializar esse aspecto a partir de intervenções iniciais.

Quando o marco de referência tiver sido delimitado e já tivermos conseguido algum tipo de contrato com as partes relacionadas com os sintomas mais graves, podemos propor atividades comuns que ajudem a criar um espírito de colaboração. Em um nível mais neuropsicológico, as experiências comuns vão criando conexões entre as redes neurais desconectadas ou mal conectadas: vãoformado-se pontes que vaodesgastando as barreiras da amnésia.

Para muitos pacientes, a primeira experiência de coconsciência é um terapeuta consistente, ou seja, enxergar o mesmo terapeuta independente de qual seja seu estado mental. Isso não é tão obvio como poderia parecer. Para que observem a mesma atitude de apoio e aceitação da nossa parte em meio a um estado de agitação, agressividade ou repetidas autolesões, exige-se um trabalho de contenção, elaboração e reflexão. É comum que essas condutas suscitem no terapeuta um sentimento de frustração, desespero ou cansaço. É importante que o paciente sinta-se acolhido em todos seus estados mentais, e não apenas nos mais "adequados". Isso não significa que iremos potencializar as condutas mais

202

desadaptativas. Tentaremos observar a origem dessas condutas e ajudar o paciente a analisar as consequências negativas geradas para ele e para os outros. Assim comoquando uma criança porta-se mal, devemos entender o mal estar que causou esse comportamento, mas buscando sempre alternativas em outros comportamentos: "Entendo que sinta-se irritado. Quando sentimos raiva, precisamos buscar alguma maneira de aliviá-la, mas não acho que insultar o outro seja a melhor forma de conseguir isso. Quando você sente-se assim, às vezes consegue agir de outra maneira?".

Cada terapeuta encontrará diferentes maneiras de fazer isso. A ideia é beneficiar-se inclusive da parte mais disfuncional de cada pessoa, demonstrar para o paciente que nós o aceitamos até mesmo na sua expressão mais patológica, ainda que isso não signifique que iremos tolerar insultos ou agressões. Aceitamos o paciente de forma integral, por isso, acreditamos que ele se sentirá melhor, conseguirá mais coisas e aperfeiçoará sua relação com o mundo se ensaiarmos outros métodos. O paciente não é mau, o método e a conduta é que são inadequados. Os termos "bom/mau" devem ser evitados a todo custo. O paciente provavelmente buscará essa resposta, perguntando se achamos que ele ou uma parte dele é boa ou má, se determinado comportamento é bom ou ruim. Deparamo-nos com esse tipo de pensamento infantil frequentemente, já que sua evolução não experimentou as condições adequadas para um desenvolvimento maduro.

Uma tarefa que podemos propor ao paciente é que diferentes estados mentais experimentem juntos elementos neutros do mundo externo (Baita e González, 2008). Ainda que as barreiras dissociativas sejam muito rígidas e impermeáveis para os elementos traumáticos, outros estímulos parecem ser transferidos com facilidade entre diferentes estados mentais (Kong, et al., 2008).

É importante que esses elementos sejam realmente neutros para todas as partes. Escutar uma canção pode ser agradável para o paciente, mas pode despertar um estado mental de tristeza ou disparar associações com elementos traumáticos.

As partes agressivas podem precisar ser convencidas do seu direito de desfrutar das coisas e sua capacidade de ver o outro lado da vida. Durante anos, assumiram a função de carregar o peso do trauma. Quando o paciente está nesse estado mental, sua atenção externa está focada em estímulos potencialmente ameaçadores ou daninhos. Pode parecer-lhes estranho, mas reconfortante, escutar do terapeuta que têm direito a apreciar uma canção, uma comida gostosa, uma paisagem..., simplesmente desfrutar dos pequenos prazeres da vida.

As partes mais amedrontadas ou danificadas podem pensar que não merecem aproveitar, o que pode estar baseado em:

- Culpa ou vergonha originada em um episódio de abuso ou por ter presenciado, impotente, danos causados a terceiros.
- O medo de iludir-se com algo, para evitar a dor da desilusão.
- A convicção de que depois de algo bom sempre vem algo ruim e que ao evitar o primeiro impedimos que o segundo apareça.

A proposta desse exercício é que:

- O primeiro contato com uma experiência de coconsciência não seja um problema ou um elemento traumático.
- Estamos encaminhando o paciente e as partes para o mundo externo.
- Essa técnica é bem aceita inclusive quando o nível de metaconsciência está pouco desenvolvido.

Mais adiante, podemos começar a organizar tarefas conjuntas no mundo externo, de modo que assentaremos as bases para trabalhar as recordações traumáticas, combinando elementos e emoções de diferentes estados mentais.

Uma paciente comprava coisas em um estado, as jogava fora em outro e saía para fazer compras de novo. Estabelecemos uma lista de compras e um sistema de votação para eleger os itens mais importantes para todos, permitindo "um capricho" para cada parte periodicamente. Isso deu fim ao problema das comidas.

O manejo com partes negativas

Quando começamos a trabalhar com pacientes com transtornos dissociativos, essa é a parte aparentemente mais difícil e diferente do trabalho terapêutico diante de outras patologias. Essas partes podem tentar causar danos físicos à personalidade principal por meio de autolesões, comportamentos de risco ou internamente com comentários críticos, mostrando imagens amedrontadoras ou sensações somáticas desagradáveis. Além disso, essas partes podem opor-se ou sabotar ativamente a terapia (Blizard, 1997; Ross, 1989).

Parece paradoxal que as partes abusadoras foram originalmente partes do "eu" que se dissociaram para permitir que a pessoa sobrevivesse ao abuso. Por um lado, elas ficaram com a vivência e as emoções da situação traumática para que a personalidade principal pudesse imaginar que não estava lá, que aquilo não aconteceu com ela. Essas partes também encarregaram-se de emoções muito intensas e intoleráveis, que, se a personalidade principal continuasse sentindo, tornariam impossível seguir com a vida diária. As personalidades negativas são "esse lugar para onde se encaminha todo o mal". Paralelamente, assumem características próprias do abusador, sendo verdadeiras introjeções em algumas ocasiões. Para uma criança que vive uma situação de maus tratos, o agressor é o maior modelo de força que ela conhece. Ela deve ser forte para que não voltem a machucá-la, mas nesse universo traumático isso supõe ser como o abusador. Esse conflito insolúvel pode ser resolvido com a dissociação em partes negativas que carregam todos os traços de força, controle e poder, combinados com emoções de raiva e ódio, cuja base não pode ser outra que uma dor intensa.

Por serem as partes que representam a força, assumem uma função inicialmente protetora. Porém, a única maneira que conhecem de exercer poder e controle é a dominação, causando danos aos que são mais frágeis que elas. Com o passar dos anos, a rejeiçãodas outras partes, o acúmulo de novas dores, novas raivas e a luta com o resto do sistema pelo controle transformam o papel inicialmente de protetor em outro hostil, persecutório ou agressivo com as demais partes e, especialmente, com a personalidade principal. Contudo, alguns traços protetores seguem existindo e isso é uma recurso muito significativo no trabalho com essas partes. Ainda que não sejam evidentes desde o início da terapia, é raro que essas partes negativas não existam nos casos de TID.

O estilo de relação com essas partes, em certa medida, depende de como e em qual etapa do desenvolvimento foram geradas. Ross (1989) indica que essas partes negativas podem ser de diferentes tipos:

- Constituem às vezes partes muito infantis, em que a emoção predominante é o medo e que apresentam um pensamento bastante primitivo. Nesses casos, não costuma ser difícil estabelecer uma boa aliança.

- Outro tipo de agressor é gerado na adolescência e comporta-se como tal: a emoção predominante é a raiva. Costumam enxergar a si mesmos como maus. O trabalho deverá focar-se em fixar limites e questionar as distorções cognitivas.

- As partes mais complexas são aquelas que representam introjeções dos abusadores, focadas em alcançar controle, poder e domínio da única forma que conhecem.

Blizard (1997) reconhece várias funções nas partes negativas:

1. Manutenção das defesas dissociativas utilizadas para acolher e conter recordações traumáticas ou para proteger a personalidade principal de revelar segredos que podem supor uma ameaça de vida.

2. Conter sentimentos, como a raiva, que o paciente não pode tolerar ou que não pôde expressar por medo das represálias do abusador.

3. Controlar a dor, infligindo-a à personalidade principal, ao invés de sofrê-la sem qualquer controle por parte do abusador. Dessa maneira, também podem identificar-se com o agressor, eliminando sua vulnerabilidade e degradação.

4. Tentar proteger a personalidade principal criando suspeitas contra pessoas que poderiam abusar dela ou castigando-a para controlar um comportanto que poderia expô-la a um abuso posterior.

5. Proporcionar uma forma de manter um apego com um cuidador que oscila entre uma conduta abusiva e carinhosa. Ao dissociar em diferentes partes os aspectos bons e ruins do cuidador, a criança pode preservar o vínculo com o cuidador "bom". Não nos esqueçamos que o apego é um elemento imprescindível para a sobrevivência e o desenvolvimento emocional da criança, tão importante quanto o cuidado físico. Esse ponto, particularmente, pode explicar a presença e a estreita relação com as partes que representam introjeções dos abusadores e a reencenação, por essas partes, do abuso sofrido dentro do sistema interno: às vezes, os únicos momentos em que a criança sente-se atendida pelo cuidador é durante o abuso.

Podemos ajudar que essas partes negativas envolvam-se no processo terapêutico:

a. *Reforçando sua força e autossuficiência*

Essas partes estão acostumadas a reações de repulsa, medo e hostilidade das outras partes e, inclusive, dos terapeutas que focam o tratamento na eliminação de vozes ou condutas auto e heteroagressivas. Não possuem nenhum comunicação interna ou externa que não suponha uma briga, pois seu isolamento é enorme. Não podemos esquecer que elas guardam os fragmentos mais difíceis das recordações traumáticas e emoções associadas. Portanto, receber um reforço positivo e reconhecimento do terapeuta, além da possibilidade de seremouvidas, pode produzir grandes mudanças na atitude geral dessas partes.

b. *Reconhecendo o vínculo dessa parte com a personalidade principal*

Isso pode ser feito, por exemplo, indicando que a parte agressiva encarregou-se de cuidar da PAN muito mais do que o cuidador original. Inclusive, quando as condutas dessa parte reproduzem o abuso, podemos defini-las como tentativas de adquirir controle sobre o abuso e torná-lo menos doloroso, suprimindo em tempo as sensações de fragilidade, incerteza e falta de controle.

c. *Reformulando as ações dessas partes como protetoras ou cuidadoras*

Uma autolesão não é boa porque machuca o corpo e não temos nenhum motivo para considerá-la adequada ou aceitável. Porém, é muito mais produtivo deixar essa ação um pouco de lado e nos focarmos na função que ela cumpre. Quando conversarmos sobre metas e chegarmos a um acordo, poderemos propor métodos mais eficazes e adaptativos para alcançá-las.

d. *Contendo as autolesões*

Isso deve ser colocado como um meio necessário para o trabalho terapêutico. Previamente, é importante realizar com as partes responsáveis pelas autolesões todo trabalho descrito nos parágrafos anteriores. Porém, se avanços significativos não forem identificados nas primeiras sessões, devemos colocar a necessidade de um "pacto de não agressão", estabelecer algum tipo de contrato onde todas as partes manifestem seu compromisso. Aceitar as autolesões pode nos converter em cúmplices do abuso, como as pessoas que rodeavama criança enquanto aconteciam os fatos, permitindo-os ou ignorando-os.

e. *Usando intervenções paradoxais para criar dissonância entre os objetivos protetores e os meios autoagressivos ou abusivos*

Eis alguns exemplos desse tipo de intervenção: "Sei que você é muito forte controlando a dor, mas pergunto-me se é realmente capaz de controlar quando deve ou não agir, ou se simplesmente não consegue dominá-la..."; "Sei o quanto lhe incomoda estar em um hospital quando se corta, com pessoas controlando-o e tomando decisões por você... quem sabe na próxima vez que precisar controlar a dor, você possa fazer um desenho sobre o corte ao invés de cortar-se de fato, assim eles nunca conseguirão tirar-lheo controle...".

f. *Cuidando de acalmar a terapia e manter a estabilidade*

As autoagressões podem surgir como consequência de um trabalho terapêutico demasiado intenso ou precipitado sobre o trauma. Levar a terapia em um ritmo adequado, intercalando intervenções estabilizadoras, pode prevenir muitos problemas. Também é importante avaliar junto às partes agressivas as intervenções sobre os elementos traumáticos, já que frequentemente elas foram criadas para proteger a personalidade principal dessas lembranças. Não podemos trabalhar o trauma deixando essas partes à margem.

g. *Trabalhando a partir da transferência*

Para o paciente, como o apego sempre esteve vinculado ao abuso, esses temas inevitavelmente são reativados na relação terapêutica. A personalidade principal pode ser especialmente complacente com o perigo e reagir contra o terapeuta e contra a personalidade principal por ser fraca e permitir isso, gerando problemas com o objetivo de interromper ou boicotar a terapia. Com o passar do tempo, se essas questões forem trabalhadas e neutralizadas, o paciente deixará de ver o terapeuta como alguém abusivo, gerando uma relação de confiança, que associada a uma atitude positiva terá consequências no tratamento das partes inicialmente muito negativas.

O manejo da personalidade principal

É um equivoco pensar que as personalidades negativas são um problema. Devemos ter uma visão ampla do sistema, sem nos deixarcontagiar pela narrativa do paciente.

Já cheguei a sentir uma espécie de "monstro" dentro de mim. Em alguns momentos, é como se estivesse vendo alguém que não conheço e o pior é que esse alguém também sou eu. Mesmo que já tenha tentado "matar" essa parte, ela está escondida aqui e não se pode eliminá-la. Não quero ser essa pessoa e daria tudo para mudar, para ser uma pessoa melhor. Por que isso não é possível?

Essa narrativa sempre gira em torno de uma luta entre bons e maus e a personalidade principal tentará nos recrutar para essa briga. Concordar com isso seria um grande erro. O problema não são as partes negativas, o problema é a luta. Às vezes, não se trata de um sintoma a ser erradicado, mas de uma manifestação de uma parte do paciente que devemos ouvir, entender e ajudar a participar de uma nova forma de organização.

Em muitas ocasiões, o maior obstáculo para conseguir um clima de colaboração interna não é imposto pelas partes mais agressivas. Ainda que em alguns casos seja impossível modificar sua atitude, o mais comum é que apresentem uma resistência inicial, mas depois estabeleçam uma forte aliança com o terapeuta, convertendo-se em partes ativas e peças chaves na terapia. De maneira muito mais sutil, às vezes até imperceptível, a PAN pode boicotar o processo.

A PAN sempre apresenta carências significativas. As emoções assumidas pelas outras partes estão ausentes dela, constituindo o que Van der Hart, et al. (2006), usando a terminologia de Janet, denomina sintomas dissociativos negativos. Um exemplo é a raiva, que costuma estar focada nas partes agressivas e negativas. Dessa maneira, a PAN carece de uma emoção imprescindível para desenvolver condutas assertivas, para se defender quando é atacada e para reclamar o que necessita. Ela costuma apresentar características frágeis e vulneráveis. Sua rejeição às partes agressivas tem motivações muito mais complexas do uma resposta lógica às ameaças destas partes. Também apresenta repulsa às lembranças do trauma, as quais as partes negativas acabam assumindo majoritariamente. Além disso, a partir do seu ponto de vista dicotômico de um mundo dividido entre "bom" e "mau", aceitar que as partes agressivas não são más, que cumprem funções protetoras e podem ajudar implica que ela própria não é "inteiramente boa", e até o momento nunca considerou opções intermediárias.

As distorções cognitivas

Ross indica várias distorções que podem aparecer no conjunto do sistema ou em algumas partes em particular, e que podem ser abordadas a partir de estratégias cognitivas:

a. *Os erros cognitivos clássicos*

As distorções cognitivas como catastrofismo, pensamento polarizado, generalização, etc., são comuns com muitos outros transtornos.

b. *Diferentes partes do "eu" são pessoas ou entidades separadas*

Podem inclusive considerar que diferentes partes têm diferentes corpos: uma parte de uma paciente com TID que representa a introjeção de um abusador diz que a medicação pode danificar seu fígado, que está doente. Apesar de dizer-lhe repetidas vezes que os exames não apresentam nenhuma alteração hepática, insiste que "no seu fígado não, mas no meu sim, o meu está destruído pelo álcool..." (que o abusador consumia em excesso). Pedir a esta parte que relate detalhes de sua vida ou perguntar sobre suas experiências fora do corpo do paciente pode introduzir a dúvida pelo menos, ainda que em algumas ocasiões elaborem histórias fantásticas, inclusive sobre vidas passadas em outros corpos.

c. *A vítima é a responsável pelo abuso*

Esse equívoco não é exclusivo dos pacientes com um transtorno dissociativo, e está presente geralmente em vítimas de maus tratos ou abuso sexual infantil. As crianças tendem a sentirem-se culpadas por seus pais discutirem ou brigarem sem cessar, pela morte de pessoas... Os adultos que as rodeiam as culpam constantemente. Em alguns casos, esses pacientes levam essa visão infantil até a fase adulta, ainda que sejam perfeitamente capazes de analisá-la racionalmente se a observam em outras pessoas.

d. *Existem partes que podem sobreviver mesmo que o corpo morra*

As partes que inferem autolesões muitas vezes são geradas em experiências de despersonalização. A pessoa observa-se fora do seu corpo e pode dizer "isso está acontecendo com o corpo mas não comigo, eu não estou ali". No futuro, essa experiência, somada à desconexão das sensações de dor, pode gerar a ideia de que a existência da parte é independente da sobrevivência e preservação do corpo. Evidenciar que istoestá errado ajudará a deter as autolesões e tentativas de suicídio.

e. *Sentir e expressar raiva é ruim*

Quando demonstra sua irritação é castigado, se sente raiva, você é mau... Redefinir a raiva como uma emoção não apenas positiva, mas imprescindível para a sobrevivência é um trabalho que sempre deve ser desenvolvido com esses pacientes, especialmente com a personalidade principal para que, desde o início, entenda porque deve dialogar e colaborar com as partes mais agressivas para conseguir reações mais adaptativas e eficazes.

f. *A personalidade principal não pode manejar nem tolerar as memórias traumáticas*

Essa é uma das questões que geram uma parte segmentada que se encarrega das memórias negativas. Podemos questioná-la, indicando que, naquele momento, foi importante e útil para sobreviver à situação traumática, mas, agora que o paciente já é um adulto, mais forte e autônomo do que quando criança, e já não vive no mesmo lugar, pode aprender a manejar e elaborar tudo aquilo, permitindo que outras partes dividam essa carga tão pesada. Precisamos ter o cuidado de apontar outras possíveis funções para essas partes, já que podem conjecturar que, liberando as memórias traumáticas, sua sobrevivência estará ameaçada: sua razão de ser era essa, e agora?

g. *O passado e o presente*

As memórias reexperimentam-se como se estivessem acontecendo no tempo presente, as emoções estão igualmente vivas. Faz parte do progresso terapêutico a capacidade de ver o ocorrido através da distância do tempo, e que o paciente possa, ao invés de reviver o trauma, apenas recordá-lo. As técnicas de orientação à realidade vão conduzindo essa mudança de ponto de vista.

h. *A personalidade principal merece ser castigada*

Essa distorção seria o contrário da crença de que "a vítima é responsável pelo abuso", mas, formulada dessa maneira, muitas vezes é sustentada pelas partes agressivas como uma das fontes de condutas autodestrutivas. Essas partes podem se considerarinvuneráveis ao dano que provocam ou afirmar que desejam a morte de todas as partes.

i. *Não se pode confiar em ninguém*

As pessoas sempre abusarão de alguém; se deixar alguém aproximar-se, essa pessoa irá prejudicá-lo... Ao reformular a desconfiança como "precaução necessária", estaremos indicando que a desconfiança extrema de tudo e de todos pode levar a um isolamento absoluto e a perda de muitas oportunidades de ajuda de pessoas que não querem prejudicá-lo. Essas pessoas têm o hábito oscilar entre atirar-se em uma relação e o isolamento completo: indicar que isso é um falso dilema, que é possível conferir aos poucos se podemos confiar no outro ou não, sem tomar uma decisão prontamente, costuma ser útil. Essas afirmações podem não ser absolutamente evidentes para esse tipo de paciente.

O todo é maior que a soma das partes

Ignorar a existência das partes dissociadas é uma limitação para o trabalho terapêutico. Porém, entre os terapeutas que se iniciam nesse tipo de abordagem, é frequente um período de fascinação com um estilo de terapia bastante diferente do habitual e que dá abertura para casos às vezes fascinantes.

Contudo, isso não é apenas uma etapa do processo terapêutico. Em alguns pacientes, esta será uma área prioritária de abordagem, enquanto outros casos demandarão intervenções pontuais. O tratamento desses casos é muito mais amplo do que o trabalho com as partes.

A integração não é reunir pedaços, como foi dito, não se trata de montar um quebra-cabeça. A mente do paciente deve evoluir, desenvolver processos mais complexos, uma metaconsciência (Bowers, 1990, 1992). Em alguns casos surge espontaneamente, mas frequentemente com a ajuda de um terapeuta, uma capacidade reflexiva, uma autoconsciência (*realization*), como indica Van der Hart, et al. (2006). O indivíduo começa a ver seu passado em perspectiva e a senti-lo como seu, junto com todas as memórias, pensamentos, emoções e sensações associadas a ele. Começa a viver no presente e a pensar no futuro, desenvolvendo uma capacidade maior de mentalização (Fonagy e Bateman, 2006).

Falaremos mais sobre isso no capítulo sobre integração, mas devemos considerar que em muitos casos precisaremos ajudar os pacientes a desenvolverem estilos de pensamento mais maduros, elaborados e flexíveis, a fim de que estejam preparados para integrar aspectos até então dissociados. Se fizermos um exercício para favorecer a coconsciência em uma pessoa cujo sistema global não está pronto para administrar o conjunto de emoções, sensações, pensamentos e recordações que essa atividade supõe, podemos produzir mais descompensação do que equilíbrio. Não podemos esquecer que um dos elementos fundamentais na terapia de pacientes com traumas graves é perceber o ritmo do paciente, o ritmo em que ele pode seguir avançando de maneira adequada e ao mesmo tempo segura.

13: Tratamento: Processar O Trauma

É sempre necessário processar o trauma?

Ainda que até o final da década de oitenta tenha se focado muito na origem traumática dos quadros dissociativos, posteriormente, observou-se que o tratamento não podia começar diretamente pelos elementos traumáticos. A fase de estabilização prévia e o trabalho da relação terapêutica, reparando os problemas de apego do paciente, foram adquirindo cada vez mais importância. O papel da ab-reação das experiências traumáticas nas primeiras fases do tratamento dos transtornos dissociativos foi dando lugar a modelos terapêuticos estruturados em etapas (Chu e Bowman, 2000).

Além disso, com o tempo, tornou-se evidente que nem todos os pacientes com transtorno dissociativo, sobretudo em sua forma mais severa, eram capazes de integrar suas recordações traumáticas (Boon, 1997). Alguns dos fatores que podem contribuir para essa dificuldade são os problemas de apego mais severos, a falta de um elo forte, a presença de outros transtornos psiquiátricos severos associados e a falta de motivação do paciente para esse trabalho.

Boon leva em consideração os seguintes fatores na hora de avaliar quais pacientes estão em condições de passar para a etapa de trabalho com o trauma:

1. O nível de funcionamento pessoal e profissional do paciente

O paciente deverá ser capaz de viver atividades gratificantes no seu dia a dia, estabelecer relações de apoio com outras pessoas, cumprir as condições do contrato terapêutico (como evitar autolesões e *acting-outs*), controlar condutas impulsivas e ter melhorado sua capacidade de autocuidado. O paciente deve ter condições de reestabilizar-se após ter trabalhado algum elemento traumático. Se a pessoa permanece isolada, incapaz de envolver-se em atividades e relações positivas, é muito provável que o trabalho com o trauma seja desestabilizador, portanto, deve ser evitado a princípio.

2. *A presença de um diagnóstico de Eixo II*

Muitos pacientes com diagnóstico de transtorno dissociativo também cumprem critérios de transtorno de personalidade limítrofe (TPL). Não é fácil perceber isso, porque os sintomas de TPL, às vezes, aparecem como reflexos de um transtorno de identidade dissociativo (TID) ou um transtorno dissociativo não especificado (TDNE) subjacente. Por outro lado, em alguns casos, ambos os transtornos se associam, gerando um transtorno de personalidade mais nuclear. São pacientes com estratégias patológicas de autoacalmarem-se: autolesões, consumo de substâncias, etc., que possuem uma visão distorcida de suas relações interpessoais e, sobretudo, com tendências a ingressar em padrões de revitimização, voltando a envolverem-se em relações que ocasionarão mais traumas. Se não for possível corrigir esses aspectos na fase de estabilização, não é aconselhável avançar para a etapa de trabalho com o trauma.

3. *A fase do ciclo vital e a presença de crises vitais externas*

Uma situação vital complexa, com falta de apoio social, supõe uma limitação significativa. Além disso, se a pessoa atravessa uma situação de crise, é aconselhável que o trabalho terapêutico seja orientado a reforçar a capacidade de estabilização e autocuidado do paciente, assim como o trabalho com o trauma seja adiado até que as etapas vitais estejam mais tranquilas e estáveis. O mesmo acontece quando o paciente, algum parente ou amigo possui enfermidades físicas severas. Em pacientes mais velhos, com enfermidades crônicas de longa evolução, todo processo da terapia deverá ser mais lento e cuidadoso.

4. *Abuso de substâncias*

Não está claro até que ponto deve ser tratado de forma separada. Geralmente, está diretamente relacionado com as respostas dissociativas. Por exemplo, o consumo de álcool costuma ser uma forma de autoacalmar-se em estados de ativação de uma conduta de partes que são introjeções de um abusador. Uma situação frequente entre pacientes dissociativos é ter sofrido maus tratos de pai alcoólatra. Nesses casos, é comum que em algum modo se reproduza o padrão de conduta desse pai. Quando existe uma dissociação grave, isso pode se focar em um estado mental separado. Na nossa experiência, a maioria desses pacientes não obtêm grandes benefícios por manter unidades específicas de alcoolismo ou de dependência de drogas. Porém, em alguns casos, a dependência de substâncias persiste e vira um grande obstáculo para a terapia, tornando-a impossível em algumas ocasiões.

5. *Persistência da situação de abuso*

Como primeiro exemplo, o paciente continua vivendo com a família de origem, onde continuam ocorrendo situações abusivas. Entretanto, também pode ser fruto de uma tendência a revitimização, como por exemplo, uma paciente que sofreu maus tratos físicos de um pai alcoólatra e, posteriormente, estabelece relações com homens alcoólatras, que também abusam dela fisicamente ou psicologicamente. Em muitos desses casos, além de trabalhar com a paciente, é necessário envolver os serviços sociais ou instâncias judiciais competentes, ainda que a coordenação junto a essas instituições, ocasionalmente, tenha um resultado extremamente complexo. Em outros casos, o trabalho principal é com o indivíduo e sua forma de estabelecer relações. De todo modo, nessas circunstâncias, devemos sugerir o trabalho com o trauma.

Existem ocasiões, entretanto, em que deveremos trabalhar com o trauma apesar de tudo, pois um ciclo vicioso é gerado, no qual o trauma não processado fica alimentando a patologia relacional e vital do paciente. Por exemplo, em pacientes com condutas ativas de alcoolismo, *acting-outs* com agressões severas e relações interpessoais patológicas, é bastante útil trabalhar as cenas traumáticas precoces. Porém, deve-se manejar essas intervenções com extrema precaução. Existem duas situações para as quais ela é indicada.

A primeira é quando, após avaliar riscos e benefícios, conclui-se que será mais prejudicial não intervir. Por exemplo, um paciente estava envolvido em vários processos judiciais por agressão e essas condutas continuavam acontecendo com frequência, gerando novas denúncias, o que se supunha um risco para terceiros e complicava a situação legal do paciente. Dada a gravidade do caso e o consumo de álcool associado, combinamos que fosse a uma unidade específica de alcoolismo simultaneamente à terapia. Diante do fracasso do tratamento ambulatório, tentamos um internação prolongada em uma unidade de tratamento de alcoolismo. Essa internação foi interrompida, porque as condutas do paciente eram reproduzidas ali e a unidade não estava preparada para manejá-las. O paciente se viu sozinho, sua família estava assustada e pediu que ele fosse embora de casa. Depois de um trabalho de negociação com as partes, avaliando que já havia ocorrido situações muito graves e que não possuíamos recursos externos de apoio, decidimos fazer uma sessão de EMDR (Dessensibilização e Reprocessamento por meio dos Movimentos Oculares) com a parte mais agressiva, que gerava esses comportamentos, e na qual encontravam-se cenas traumáticas infantis. Este trabalho mudou completamente a evolução do caso, desaparecendo as condutas de agressão e permitindo que o trabalho com a estabilização pudesse continuar progredindo. A partir de então, seguimos alternando o trabalho com as partes com intervenções próprias da fase de estabilização, intervenções farmacológicas e um trabalho direto com o trauma, de modo que a evolução favorável se mantém há quase um ano.

Porém, não podemos esquecer que essas intervenções são muito arriscadas. Neste caso específico não tínhamos nada a perder, pois o perigo da não intervenção era grande, e fazer algo nos dava ao menos uma chance.

A segunda situação em que se pode trabalhar com o trauma nas fases iniciais é quando estamos diante de pacientes que não se desestabilizam com intervenções diretas sobre o material traumático. Ainda que geralmente os pacientes necessitem de uma fase prévia de preparação, não é sempre assim que acontece, nem na mesma intensidade. Podem ser pacientes sem círculos sociais, sem nenhuma das condições indicadas para chegar à segunda fase, inclusive com patologias dissociativas bem severas. Mesmo assim, em alguns casos, introduzir o trabalho com trauma precocemente pode acelerar imensamente o processo. Nessas situações, é necessário fazer uma prova bastante limitada, avisando ao paciente que esta pode produzir uma descompensação, antecipando as possíveis reações e como resolvê-las: onde socorrer, medicação opcional, planificar recursos, etc. Se a resposta do paciente for favorável, incorporaremos esse trabalho simultaneamente aos procedimentos necessários para a fase de estabilização. Se o resultado for muito ativador ou produzir alguma descompensação, iremos adiá-lo para etapas posteriores. De todo modo, não é recomendável utilizar esse tipo de estratégia antes que se tenha adquirido um bom manejo do esquema básico do tratamento dos transtornos dissociativos.

Por exemplo, uma paciente apresentava alucinações auditivas intensas e frequentes, um significativo prejuízo social e ocupacional, relações interpessoais bastante patológicas e sintomas depressivos de difícil controle. O contato com as partes dissociadas era muito difícil, porque havia uma grande rigidez cognitiva e o conteúdo das vozes era muito estereotipado e repetitivo. O trabalho com EMDR partindo das emoções associadas às vozes levou-a a uma cadeia de associações com cenas infantis traumáticas. A paciente tolerou bem essa técnica, tanto durante a sessão como entre sessões. Essa intervenção foi gerando uma flexibilidade maior e uma diminuição evidente das trocas caóticas entre estados de consciência observadas na entrevista. O comportamento foi tornando-se mais adequado e o contato com as partes foi progredindo e tornando-se mais fluido. Este caso possuía muitos elementos que contraindicavam o trabalho com os elementos traumáticos, ainda mais com o EMDR. Entretanto, foi uma intervenção claramente positiva.

Por isso, ponderemos as recomendações anteriores como precauções a serem levadas em conta, não como normas rígidas. Se estamos tendo contato pela primeira vez com esses pacientes, devemos seguir os esquemas gerais detalhadamente e a supervisão de tais casos é recomendável. Isso nos ajudará a entender o processo do tratamento da dissociação e a manter ordem e direcionamento na terapia, que de outro modo pode facilmente tornar-se caótica. A prudência, o cuidado respeitoso com o paciente, seus limites, sua capacidade de abordar o trabalho da terapia, seu ritmo interno, são as regras mais importantes do trabalho com essas pessoas. Ser capaz de sintonizar-se com o paciente, de perceber tudo que ele não nos diz verbalmente, sem que sua dor nos sobrecarregue e nos desoriente, é uma aprendizagem contínua.

Porém, pouco a pouco, iremos descobrindo, ensaiando, somando ferramentas terapêuticas e aplicando nossa intuição clínica e nossa criatividade para decidir com qual paciente, em que momento e de que maneira intervir. Nesse terreno não é possível oferecer protocolos simples, que nos dizem o que fazer passo a passo e que sejam aplicáveis a todos os pacientes, mas será a relação terapêutica o guia fundamental para a orientação do trabalho com o paciente.

Aspectos gerais do trabalho com o trauma

Os pacientes dissociativos sofreram traumas severos que não foram elaborados ou processados. O transtorno dissociativo foi gerado diante da impossibilidade de enfrentar essas situações. Na dissociação secundária ou terciária, uma vez que o paciente esteja suficientemente estabilizado e que tenhamos alcançado um clima de colaboração interna com as partes, devemos ajudar o paciente a superar suas experiências traumáticas. É importante ter em mente alguns objetivos claros, que nos permitam manter a orientação em meio a sessões que possam ser caóticas e confusas.

Em linhas gerais, devemos ajudar a pessoa a ver o que aconteceu como sendo algo do seu passado que não tem porque seguir afetando sua vida atual. Ele também deve entender que não é culpado do que aconteceu e que não existem motivos para sentir vergonha. Trata-se de passar da posição de culpado para a de vítima e, finalmente, para a de sobrevivente. Como disse Levine (1997), a chave é que o paciente possa passar de uma resposta reativa (as situações traumáticas acontecem e ele sente-se impotente diante delas) a outra proativa (pode reagir fugindo ou lutando). Uma pessoa que sofreu traumas na infância precisou reagir de modo reativo, pois uma criança não tem capacidade física ou mental de lutar ou fugir da agressão de um adulto. Porém, muitas vezes, essa forma de reação segue arrastando-se até a vida adulta, ainda que as circunstâncias do indivíduo não sejam as mesmas. Na terapia, ajudaremos a pessoa a entender que antes não podia reagir de outro modo, mas agora, como adulto, tem capacidade para defender-se ou sair de situações dolorosas ou traumáticas.

Rothschild (2000) resume os objetivos da terapia com o trauma, independente de qual seja a técnica ou orientação escolhida, da seguinte maneira:

1. Unir memórias explícitas e implícitas em uma narrativa compreensível dos eventos e das sequelas do incidente traumático. Isso inclui dar sentido às sensações corporais e às condutas dentro desse contexto.

2. Eliminar os sintomas de hiperativação autônoma que estão conectados com tais memórias.

3. Relegar o evento traumático ao passado: "Está superado. Aconteceu há muito tempo. Sobrevivi".

Ele também coloca que todas as disciplinas que trabalham com o trauma distinguem-se por serem altamente diretivas. O trabalho com o trauma demanda estrutura e direção. Se continuamos o processo do paciente sem intervenção, geralmente, o efeito é que este sinta-se sobrecarregado pelas memórias traumáticas e as evite. Nem todos os métodos serão úteis para todos os pacientes, devemos avaliar a resposta individual de cada um e prosseguir, adaptando a forma de trabalho a cada pessoa e situação específica.

Aspectos específicos do trabalho com o trauma em pacientes dissociativos

O trauma em um transtorno dissociativo deve ser trabalhado de maneira diferente em alguns aspectos. As principais particularidades são:

1. O trauma não deve ser abordado no começo

As respostas dissociativas são geradas de modo a evitar o trauma e, posteriormente, a recordação do mesmo. Se formos direto à ferida, provavelmente, as defesas dissociativas serão disparadas. Ainda que desde o início seja necessário avaliar individualmente o que fazer em cada caso, em linhas gerais, devemos manejar esses aspectos com muito cuidado.

Quando o paciente não se lembra ou não comenta sobre situações traumáticas logo no início, devemos adiar essa investigação para etapas posteriores da terapia. Isto ajudará o indivíduo a preparar-se para enfrentar sua história e ajudará também na consolidação da relação terapêutica. Uma atitude de indagação inicial pode ser entendida por um paciente dissociativo como ameaçadora. Além disso, tornará mais difícil o trabalho de indução ou alteração de memórias.

A fase de estabilização deve ser anterior ao trabalho com o trauma, e no início devemos fortalecer o paciente o máximo possível. Ademais, quando entrarmos nessa etapa, não devemos deixar de ter uma atitude pausada, medindo atentamente até que ponto o paciente pode tolerar o trabalho, interrompendo, intercalando um novo trabalho de estabilização, etc.

Precisamos seguir o ritmo do paciente e esse ritmo deve ser calculado com ele. Por outro lado, também não deixaremos que o ritmo seja marcado apenas pelo paciente; uma pessoa pode ter diversas urgências para abordar seu trauma, mas não nos contagiaremos pela sua pressa, pois isso pode levar a ab-reações incontroláveis, que, além de não serem terapêuticas, podem ser retraumatizantes. Se o indivíduo volta a vivenciar uma cena traumática com a mesma sensação de antes, estaremos apenas repetindo o trauma. A ab-reação nos interessa apenas quando a pessoa pode observar essa cena a partir de outra perspectiva, com outra vivencia emocional, a partir do presente, com distância. Caso contrário, devemos evitar ou limitar essa reação.

O contrário também pode acontecer. Alguns pacientes têm grande resistência a trabalhar o trauma, o que Van der Hart, et al. (2006), denomina fobia de conteúdos traumáticos. Nesse caso, nossa atitude será o oposto: sem forçar, tentaremos ver quais são os temores que fundamentam sua atitude e avaliaremos as alternativas. Devemos encontrar um ponto de equilíbrio, onde o paciente tenha uma atitude ativa na terapia e nosso papel seja o de guia (se o paciente pudesse curar-se sozinho, não estaria em nosso consultório).

2. Não estamos trabalhando com uma mente integrada

O indivíduo é apenas um e não possui várias mentes, mas é importante deixar claro que sua mente está fragmentada em maior ou menor grau. No caso mais extremo de TID, cada fragmento da mente do paciente terá, provavelmente, recordações diferentes das cenas traumáticas e reagirá diferente das outras partes emocionalmente. A disposição para trabalhar com esse material também pode ser diferente: um estado mental do paciente pode querer manter um abuso sexual em segredo a todo custo (muitas vítimas de abuso na infância são coagidas pelo abusador a não revelar a ninguém). Em contrapartida, outro estado mental do mesmo indivíduo pode entrar em ab-reações espontâneas, que são revivências do abuso, mas sem conseguir processar nem elaborar tais cenas. Tentaremos trabalhar com o paciente no estado que estiver. Quanto às distorções cognitivas que sustentam o segredo, se não as tratarmos, seguramente boicotarão o processo de maneira mais ou menos indireta. Ademais, no estado B, atuaremos de modo a conter as ab-reações, introduzindo elementos de orientação à realidade, fortalecendo esse estado ou fomentando que outra parte mais forte ajude a mais debilitada antes de enfrentar os elementos traumáticos.

3. Necessitamos de técnicas para modular a intensidade emocional

Na hora de abordar as cenas traumáticas, inclusive nas fases prévias de estabilização, fortalecimento do "eu" e colaboração com as partes que estão bem consolidadas, necessitamos de técnicas que nos ajudem a apaziguar o processo e a evitar a sobrecarga emocional. Se o paciente experimenta a situação da mesma maneira, com a mesma ativação e as mesmas reações de quando aconteceu o trauma, não teremos conquistado nada. Muitas dessas técnicas devem ser trabalhadas previamente com o paciente. Eis alguns exemplos:

- O trabalho com o trauma é revezado com conexões a zonas de segurança: trabalhos de autoconsciência corporal, orientação à realidade, recursos, etc. Estas técnicas devem ter sido praticadas na fase de estabilização prévia e serão intercaladas quando identificarmos uma hiperativação do sistema nervoso autônomo, que não será necessariamente transmitida explicitamente pelo paciente. Precisamos fazer pausas periódicas, perguntando ao paciente como ele se sente, tanto em nível emocional como em suas sensopercepções somáticas (nem sempre concordantes).
- A hipnose oferece várias técnicas que reduzem a intensidade emocional e muitas delas podem ser empregadas sem que o paciente seja submetido a uma indução hipnótica formal:

projeção de imagens em uma tela com controle a distância, que permite regular a cor, som, divisão de tela, etc.

- Colaboração entre as partes fortes e aquelas mais afetadas para o enfrentamento das cenas traumáticas difíceis.

- Ab-reações fracionadas (Kluft, 1989). Ao invés de processar todo o conjunto, vamos conectando sentimentos a aspectos limitados da história. Cada ab-reação parcial é precedida e seguida de uma reestruturação cognitiva.

- Aproximações graduais ao evento traumático (Knipe, 2008). É feito um trabalho prévio de orientação à realidade e de enraizamento, no qual o paciente, a partir da perspectiva da sua parte adulta focada no aqui e agora, vai por alguns segundos até a cena traumática e volta a conectar-se com a realidade presente em seguida. O objetivo é conseguir que ele possa relembrar o trauma sem perder, em momento algum, um forte contato com a realidade atual. Para isso, repetimos essa sequência quantas vezes for necessário, aumentando gradualmente o tempo de contato com o material traumático.

4. Será necessário um cuidado especial com o fechamento das sessões

Quando o paciente vai embora de nosso consultório, deverá estar o mais estabilizado possível e tentaremos prevenir possíveis crises: ajustando a medicação, recorrendo a ajuda externa, deixando-o preparado sobre a quem pedir socorro caso seja necessário, etc. As sessões seguintes deverão ser dedicadas ao trabalho de estabilização e a assentar os efeitos da sessão anterior. Um vez que cheguemos a esse ponto, em alguns casos, depois de bastante tempo de terapia, o paciente e o próprio terapeuta podem ter certa urgência em trabalhar com o trauma, mas nesse momento é especialmente importante não se precipitar.

5. Síntese da memória traumática

No paciente dissociativo, a memória do trauma, inclusive de um evento traumático completo, geralmente está fragmentada. Essa fragmentação é produzida de diversas maneiras, por exemplo, as imagens podem ter sido armazenadas por diferentes partes, algumas emoções podem estar focadas numa determinada parte, podem existir sensações somáticas totalmente separadas dos demais conteúdos, etc. Dessa maneira, dentro de cada uma das linhas de BASK (sigla inglesa de conduta, emoção, sensopercepção e cognição) pode haver fragmentos, por exemplo, em nível cognitivo, pode haver uma parte que faça o relato de um evento com todos os detalhes, mas sem nenhuma correlação emocional ou somática. Porém, também pode acontecer que diferentes aspectos do feito traumático sejam recordados por diferentes partes. O fato do paciente conseguir nos contar tranquilamente a história não significa que a tenha elaborado e superado. Devemos perguntar pela reação emocional naquele momento e como esta foi mudando. Se essa informação não é acessível ao paciente, devemos pensar que esta foi dissociada. É importante não esquecer da relação somática, que pode não corresponder de nenhuma forma à emoção descrita. Muitas vezes, será necessário ensinar ao paciente de antemão a reconhecer suas percepções corporais, já que, frequentemente, existe um grau de desconexão com o corpo.

Técnicas

Sem a intenção de fazer uma descrição exaustiva das técnicas, comentaremos algumas delas:

1. TELA (Fraser, 2003)

Um estado mental, uma parte ou um grupo delas pode querer mostrar histórias ou ações para as outras partes. Nesse caso,. podemos negociar com as partes que querem compartilhar a informação a quais partes desejam fazê-lo. Pedimos ao paciente que visualize uma tela ou monitor na sala e que convide as partes adequadas para ver as imagens. É importante ressaltar que o objetivo dessa técnica é incrementar o funcionamento do sistema como uma equipe, onde a informação deve ser cada vez mais compartilhada. Também devemos indicar a todas as partes que dispomos de um controle remoto com o qual podemos reduzir o som ou borrar as imagens, quando considerarmos estas demasiadamente intensas, para que possam tolerá-las sem modificações. Durante o processo, devemos verificar o estado emocional do paciente, interrompendo a projeção caso a ativação seja excessiva. Podemos continuar depois de um tempo ou em outra sessão, fragmentando as cenas em trechos mais facilmente assimiláveis.

2. Técnicas para o manejo das ab-reações

A ab-reação é definida (APA, 1980) como uma liberação de descarga emocional depois de relembrar uma experiência dolorosa que havia sido reprimida, por ser intolerável em um nível consciente. Ocasionalmente, o efeito terapêutico produzido é a descarga parcial ou a dessensibilização das emoções dolorosas e um *insight* incrementado.

A ab-reação não é um fim em si (Phillips, 1995) e não devemos suscitá-la até que estejamos certos de que o paciente está em condições de tolerá-la. Caso contrário, não estaremos presenciando um trabalho terapêutico, mas uma retraumatização. Antes, o indivíduo deve aprender técnicas de "lugar de cura", de orientação à realidade e as demais práticas detalhadas na fase de estabilização, para poder intercalá-las e recorrer a elas se o trabalho de ab-reação alcançar uma intensidade excessiva. É necessário usar sinais de "*pare*" que permitam interromper rapidamente o processo. Outra possibilidade é utilizar técnicas de distanciamento, como a da tela que descrevemos anteriormente, quando o paciente não suporta recordar a cena diretamente. Também podemos fracionar a cena e processá-la em partes manejáveis para o paciente. Verificar periodicamente não apenas a emoção, mas as sensações físicas e os sinais de ativação vegetativa, é importante para que a ab-reação ocorra de maneira controlada. Caso a ab-reação não possa ser concluída, por ser muito intensa ou prolongada, é muito importante que o processo tenha um fechamento, quando conduzimos o paciente ao seu espaço de cura, proporcionando o tempo necessário para que ele restabeleça o estado inicial.

Ab-reações fracionadas

Diversos autores propõem diferentes sistemas de fracionar o material traumático, para dividi-lo em pedaços que resultem mais manejáveis e diminuir a intensidade do processo.

Rothschild (2000) sugere trabalhar primeiro com as sequelas do trauma. Ele divide o incidente traumático em três etapas: (1) as circunstâncias que levaram ao evento traumático, (2) o incidente traumático em si e (3) as circunstâncias que sucederam o incidente, tanto a curto (minutos-horas) como a longo (dias-meses) prazo. Esta última etapa é especialmente importante. A qualidade do contato e socorro que a vítima recebe pode influir muito na evolução posterior. A reação do entorno pode ter um resultado mais traumatizante que o incidente em si.

A autora propõe começar precisamente nesta última etapa, que permite o processamento de um único fragmento e diminui o volume de material a ser trabalhado. Iniciar pela etapa 1, as circunstâncias que levaram ao trauma, pode facilmente conduzir o indivíduo à sequência natural, onde ele tente a reviver o incidente traumático, apesar de nossas tentativas de contê-lo na etapa 1. Por outro lado, começar pelo fim ajuda o paciente a trabalhar com o conhecimento implícito de que o evento traumático já passou e ele sobreviveu. Trabalhar prontamente com o incidente tem resultado mais sensível.

3. Síntese da memória traumática

Van der Hart (1993) descreve uma aproximação estrutural que denomina "síntese paralela". Essa técnica foi especificamente desenhada para pacientes com um alto grau de fragmentação. Inicialmente, é reunida uma informação escrita em um incidente traumático, que se divide em 10 segmentos, baseados nas histórias de várias partes. Durante a hipnose, as partes que participaram da síntese da memória traumática estão ativadas, enquanto aquelas que habitualmente evitam esses conteúdos se situam em locais seguros, previamente estabelecidos, para se proteger da dita informação. Então, o terapeuta vai contando de 1 a 10, começando pelo 1, início do trauma, e encerrando em 10, quando o evento foi terminado. Previamente, cada segmento é vinculado a um número. Durante esta experiência de síntese, todas as partes implicadas são convidadas a mostrar suas versões da experiência umas as outras, de modo que o resultado é uma experiência unificada e a diminuição de barreiras dissociativas. Esse processo pode ser repetido várias vezes, intercalando induções hipnóticas de fortalecimento (*ego-strengthening*) e descanso, até que o paciente indique que sintetizou adequadamente uma porcentagem significativa da experiência.

Faz-se uma reativação controlada, da qual participam as partes implicadas, compartilhando a sua porção do trauma. O paciente deve ser auxiliado a permanecer no presente e a manter uma sensação de segurança. A experiência traumática deixa de ser uma reexperimentação intrusiva e de funcionar em nível sensório-motor. O paciente poderá formular um novo entendimento sobre o que aconteceu (o trauma), quando aconteceu (o passado) e com quem aconteceu (o "eu"). O trauma se personaliza, é relegado ao passado e adquire propriedades mais simbólicas que sensório-motoras (Van der Hart, et al., 2006).

Diferentes terapias, diferentes contribuições

Seria muito extenso enumerar todas orientações terapêuticas que podem ser úteis para o trabalho com um trauma complexo e dissociação grave. Muitos terapeutas especializados em transtornos dissociativos procedem das terapias de orientação dinâmica e da terapia cognitivo-comportamental. Os primeiros darão mais ênfase às defesas dissociativas e aos fenômenos de transferência e contratransferência. Os cognitivo-comportamentais vão elaborar orientações táticas, mais focadas em técnicas e procedimentos. Sua descrição excede o campo que esse livro se propõe a cobrir.

Contudo, é importante fazer referência a esses dois grupos de terapia, que com seu modelo teórico proporcionam contribuições significativas para o trabalho com transtornos dissociativos. Por um lado, as orientações que trabalham com estados mentais e, por outro, as terapias onde o corpo ocupa um lugar fundamental.

Terapias que trabalham com partes ou estados mentais

Nem todas empregam a mesma terminologia, mas diversas orientações terapêuticas trabalham com um conceito de mente que implica diferentes estado mentais:

1) A Análise Transacional (Berne, 1961) fala do "estado do 'eu' adulto" e da "criança interna", indicando que existem estados mentais agrupados nos grupos de "pai" (autoridade), "adulto" e "criança" (dependentes).
2) Por sua vez, essas teorias impulsionaram o desenvolvimento da terapia de Estados de Ego (Watkins e Watkins, 1997), que combina esses conceitos com a hipnose.
3) O Psicodrama (Moreno, 1978; Rojas-Bermúdez, 1997) maneja o conceito de papéis, conectados aos estados mentais em vários aspectos, insistindo no relacional e concedendo um protagonismo significativo ao corpo.

Anabel Gonzalez

Terapias que contemplam os aspectos somáticos

Apesar do seu histórico de confrontação, a terapia cognitivo-comportamental e as terapias dinâmicas possuem um ponto em comum: a escassa atenção dedicada ao corpo e à parte somatossensorial da experiência normal e patológica. Isso é especialmente problemático no campo do trauma psíquico, onde as terapias mais "corticais" não conseguem chegar (Van der Kolk, 2001). Se entendemos que a experiência é processada com elementos cognitivos, comportamentais, emocionais e somatossensoriais, necessitamos de técnicas que não deixem a parte essencial do problema de fora. Algumas delas são:

Experimentação somática

Foi proposta por Peter Levine (1999) e sugere que o paciente comece por qualquer componente da experiência, baseando-se no modelo SIBAM (sensações, imagem ou representação sensorial interna, comportamento ou movimento, emoção e significado), que lhe pareça mais acessível. O terapeuta rastreia cuidadosamente a experiência interna que o paciente relata, sem indução formal de transe. Quando esse rastreamento avança, o paciente se move em direção aos outros elementos do SIBAM por meio de links emocionais espontâneos. Esse sistema pode ajudar, especialmente, pacientes com tendência a sobrecarregar-se emocionalmente quando utilizam métodos como a hipnose ou o EMDR, além de pacientes com sintomas somáticos significativos ou uma sensibilidade somática incrementada.

Terapia sensório-motora

Desenvolvida por Pat Ogden (2006) a partir de elementos semelhantes à experimentação somática de Levine, mas de forma mais completa e compreensível, especialmente pela articulação de conceitos e intervenções com a teoria da dissociação estrutural (Van der Hart, et al., 2006) e com conceitos de dissociação somatomorfa (Nijenhuis, 2000). Ogden e Ficher (2008) descrevem a inter-relação entre trauma, apego e dissociação, suas repercussões no corpo e um tratamento com intervenções a partir do somático. Uma parte relevante é o desenvolvimento de autoconsciência a respeito das sensações do corpo e o reconhecimento dos sistemas de ação subjacentes a essas sensações, além das intervenções que permitem seguir avançando em direção a sistemas mais elaborados, maduros e integrados.

EMDR

O EMDR (Shapiro, 2001) é uma técnica muito interessante para o tratamento do trauma. Ao contrário dos métodos anteriores, não está focado nos aspectos somatosensoriais, mas integra e atua no mesmo nível dos aspectos cognitivos, emocionais e somáticos da experiência. Parte-se de uma cena traumática, mapeando uma série de elementos relevantes, e, enquanto é realizada uma estimulação bilateral do cérebro (visual, auditiva ou tátil), pede-se ao indivíduo que deixe sua mente associar outras cenas espontaneamente, até terminar numa cena positiva ou neutra. O processamento das memórias traumáticas é muito rápido e, na área dos transtornos dissociativos, permite uma excelente integração entre aspectos emocionais, cognitivos e somáticos. Deve ser manejado com especial cuidado nesse grupo de diagnóstico, além de ser recomendável ter conhecimentos sólidos em psicotraumatologia e dissociação, assim como sobre as formas específicas de aplicar EMDR nesses casos, antes de empregá-lo com esse tipo de pacientes.

Outras

Existem mais terapias que trabalham componentes somatosensoriais: a terapia somática do trauma (Rothschild, 200, 2003), EFT (*Emotional Freedom Technique*), diversas terapias energéticas, etc. Essas orientações, em geral, têm dedicado menos esforços para sustentar seus resultados por meio de estudos empíricos. Contudo, a ausência de uma quantidade relevante de estudos empíricos, não significa que tais técnicas sejam ineficientes. Apesar de tudo, é necessário que as variadas técnicas e terapias busquem uma sustentação empírica de suas teorias, assim como é fundamental, no nosso trabalho, questionarmos e avaliarmos nossas intervenções.

Integrando diversas aproximações teóricas

Podemos trabalhar com as técnicas que nos sejam mais familiares. De fato, ante as particularidades desses pacientes, no início teremos material suficiente para administrar e não será necessário aprender uma grande quantidade de técnicas novas. De acordo com o que formos observando, podemos ampliar nossa formação se acharmos conveniente. Existem várias disciplinas que aportam estratégias bastante úteis, mas é impossível descrever ou enumerar todas elas neste livro.

Não podemos esquecer que quem apontará nossa linha de trabalho, além da velocidade e intensidade da mesmo, é o paciente, cada paciente em particular. Alguns autores indicam que nem todos os indivíduos com transtorno dissociativo grave chegarão a ter condições de abordar essa fase de tratamento do trauma na terapia, apesar de muitos anos de trabalho nas fases prévias. Ao menos os paciente com baixo nível de funcionamento não têm a força, o potencial terapêutico e/ou a oportunidade de seguir uma terapia até este ponto (Boon, 1997). Existem diversas razões para isso: problemas de apego severos, dificuldades relacionados a outros transtornos psiquiátricos associados, motivação insuficiente, entre outras. Estes tipos de caso são mais frequentes em contextos de sanidade pública. Contudo, nem por isso deixam de ser candidatos a uma terapia que seja regida pelos mesmos esquemas e objetivos que comentamos até aqui, inclusive, beneficiam-se dela em muitos casos, ainda que nunca possamos chegar a abordar os conteúdos traumáticos.

14: Integração e Pós-Integração

É nessa fase que os pacientes obtêm ganhos adicionais em coordenação e integração interna. Geralmente, começam a adquirir um sentido mais sólido e estável de como são, como relacionar-se com os outros e com o mundo exterior. As identidades vão fundindo-se, melhorando seu funcionamento, que passa a incidir de maneira mais unificada. Vão adquirindo também uma visão mais ampla da história traumática. Conforme vãosentindo-se mais unificados, desenvolvem uma sensação de calma, força e paz interior. Assumem um sentido mais coerente de sua própria história e podem enfrentar os problemas atuais de maneira mais eficaz. Deixam de focar sua energia no passado para concentrá-la no presente (International Society for the Study of Dissociation, 2005), investindo-a no mundo externo ao invés de desperdiçá-la no conflito interno.

O que entendemos por integração?

A dissociação é o oposto da integração. O indivíduo com um grau de dissociação significativo não tem consciência do que aconteceu, não pode aceitar o fato. Sente que a situação não sucedeu ou que ocorreu com outra pessoa. Rejeita aspectos de si mesmo junto com sua história, vivendo uma luta e conflito interno permanentes.

Porém, essa rejeição do seu passado, com todas suas implicações, conduz a uma incapacidade de viver o presente. O passado continua aqui, expressando-se em cada reação, vivência, decisão e ação; reproduzindo-se nas relações atuais, em como vemos as outras pessoas e como agimos diante delas; alterando completamente nossa visão do mundo e o sentido que damos aos acontecimentos; condicionando nosso futuro de modo absoluto.

A integração supõe a superação de todas essas circunstâncias. Ela vai ocorrendo de modo progressivo ao longo do processo psico-terapêutico. Inclui a associação do que foi previamente dissociado, a reconexão das partes segmentadas, mas em um processo mais amplo, que permite o desenvolvimento de funções mentais mais globais, em um nível mais elevado.

Steele (2009) define a integração como o ato de estar (relativamente) integrado, que nos permite sintetizar visão, som, ensação, pensamento, previsões, sentimentos, em consonância com tempo, intenção e consciência da ação, em uma experiência aparentemente significativa chamada "agora". As ações integrativas nos proporcionam um campo de consciência aparentemente unificado, que acompanha "o eu, o eu mesmo e a mim" ao longo de diferentes etapas e contextos (Stern, 1985; Siegel, 1999; Cleeremans, 2003). A integração é a essência do que somos. Esse *self* ou estado de integração tem uma constância, mas está continuamente se organizando, se desorganizando e se reorganizando (Schore, 1997).

Essa integração inclui diferentes aspectos (Van der Hart, et al., 2006):

- compreende a união de diversos elementos (recordações, experiências, percepções, etc.), mas também a diferenciação (por exemplo, não assimilando uma pessoa do presente como o abusador do passado);
- implica tolerar necessidades contrapostas, ideias e emoções em conflito e a ambivalência, que fazem parte da experiência cotidiana;
- em seu maior nível, implica a capacidade de mentalização (Fonagy, et al., 2002), que é a capacidade de perceber e observar adequadamente a própria mente e as dos outros;
- autoconsciência: o indivíduo sente sua experiência como própria, suas emoções, sua história (personificação) e pode realizar ações adaptativas no presente (presentificação);
- pode perceber o passado, presente e futuro em perspectiva.

Todos os pacientes podem alcançar a integração?

Um grupo de pacientes com diferentes graus de fragmentação chegará a um estado de funcionamento integrado. Outros atingirão estabilidade suficiente para melhorar sua adaptação. Alguns seguirão tendo partes separadas, mas alcançarão um nível mais harmônico e de menos conflito entre elas.

O trabalho para a integração não é apenas a união de elementos dissociados, mas o desenvolvimento de todas as funções que descrevemos anteriormente e que comentamos ao longo do livro. Várias intervenções são pequenos elementos que vão sendo introduzidos em diversos momentos durante as sessões. Por exemplo, ajudar um paciente a perceber que determinada reação não foi realmente gerada no aqui e agora, mas que está associada a uma experiência traumática anterior, é dar um passo em direção à presentificação. O trabalho de aceitar as emoções, sensações ou partes rejeitadas é outro passo para a personificação. Ajudar o paciente a analisar as motivações de outros ou dos próprios estados mentais é um avanço na capacidade de mentalização.

Quando existem barreiras muito marcadas entre os estados mentais, esse processo deve ser acompanhado, paralelamente, de um trabalho com o sistema interno, como descrito no capítulo do trabalho com as partes. Ambos processos são relevantes e, de acordo com o paciente e a etapa da terapia, podem ter mais ou menos peso no tratamento.

Nos casos de transtorno de identidade dissociativo (TID), onde encontramos partes com um sentimento de "eu" autônomo muito desenvolvido, as partes dissociadas podem ser resistentes à integração. Essa relutância pode ser questionada, já que costuma estar baseada no medo de desaparecer, tornar-se mais vulnerável ou perder força. Se explicarmos a integração como uma forma de alcançar um estado de força, poder ou controle superior ao que qualquer parte possa alcançar individualmente, algumas precauções podem ser superadas. Também é importante esclarecer que todas as partes seguirão existindo e que nenhuma irá desaparecer, mas que estarão todas presentes ao mesmo tempo. É sempre útil recorrer a metáforas que combinem com o paciente para transmitir essas mensagens.

De todo modo, a coexistência pacífica não é um estado ruim e o paciente é quem tem a última palavra sobre o que deseja fazer e até que ponto quer chegar. Alguns autores, como Watkins, opinam que a integração completa não é possível, uma vez que não existem indivíduos não dissociados.

Evolução do sistema interno até a integração

Phillips e Frederick (1995) descrevem a integração como um processo marcado por várias fases pelas quais as partes dissociadas passam à medida que evoluem.

Primeira: estágio de reconhecimento

Implica que as partes reconheçam umas às outras abertamente. A princípio, podem perceber-se como entidades distantes, vizinhos com os quais nunca falam ou até inimigos. Essa situação leva a um trabalho basicamente psicoeducativo por parte do terapeuta, indicando que as outras partes são importantes, que todas são relevantes umas para as outras. Alguns pacientes entendem desde o início que as outras partes são algo próprio, parte deles mesmos. Em outros casos, lhes parece impossível aceitar que uma voz hostil, agressiva, que lhes incita a cometer suicídio ou machucar-se, possa ser parte deles, pois representa tudo que eles mais rejeitam. Para mudar essa percepção é importante redefinir a atitude da outra parte a partir de outra perspectiva: por exemplo, indicando que, ainda que não atinja o resultado previsto, a parte agressiva aparece quando o paciente necessita defender-se de uma ameaça ou tem uma emoção desagradável. Também é importante que as partes escutem umas às outras. Quando falamos com um estado mental com que, geralmente, a personalidade aparentemente normal (PAN) não dialoga, ela tende a "falar pela outra parte" ou a interpretar os motivos pelos quais esta se comporta de determinada maneira. Lembrar ao paciente que ele não deve tomar nada como garantido, que as coisas não são tão evidentes e que deve deixar que a outra parte explique-se sozinha, ao invés de criar um ambiente de escuta, é a principal mudança.

Nessa fase, as diferentes partes podem apresentar níveis diferentes. Por exemplo, uma paciente não tem consciência de que possui "uma presença" dentro de si, que se reconhece claramente como parte dela. A função desta parte é a de um cuidador interno, que aconselha e apoia a paciente. É difícil que nos deixe interagir diretamente com esse estado mental, já que inicialmente este disse que é "só seu". Além disso, essa parte é resistente ao contato, dizendo à paciente que a tomaremos como louca. Fez anos de terapia cognitivo-comportamental e melhorou em muitos aspectos, ainda que continuasse apresentando problemas graves (estados depressivos, isolamento social...). Por isso, a parte dissociada ponderava que não devia alterar a ordem presente das coisas. Somente quando argumentamos que não queríamos desmontar nada, e que acreditávamos que formaríamos uma boa equipe se trabalhássemos todos juntos, que essa parte assumiu um papel de coterapeuta ativo na terapia.

Entretanto, a paciente comentava brevemente que apenas em poucas ocasiões a parte cuidadora havia se conectado com as "outras". Descreve essa situação temerosa e relutante que nos aprofundemos nisso. Fala das outras partes como elementos totalmente distantes, com os quais não pode conectar-se de forma direta. Dada a gravidade da patologia que apresentou no passado, manejamos essa questão com a maior cautela possível, sem tentar conectar com as outras partes e respeitando seus medos, ao menos até que a terapia tivesse avançado o suficiente.

Segunda: fase de desenvolvimento de comunicação entre as partes

Uma vez que o paciente aceite que essas partes fazem parte dele, devemos seguir avançando em direção a uma comunicação cada vez mais adequada entre elas. O mais comum é que primeiro possam se comunicar com o terapeuta, inclusive, em alguns casos, devemos combinar que, quando falamos com uma parte, as demais estejam ausentes, proporcionando assim mais liberdade ao clima de expor emoções, cognições ou memórias. Devemos evitar a todo custo que continuem a discussão e a briga. A interação ocorrida previamente à terapia costuma ser estereotipada: por exemplo, o paciente escuta uma voz que lhe incita a machucar-se e pode responder tentando fazê-la calar ou desaparecer. O objetivo é conseguir o controle, não dialogar.

Qualquer estratégia de habitualmente utilizemos para manejar sistemas humanos nos serão úteis na hora de tentar mudar esse conflito interno. A situação não é muito diferente quando nos encontramos diante de uma terapia de família ou de grupo.

Terceira: desenvolvimento de empatia

Se uma parte é capaz de colocar-se no lugar da outra, a relação de ambas muda radicalmente. Pode levar muito tempo até que uma parte amedrontada possa colocar-se no lugar daquela a quem teme. Além disso, um álter persecutório pode não querer entender uma parte frágil, que não sabe defender-se por medo de tornar-se vulnerável. O clima de comunicação mencionado antes vai cultivar o terreno necessário para que essa troca aconteça. Se a personalidade principal escuta pela primeira vez uma voz que a insulta permanentemente dizer que sentiu raiva quando uma pessoa do ambiente do paciente o tratoumal, provavelmente, a imagem que tem dessa parte como "maligna" começará a mudar aos poucos.

O terapeuta também contribui com comentárioscolocando-se no lugar das partes, explicando e compreendendo as reações de cada uma a partir das emoções geradas. Não temos por que considerar aceitável que o paciente machuque a si mesmo ou aos outros, mas podemos entender os motivos dessa conduta e por que faz isso. Manter uma atitude de apoio, mas ao mesmo tempo de absoluta normalidade, é fundamental.

Quarta: coconsciência

Podemos começar a trabalhar esse aspecto praticamente desde as etapas iniciais (Baita e González, 2008), ainda que o desenvolvimento da coconsciência seja um dos objetivos finais do trabalho com as partes. Uma tarefa útil para essa finalidade é propor aos pacientes pequenos exercícios de coconsciência em meio a elementos positivos e não ameaçadores. Com Paula, delineamos uma tarefa onde todas as partes se permitiriam apreciar uma música bonita, sob o acordo de que a escutariam todas ao mesmo tempo, sentindo o mesmo som e deixando-o chegar a todos os cantos de sua mente... Em ocasiões, reforçávamos a função de algumas partes, colocando-asem contato com as demais: por exemplo, havia uma parte que aparecia para dizer coisas engraçadas durante as conversas, então, sugerimos que, de vez em quando, ela dissesse algo cômico para as outras partes e que todas se permitissem rir à vontade nesses momentos. As partes mais negativas estão focadas no trauma e na raiva e, normalmente, são alheias às sensações e experiências agradáveis da vida. Indicar às demais partes que não é justo que algumas estejam condenadas a ver apenas o lado escuro do mundo e estimulá-las a compartilhar sensações agradáveis com as partes negativas é uma tarefa bem aceita geralmente. O mais difícil é conseguir compartilhar emoções e experiências negativas e, de maneira não ameaçadora para o sistema, criar conexões entre os estados mentais, entre redes neurais independentes até então.

Quinta: aventuras cooperativas

Uma vez que as partes entendam que têm objetivos comuns, podemos dar início a "experimentos de cooperação". É importante que o paciente seja capaz de transferir para a vida cotidiana habilidades de comunicação interna que tenha adquirido nas sessões de terapia. Em alguns casos, isso ocorre de maneira espontânea, em outras, requer a organização de tarefas e, às vezes, ocupa uma parte significativa do esforço terapêutico.

A princípio, convém começar por experimentos mínimos, em meio a atividades gerais, agradáveis, que não revisitam nenhum conteúdo ameaçador. Por exemplo, no caso de Paula, delineamos uma tarefa: fazer uma lista de compras e organizar um sistema consensual para decidir as prioridades. Anteriormente, cada parte gostava de comidas distintas e, de acordo com quem estava controlando a conduta, comprava um alimento diferente. Por exemplo, via um queijo na sacola e dizia: "Mas eu não gosto de queijo...", e o jogava fora. Voltava ao mercado e comprava outro produto, repetindo essa cena uma e outra vez. Isso fazia ela gastar muito dinheiro em comida. Dei-lhe um papel com o título "lista de compras", onde cada parte podia incluir o que achava importante. Depois, haveria uma votação e apenas os produtos mais votados seriam comprados. Para que nenhuma parte se sentisse discriminada, a cada semana, uma delas poderia conceder-se um capricho, sem que as demais interferissem. Paula conseguiu executar a tarefa, depois de falhar na primeira tentativa, e ficou muito satisfeita com o resultado.

Sexta: mostrar o interior

As partes começam a revelar seus pensamentos mais profundos, emoções, fantasias e experiências com as outras partes. Nesse ponto, podemos começar, cuidadosamente, a trabalhar com o trauma, uma vez que já contamos com o apoio do sistema em conjunto.

Uma paciente que apresentava paralisia e convulsões dissociativas, com a qual levamos cerca de uma ano de trabalho de comunicação e colaboração com um única parte, sugerimos que começasse a trabalhar o luto pela perda de sua avó, um dos elementos traumáticos principais. Falamos com ambas as partes e percebemos que estavam de acordo com a proposta. Previamente, havíamos experimentado microfusões. As duas partes permitiram mescla de memórias e emoções sobre esse tema, enquanto processamos a cena utilizando a terapia EMDR (Dessensibilização e Reprocessamento por meio dos Movimentos Oculares). Espontaneamente, a paciente, sentindo-se como uma unidade, foi capaz de imaginar-se dizendo adeus à avó, elaborando o luto.

Sétima: progressões cronológicas

Muitas partes dissociadas correspondem a estados de pensamento infantis. Em alguns casos, para trabalhar com eles, é necessário ajudá-los a amadurecer. Existem técnicas de progressão cronológica mediadas com hipnose. Também pode ser útil solicitar a parte que se lembre de situações ou imagens desde o evento traumático até o presente, assim, de maneira indireta, vai adquirindo consciência de que o feito traumático ficou para trás e que o paciente cresceu. Com essa técnica, frequentemente, as partes também vão "crescendo" (Pace, 2003). Esse processo pode ocorrer de forma espontânea.

Oitava: fusão

Esse é o objetivo final da terapia. O paciente experimenta a realidade de modo integrado, sem partes separadas. A memória torna-se contínua e todas as recordações acessíveis. O indivíduo é capaz de perceber diversas emoções simultaneamente e consegue atuar de forma coerente e adaptativa.

Esse processo também pode se iniciar muito antes. Uma vez que um clima de colaboração tenha sido atingido e o paciente possa realizar algumas tarefas e obter ao menos breves instantes de coconsciência, podemos, periodicamente, colocar em prática experimentos de "microfusões". Explicamos ao paciente que podemos escolher que todas as partes integrem-se em uma só ou que permaneçam colaborando separadas, mas que é importante experimentar a primeira opção em distintas situações para que entendam em que consiste estarem fusionadas e decidir se lhes interessa ou não esse estado. Quando explicamos ao paciente que o experimento é breve, que dura apenas um instante e que é totalmente reversível, não costuma haver resistência. Se esse aspecto não for trabalhado nas etapas finais, as objeções à integração podem ser muito maiores.

Como percebemos que o paciente está avançando para a integração?

Van der Kolk (1993), citando Greaves (1989), enuncia vários marcadores que indicam avanços à integração (recordemos que desde o início do tratamento estamos caminhando até aqui), que vão acontecendo progressivamente.

1. *Fenômenos de convergência.* São aqueles que requerem uma focalização da atenção e um esforço que, implicitamente, necessita da colaboração de várias partes, como frequentar regularmente as consultas, trabalhar bem em terapia e cumprir os projetos designados.

2. *Manifestação espontânea de partes dissociadas durante as sessões.* Isso implica confiança suficiente para sair do ocultamento eposicionar-se.

3. *Apresentação de sintomas físicos* vagos, sem uma origem médica clara, pode indicar a perda de restrições e a emergência de memórias somáticas ou corporais.

4. *A Manifestação espontânea de uma parte hostil* é um sinal significativo, porque, geralmente, ela exerce influência no mundo interno e costuma resistir a participar da terapia.

5. *Sinais de cooperação de uma parte anteriormente hostil.* Isso indica um fortalecimento da aliança terapêutica, uma valorização do terapeuta e a afirmação implícita de que confia no tratamento. Essa situação é equiparável a quando um paciente começa a ouvir as vozes das partes pela primeira vez (se isso acontecer, não devemos nos assustar, não está piorando).

6. Quando a personalidade principal começa a ouvir *vozes* pela primeira vez, significa que as barreiras da amnésia estão ruindo e que a comunicação estre as partes está sendo priorizada em detrimento da manutenção do isolamento prévio.

7. Aumento da *comunicação interna.*

8. Aumento da *coconsciência.*

Anabel Gonzalez

9. *Copresença* e sinais claros de mudança do isolamento das partes.
10. As partes principais não podem ser diferenciadas pelo terapeuta.
11. As partes não conseguem distinguir-se umas das outras.
12. O paciente pede a integração de duas ou mais partes.
13. *Integração espontânea.*

A manifestação dos elementos que comentamos no início do capítulo também irá indicar-nos que o processo está evoluindo adequadamente. O indivíduo separa as situações presentes daquelas ocorridas no passado, aceita suas experiências e sua história, traça objetivos que não estão condicionados pela sua experiência traumática, adquire uma compreensão e uma capacidade de manejo das relações interpessoais mais adaptativa. Está aqui e agora, aceitando seu passado e projetando um futuro cheio de possibilidades.

Técnicas para conseguir a integração
Em alguns casos, a integração ocorre de maneira espontânea. Paula, a paciente cujo caso estamos descrevendo desde o início, esteve trabalhando em tarefas de colaboração entre as partes e de desenvolvimento de coconsciência durante meses, então, um dia comentou: "Estava ouvindo as vozes e de repente me dei conta de que era eu! A voz era eu! Por que ninguém nunca me disse isso?". Desde esse dia, as vozes e períodos de amnésia habituais desapareceram. A partir de então, passou a funcionar de modo integrado e começou a ver sua história de abuso a partir da perspectiva de uma pessoa adulta que superou as experiências ruins do seu passado.

Quando essa integração espontânea não é produzida, mas algumas ou todas as partes da mente do paciente estão de acordo em fundir-se, algumas técnicas podem ajudar:

- Metáforas, imagens que simbolizam o processo: as partes dão as mãos e aproximam-se, se abraçam até que sejam apenas uma... Repetimos ao paciente que nada se perde, que nada desaparece, e que até o último elemento de cada parte permanecerá no novo estado. O terapeuta pode usar qualquer imagem que encaixe com o tipo de pensamento do paciente. Preferivelmente, deverá sugerir conceitos como unificação, potencialização, fortalecimento, renovação, porque muitas podem viver a unificação com medo de desaparecer.

- Com alguns pacientes, podemos sugerir a possibilidade de "fazer uma prova" por meio de uma fusão temporária, para que possam decidir, baseando-se em sua própria experiência, se desejam fundir-se de modo permanente ou não. Essa prova pode estender-se para fora do consultório, propondo ao paciente que realize certas atividades ou que trate de perceber sensações de maneira conjunta entre duas ou mais partes ou a partir de uma fusão do sistema completo.

- A integração pode ser reforçada com hipnose, EMDR, etc.

Tratamento pós-integração

Se chegamos a integrar as partes e o indivíduo funciona como uma unidade, provavelmente, teremos que ajudá-lo a reaprender muitas coisas. Afinal, suas atividades cotidianas, suas reações, etc. sempre funcionaram a partir de sua estrutura dissociativa. Agora, deverá aprender a sentir várias emoções diferentes ao mesmo tempo, a tolerá-las e manejá-las. Ao tomar uma decisão, não passará de um extremo ao outro, mas deverá observar os prós e os contras de cada opção. A normalidade pode ser muito menos nítida que o universo mental de um paciente dissociativo, onde as respostas geralmente são tudo/nada. Se não o ajudarmos a ordenar e entender suas novas experiências, pode chegar a vivê-las com angústia e não alcançar um funcionamento saudável.

Kluft (1988) refere como objetivos dessa etapa:

1. Enfrentar as mudanças fisiológicas associadas à integração.
2. Enfrentar as mudanças psicológicas associadas à integração.
3. Trabalhar transversalmente.
4. Abandonar intervenções hipnóticas.
5. Modificar mecanismos adaptativos e de afrontamento.

6. Fazer ajustes interpessoais.
7. Fazer grandes mudanças vitais.

Alguns pacientes se viram bem sozinhos. Os que chegam aintegrar-se costumam ser pessoas com melhor funcionalidade e mais força emocional e, mesmo com um histórico de sintomas dissociativos graves, podem conseguir trabalho e relacionamentos adequados. Se chegarem até aqui, os pontos que comentamos no parágrafo anterior podem desdobrar-se com relativa facilidade.

Em alguns casos, os pacientes expressam que funcionar de modo integrado é menos atrativo e estimulante. Uma paciente costumava mudar de relacionamentos com frequência e de maneira radical. A vantagem desse modo de funcionamento é que era impossível ficar entediada e que não chegava a ter que superar nenhum conflito. Nosso trabalho é auxiliar o paciente a enxergar as situações de modo realista, com as vantagens e inconveniências dessa perspectiva, ajudá-lo a estabelecer metas a curto, médio e longo prazo. Normalmente, isso não ocorre até que não trabalhem de maneira integrada durante certo tempo.

Essa integração pode ser permanente ou pode produzir fases de desestabilização, geralmente, reativas às circunstâncias ambientais. Nessas descompensações, alguns pacientes voltam a dissociar-se, enquanto outros, mantendo um funcionamento integrado de maneira geral, apresentam psicopatologias de outro tipo. É aconselhável manter um contato periódico com os pacientes durante um certo tempo para consolidar a melhoria inicial e supervisionar a adaptação às novas circunstâncias vitais que irão enfrentar. Frequentemente, esses pacientes têm dificuldade em pedir ajuda quando precisam e não é raro que nos consultem apenas quando atingem uma situação de crise significativa. Manter um contato menos frequente, porém, regular, ajuda a ir resolvendo os problemas sem perder o equilíbrio.

Se, apesar disso, o paciente apresentar crises significativas, geralmente, costuma ser mais fácil abordá-las na primeira fase. É importante comentar sobre essa possibilidade com os pacientes, que podem desesperar-se facilmente diante da presença de novos sintomas, entendendo-oscomo um fracasso pessoal. Sempre devem ter em mente que a terapia é um processo no qual se aprendea manejar cada vez melhor as situações vitais, que essas situações vão mudando e, em alguns casos, demandam a retomada da supervisão e apoio do terapeuta. Essa ideia está mais próxima de um processo de aprendizagem, no qual avançamos gradualmente, do que de uma "pílula" que se toma e "cura a enfermidade". Se, depois de um tempo razoável de acompanhamento, damos alta ao paciente, esses temas devem ser conversados.

Nem todos pacientes chegarão a esta fase. Como indicado nos capítulos anteriores, nem todos os autores concordam que esse deva ser o objetivo da terapia. Melhorar a funcionalidade do paciente, que ele tenha uma qualidade de vida adequada, relações interpessoais de qualidade, mais autonomia... são os objetivos da terapia na realidade. Algumas pessoas conseguem que suas partes dissociadas cheguem a integrar-se e também podemos considerar isto um êxito terapêutico. Nós guiamos o paciente nessa direção, mas é o paciente que nos ensina qual é o caminho que se adapta a ele.

Para concluir, observemos o processo realizado por uma paciente com diagnóstico de TID, um nível grave de fragmentação e uma alteração funcional severa (consumo de drogas, problemas interpessoais, dificuldade de lidar com a vida diária). Nos primeiros desenhos que ela fez sobre si mesma, a PAN sequer existia. Desenhava apenas um conjunto caótico de estados mentais que se alternam sem uma metaconsciência global que os una. O funcionamento mental nessa etapa seria o equivalente a um estado psicótico.

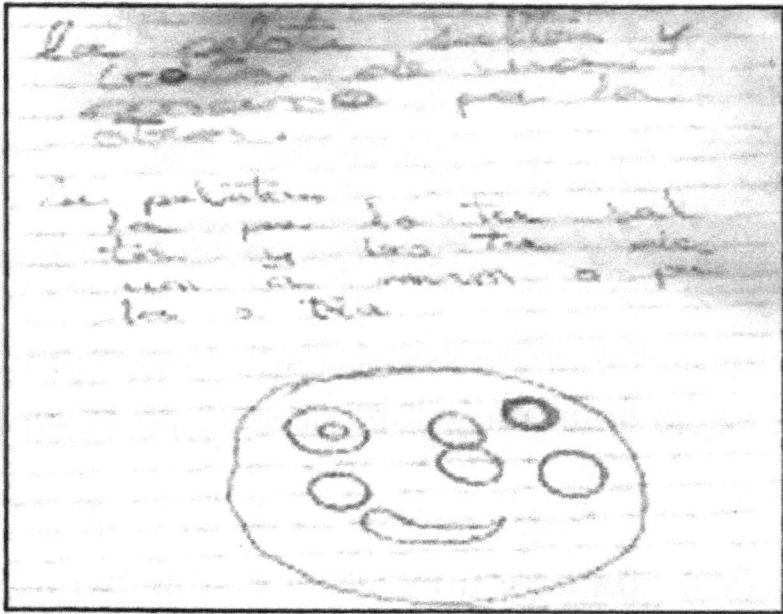

As anotações nessa etapa consistem em associações por assonância sem sentido aparente. O desenho é desorganizado, contudo, o que a paciente descreve se encaixa com o que está escrito. Ao lhe perguntar onde está a mulher adulta que ela é no desenho, disse não saber, não está lá, sua identidade é uma mudança constante de um estado mental a outro. Ela escreve "a bola quica e pula de uma mão para a outra... a bola... a bol-laqui-ca e pu-la de u-ma mão pa-raou-tra".

Na imagem seguinte, começamos a ver elementos de comunicação com o mundo externo. A paciente mostra-se de fato mais coerente e começa a relacionar-se, ainda que maneira limitada, com o exterior. Podemos ver nos desenhos de algumas partes traços mais infantis, diferentes emoções, percebemos melhor seus estados internos.

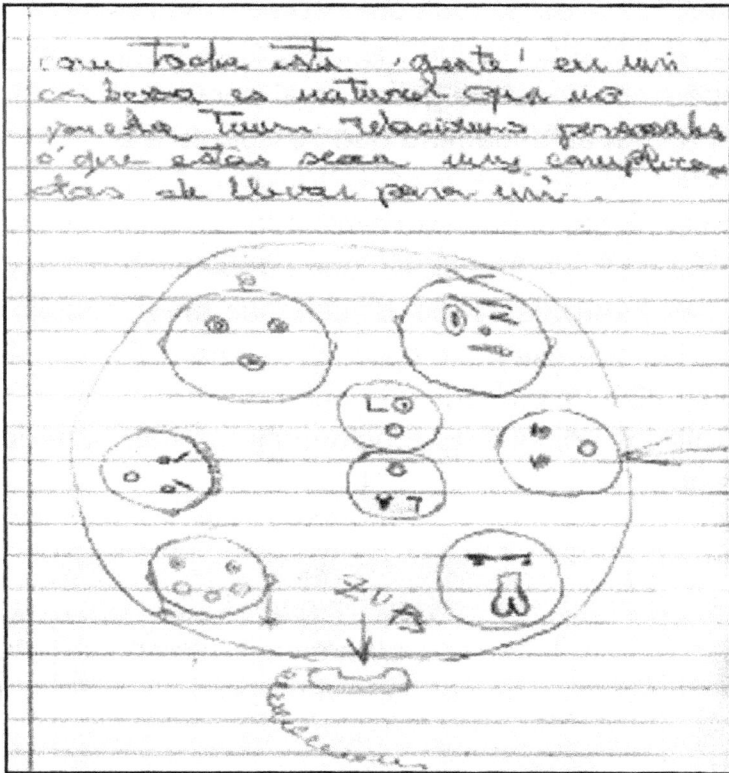

"Com toda essa 'gente' na minha cabeça, é natural que eu não consiga ter relacionamentos pessoais ou que estes sejam muito complicados pra mim."

Mais adiante, começa a aparecer um "eu" central que se mantem ativo, apesar das mudanças de estados mentais. A paciente começa a desenvolver uma metaconsciência a partir de uma reflexão sobre o que sucede tanto internamente como externamente.

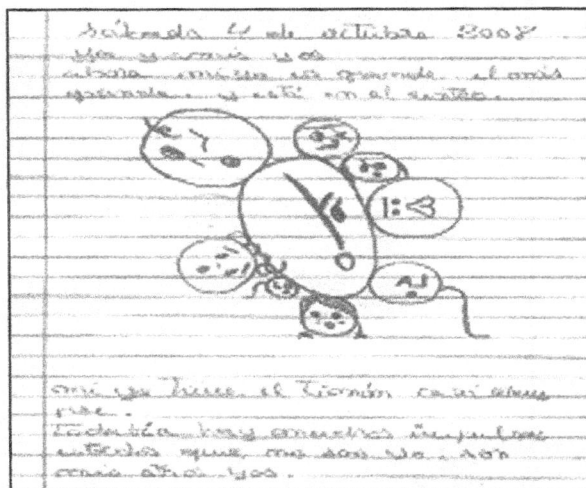

"Eu e meus 'eus'. Agora meu 'eu' é grande, o maior, e está no centro. Meu 'eu' está quase sempre no comando. Ainda existem muitos impulsos. Os estados que não são eu são meus outros 'eu'".

Essa evolução aumenta progressivamente: a paciente fica mais centrada, mantém-se consciente, ainda que continue experimentando intrusões de estados dissociados.

A paciente começa a gostar de si mesma, a cuidar-se, a entender melhor suas mudanças e experiências, a olhar seu passado sob uma nova perspectiva. Adquire uma autoconsciência mais desenvolvida.

Agora, desenha-se pela primeira vez com uma identidade. Essa paciente continua em terapia, mas fez avanços significativos e reduziu bastante seu grau de fragmentação. Este segue evoluindoparalelamente ao desenvolvimento da sua capacidade de estar no presente, ter reações adaptativas ante as situações cotidianas, adquirir perspectiva sobre seu passado traumático e observar o futuro com esperança.

Estou começando a ser eu.

Bibliografia

Adams, A. Internal self helpers of persons with multiple personality disorder. *Dissociation* 1989; II: 138-43.

Ainsworth, M.D.; Blehar, M.C.; Walters, E.; Wall, S. *Patterns of attachment.* Hillsdale, NJ: Erlbaum; 1978.

Albach, F.; Moormann, P; Bermond, P. Memory recovery of childhood sexual abuse. *Dissociation* 1996; IX (4): 261-73.

Allen, J.G.; Coyne, L. Dissociationand vulnerability to psychotic experience. The Dissociative Experiences Scale and the MMPI-2. *J Nerv Ment Dis* 1995; 183(10): 615-22.

Allison, R.B. A new treatment approach for multiple personalities. *American Journal of Clinical Hypnosis* 1974; 17(1): 15-32.

Allport, G.W. *Pattern and growth in personality.* New York: Holt, Rinehart y Winston; 1961.

Alvi, T.; Mihas, F.A. Type of presentation of dissociative disorder and frequency of co-morbid depressive disorder. *J Coll Physicians Surg Pak* 2009; 19(2): 113-6.

American Psychiatric Association. *A psychiatric glossary.* Fifth ed. Washington, DC: APA; 1980.

American Psychiatric Association. DSM-IV: *manual diagnostic y estadístico de los trastornos mentales.* Barcelona: Masson; 1995.

Amrhein, C.; Hengmith, S.; Maragkos, M.; Hennig-Fast, K. Neuropsychological characteristics of highly dissociative healthy individuals. *J Trauma Dissociation* 2008; 9(4): 525-42.

Andreski, P.; Chilcoat, H.; Breslau, N. Post-traumatic stress disorder and somatization symptoms: a prospective study. *Psychiatry Res* 1998; 79(2): 131-8.

Appelfeld, A. *Beyond despair.* New York: Fromm International; 1994.

Atlas, J.A.; Wolfson, M.A.; Lipschitz, D.S. Dissociation and somatization in adolescent inpatients inpatients with and without history of abuse. *Psychol Rep* 1995; 76 (3 Pt 2): 1101-2.

Baita, S.; González, A. *Working through co-conciousness in adults and children.* Taller presentado en el XXV Congresso Internacional de la ISSTD. Chicago; 2008.

Barach, P.M. Multiple personality disorder as a attachment disorder. *Dissociation* 1991; IV(3): 117-23.

Bateman, A.; Fonagy, P. *Mentalization-based treatment for borderline personality disorder. A practical guide.* New York: Oxford University Press; 2006.

Belli, R. F.; Lotus, E. F. Recovered memories of childhood abuse: A source monitoring perspective. En: Lynn, S. J.; Rhue, J. eds. *Dissociation: Theory, clinical, and research perspectives.* New York: Guilford; 1994.

Berne, E. *Transactional analysis in psychotherapy.* New York: Grove, 1961. (Edición castellana: *Análisis transactional en psicoterapia.* Argentina: Psique; 1985.)

Berne, E. *¿Qué dice usted después de decir hola?* Barcelona: Grijalbo; 1999.

Bernstein, E. M.; Putnam, F.W. Development, reliability, and validity of a dissociation scale. *J Nerv Ment Dis* 1986; 174 (12): 727-35.

Blashfield, R. K. Sprock, J.; Fuller, A. K. Suggested guidelines for including or excluding categories in the DSM-IV. *Compr Psychiatry* 1990; 31 (1): 15-9.

Bliss, E. L. *Multiple personality, allied disorders and hypnosis.* New York: Oxford University Press; 1986.

Blizard, R.A. Therapeutic alliance with abuser alters in DID: the paradox of attachment to the abuser. *Dissociation* 1997; 10(4): 246-54.

Blizard, R. A. The origins of dissociative identity disorder from an object relations and attachment theory perspective. *Dissociation* 1997; 10(4): 223-9.

Boon, S. The treatment of traumatic memories in DID: indications and contra-indications. *Dissociation* 1997; 10(2): 65-79.

Boon, S. *Interview for dissociative disorders and trauma-related symptoms (IDDTS).* Chicago: XXV International ISSTD Conference; 2008.

Bowers, K.S. Unconscious influences and hypnosis. En: Singer, J. L., ed. *Repression and dissociation. Implications for personality theory, psychopathologyand health.* Chicago: University of Chicago; 1990.

Bowers, K.S. Imagination and dissociation in hypotic responding. *Int J Clin Exp Hypn* 1992; 40(4): 253-75.

Bowers, K. S.; Brennenman, H. A. Hypnotic dissociation, dichotic listening, and active versus passive modes of attention. *J Abnorm Psychol* 1981; 90(1): 55-67.

Bowlby, J. Violence in the family as a disorder of the attachment and caregiving systems. *Am J Psychoanal* 1984; 44(1): 9-27.

Bowman, E. S. Why conversion seizures should be classified as a dissociativ disorder. *Psychiatr Clin North Am* 2006; 29(1): 185-211.

Bowman, E. S.; Markland, O. N. Psycodynamics and psychiatric diagnoses of pseudoseizure subjects. *Am J Psychiatric* 1996; 153(1): 57-63.

Brand, B. Establishing safety with patients with dissociative identity disorder. *Journal of Trauma and Dissociation* 2001; 2(4): 133-55.

Braun, B. G. The BASK (behavior, affect, sensation, knowledge) model of dissociation. *Dissociation* 1988a; 1(1): 4-23.

Braun, B.G. The BASK model of dissociation: clinical applications. *Dissociation* 1988b; 1(2): 16-23.

Braun, B. G. Dissociative disorders as a squeal to incest. Em: Kluft, R. P., ed. *Incest-related syndromes of adult psychopathology.* Washington, DC: American Psychiatric Press; 1990.

Bremer, J. D. Effects of traumatic stress on brain structure and function: relevance to early responses to trauma. *J Trauma Dissociation* 2005; 6(2): 51-68.

Bremner, J. D. Narayan M.; Staib, L. H.; Southwick, S. M.; McGlashan, T.; Charney, D. S. Neural correlates of memories of childhood sexual abse in women with and without posttraumatic stress disorder. *Am J Psychiatry 1999; 156(11): 1787-95.*

Bremner, J. D.; Randall, P. Scott, T. M.; Bronen, R. A.; Seibyl, J. P.; Southwick, S. M.; et al. MRI-based measurement of hippocampal volume in patients with combat-related posttraumatic stress disorder. *Am J Psychiatry* 1995; 152(7): 973-81.

Bremner, J. D.; Randall, P.; Vermetten, E.; Staib, L.; Bronen, R. A.; Mazure, C.; et al. Magnetic resonance imaging-based measurement of hippocampal in posttraumatic stress disorder related to childhood physical and sexual abuse –a preliminary report. *Biol Psychiatry* 1997; 41(1): 23-32.

Bremner, J. D.; Scott, T. M.; Delaney, R. C. Southwick, S. M.; Mason, J. W.; Johnson, D. R.; e al. Deficits in short-term memory in posttraumatic sress disorder. *Am J Psychiatry* 1993; 150(7): 1015-9.

Bremner, J. D.; Staib, L. H.; Kaloupek, D.; Southwick, S. M.; Soufer, R.; Charney, D. S. Neural correlates of exposure to traumatic pictures and sound in Vietnam combat veterans with and without posttraumatic stress disorder: a positron emission tomography study. *Biol Psychiatry* 1999; 45(7): 806-16.

Bremner, J. D.; Vythlingam, M.; Vermetten, E.; Southwick, S. M.; McGlashan, T.; Nazeer, A.; et al. MRI and PET study of deficits in hippocampal structure and function in women with childhood sexual abuse and posttraumtic stress disorder. *Am J Psychiatry* 2003; 160(5): 924-32.

Brewin, C. R. *Posttraumatic stress disorder: malady or mith?* London: Yale University Press; 2003.

Briere, J; Conte, J. Self-reported amnésia in adults molested as children. *Journal of Traumatic Stress* 1993; 6: 21-31.

Brown, D. P.; Scheflin, A. W.; Hammond, D. C. *Memory, trauma treatment and the Law.* New York: W. W. Norton & Company; 1998.

Brown, R. J.; Cardeña, E.; Nijenhuis, E.; Sar, V.; van der Hart, O. Should conversion disorder be reclassified as a dissociative disorder in DSM V? *Psychosomatics* 2007; 48(5): 39-78.

Brown, R. J.; Schrag, A.; Trimble, M. R. Dissociation, childhood interpersonal trauma, and family functioning in patients with somatization disorder. *Am J Psychiatry* 2005; 162(5): 899-905.

Brunton, J. ; Charpak, S. μ-Opiod peptides inhibit thalamic neurons. *J Neurosci* 1998; 18(5): 1671-8.

Calamaro, C. J.; Mason, T. B. Sleep-related dissociative disorder in a 6-year-old girl. *Behav Sleep Med* 2008; 6(3): 147-57.

Cardena, E. The domain of dissociation. En: Lynn, S. J.; Rhue, R. W.; eds. *Dissociation: theoretical, clinical, and research perspectives.* New York: Guilford; 1994.

Cardeña, E.; Gleaves, D. H. Dissociative disorders: Phantoms of the self. En: Turner, S. M.; Hersen. M.; eds. *Adult psychopathology and diagnosis.* New York: Wiley and Sons; 1997.

Carlson, E. B.; Putnam, F. W. Na update on the Dissociative Experience Scale. *Dissociation* 1993; 6: 16-7.

Caul, D. Determining prognosis in the treatment of multiple personality disorder. *Dissociation* 1988; 1(2): 24-6.

Chabrol, H.; Saint-Martin, C.; Sejourné, N.; Moyano, O. Contributions des symptômes dissociatifs aux comportements antisociaux dans un échantillon d'adoescents scolarisés. *Encephale* 2009; 35(1): 52-6.

Christie, M. J.; Chesher, G. B. Physical dependence on physiologically released endogenous opiates. *Life Sci* 1982; 30(14): 1173-7.

Chu, J. A. The repetition compulsion revisited: reliving dissociated trauma. *Psychotherapy* 1991; 28: 327-32.

Chu, J. A. Dissociative symptomatology in adult patients with histories of childhood physical and sexual abuse. En: Bremner, J. D.; Marmar, C. R. *Trauma, memory and dissociation.* Washington, DC: American Psychiatric Press; 1998a.

Chu, J. A. Riding the therapeutic roller coaster: stage-oriented treatment for survivors or childhood abuse. En: Chu, J. A. *Rebuilding shattered lives: the responsible treamtment of complex posttraumatic and dissociative disorders.* New York: John Wiley & Sons; 1998b.

Chu, J. A.; Matthews, J. A.; Frey, L. M.; Ganzel, B: The nature of traumatic memories of childhood abuse. *Dissociation* 1996; 9:2-17.

Chu, J. A.; Bowman, E. S. Trauma and dissociation: 20 years of study and lessons learned along the way. *Journal of trauma & dissociation* 2000; 1(1): 5-20.

Cima, M.; Merckelbach, H.; Klein, B.; Shellback-Matties, R.; Kremer, K. Frontal lobe dysfunctions, dissociation, and trauma self-reports in forensic psychiatric patients. *J Nerv Ment Dis* 2001; 189(3): 188-90.

Classen, C.; Pain, C.; Field, N.; Woods, P. Trastorno de personalidad postraumático: uma reformulación del trastorno por estes postraumatico complejo y El trastorno de personalidad limite. En: Chefetz, R. A., ed. *Trastornos disociativos: una ventana abierta a la psicobiología de la mente.* Barcelona: Elsevier-Masson; 2006.

Cleeremans, A.; ed. *The unity of consciousness: binding, integration and dissociation.* Oxford University Press; 2003.

Cohen, M. R.; Pickar, D.; Dubois, M.; Bunney, W. E. Jr. Stress-induced plasma beta-endorphin immunoreactivity may predict postoperative morphine usage. *Psychiatry Res* 1982; 6(1): 7-12.

Coid, J.; Alliolio, B.; Rees, L. H. Raised plasma metenkephalin in patients who habitually mutilate themselves. *Lancet* 1983; 2(8349): 545-6.

Colt, E. W.; Wardlaw, S. L.; Frantz, A. G. The effect of running on plasma beta-endorphin. *Life Sci* 1981; 28(14): 1637-40.

Comstock, C. M. Inner self helper and concepts of inner guidance: historical antecedents, its role within dissociation and clinical utilization. *Dissociation* 1991; 4(3): 165-77.

Coons, P. M. The differential diagnosis of multiple personality. A comprehensive review. *Psychiatr Clin North Am* 1984; 7(1): 51-67.

Coons, P. M. Treatment progress in 20 patients with multiple personality disorder. *J Nerv Ment Dis* 1986; 174(12): 715-21.

Coons, P. M.; Milstein, V. Self-mutation associated with dissociative disorders. *Dissociation* 1990; 3(2): 81-7.

Coons, P. M. Posting on the dissociative disorders. Internet discussion group. (Citado en: Gleaves, 2001.)

Coons, P. M.; Bowman, E. S.; Kluft, R. P.; Milstein, V. The cross-cultural occurrence of MPD: additional cases from a recent survey. *Dissociation* 1991; 4(30: 1248.

Coons, P. M.; Cole, C.; Pellow, T. A.; Milstein, V. Em: Kluft, R. P.; ed. *Incest-related syndromes of adult psychopathology*. Washington, DC: American Psychiatric Press; 1990.

Crow, C. *Integrar EMDR con la terapia de apefo a través del ciclo vital*. Curso impartido en Madrid. Asociación Española de EMDR.

Dalenberg, C. The argument for highlighting, examining, and disclosing countertransference in traum therapy. En: Dalenberg, C. *Countertransference and he treatment of trauma*. Washington, D. C.: American Psychological Association; 2000.

D'Alessio, L.; Giagante, B.; Oddo, S.; Silva, W. W.; Solís, P.; Consalvo, D.; et al. Psychiatric disorders in patients with psychogenic non-epileptic seizures, with and without comorbid epilepsy. *Seizure* 2006; 15(5): 333-9.

David, N.; Newen, A.; Vogeley, K. The "sense of agency" and its underlying cognitive and neural mechanisms. *Conscious Cogn* 2008; 17(2): 523-34.

Davies J. M.; Frawley, M. G. Eight transference-countertransference positions. Em: Davies, J. M.; Frawley M. G. *Treating the adult survivor of childhood sexual abuse: a psychoanalytic perspective*. New York: Basic Books; 1994.

De Bellis, M. D.; Keshavan, M. S.; Spencer, S.; Hall, J. N-Acetylasparatate concentration in the anterior cingulated of maltreated children and adolescents with PTSD. *Am J Psychiatry* 2000; 157(7): 1175-7.

De Bellis, M. D.; Keshavan, M. S.; Spencer, S.; Hall, J. N-Acetylaspartate concentration in the anterior cingulate of maltreated children and adolescents with PTSD. *Am J Psychiatry*2000; 157(7): 1175-7.

Dell, P. F. The multidimensional inventory of dissociation (MID): A comprehensive measure of pathological dissociation. *J Trauma Dissociation* 2006 7(2): 77-106.

Dell, P. F. Axis II pathology in outpatients with dissociative identity disorder. *J Nerv Ment Dis* 1998; 186(6): 352-6.

Dell, P. F. Nuevo modelo del trastorno de identidad disociativo. En: Chefetz, R. A., ed. *Trastornos disociativos: una ventana abierta a la psicobiología de la mente*. Barcelona: Elsevier-Masson; 2006.

Dell, P. F. Dissociative phenomenology of dissociative identity disorder. *J Nerv Ment Dis* 2002; 190(1): 10-5.

Deveci, A.; Tasking, O.; Dinc, G.; Yilmaz, H.; Demet, M. M.; Erbay-Dundar, P.; et al. Prevalence of pseudoneurologic conversion disorder in an urban community in Manisa, Turkey. *Soc Psychiatry Psychiatr Epidemiol* 2007; 42(11): 857-64.

Dickinson, L. M.; deGruy, F. V. 3rd; Dickinson, W. P.; Candib, L. M. Health-related quality of life and symptom profiles of female survivors of sexual abuse. *Arch Fam Med* 1999; 8(1): 35-43.

Dorahy, M. J. Dissociative identity disorder and memory dysfunction: the current state of experimental research and its future directions. *Clin Psychol Rev* 2001; 21 (5): 771-95.

Dorahy, M. J. The dissociative processing style: a cognitive organization activated by perceivedor actual threat in clinical dissociators. *J Trauma Dissociation* 2006; 7(4): 29-53.

Draijer, N. Thomaes, K.; Langeland, W.; Boon, S. *Differential diagnosis, treatment indication and (outcome) assessment of complex trauma relateddisorder*. ESTD Conference, Amsterdam, 2008.

Ebrinc, S.; Semiz, U. B.; Basoglu, C.; Cetin, M.; Agargun, M. Y.; Algul, A.; et al. Self-mutilating behavior in patients with dissociative disorders: the role of innate hypnotic capacity. *Isr J Psychiatry Relat Sci* 2008; 45(1): 39-48.

Ehling, T.; Nijenhuis, E. R.; Krikke, A. R. Volume of discrete brain structures in complex dissociative disorders: preliminary findings. *Prog Brain Res* 2008; 167: 307-10.

Elhai, J. D.; Frueh, B. C.; Gold, P. B.; Hamner, M. B.; Gold, S. N. Posttraumatic stress, depression and dissociation as predictors of MMPI- scale 8 scores in combat veterans with PTSD. *J Trauma & Dissociation* 2003; 4(1): 51-64.

Ellason, J. W.; Ross, C. A. Two-year follow-up of inpatients with dissociative identity disorder. *Am J Psychiatry* 1997; 154(6): 832-9.

Elzinga, B. M.; Ardon, A. M.; Heijinis, M. K.; De Ruiter, M. B.; Van Dyck, R. Veltman, D. J. Neural correlates of enhanced working-memory performance in dissociative disorder: a functional MRI study. *Psychol Med* 2007; 37(2): 235-45.

Elzinga B. M.; van Dyck, R.; Spinhoven, P. Three controversies about dissociative identity disorder. *Clinical Pyshcology & Psychotherapy* 1998; 5(1): 13-23.

Endo, T.; Sugiyaa, T.; Someya, T. Attention-deficit/hyperactivity disorder and dissociative disorder among abused children. *Psychiatry Clin Neurosci* 2006; 60(4): 434-8.

Erdleyi, M. H. Repression, reconstruction, and defense: history and integration of the psychoanalytic and experimental frameworks. En: Singer, J. L.; ed. *Repression and dissociation. Implications for personality theory, psychopathology and health.* Chicago: University of Chicago Press; 1990.

Espirito-Santo, H.; Pio-Abreu, J. L. Psychiatric symptoms and dissociation in conversion, somatization and dissociative disorders. *Aust N Z J Psychiatry* 2009; 43(3): 270-6.

Fairbairn, W. R. D. *Psychoanalytic studies of the personality.* London:Routledge; 1952

FIgley, C. R. *Compassion fatigue: secondary traumatic stress disorders in those who treat the traumatized.* London: Taylor & Francis; 1995.

Fonagy, P.; Bateman, A. W. Mechanisms of change in mentalization-based treatment of BPD. *J Clin Psychol* 2006; 62(4): 411-30.

Fonagy, P.; Gergely, G.; Jurist, E. L.; Target, M. *Affect regulation, mentalization, and the development of the self.* London: Other Press; 2002.

Foote, B.; Smolin, Y.; Neft D. I.; Lipschitz, D. Dissociative disorders and suicidality in psychiatric outpatients. *J Nerv Ment Dis* 2008; 196(1): 29-36.

Foote, B.; Smolin, Y.; Kaplan, M.; Legatt, M.E.; Lipschitz, D. Prevalence of dissociative disorders in psychiatric outpatients. *Am J Psychiatry* 2006; 163(4): 623-9.

Ford J. D. Disorders of extreme stress following war-zone military trauma: associated features of posttraumatic stress disorder or comorbid but distinct syndromes? *J Consult Clin Psychol* 1999; 67(1): 3-12.

Forrest, K. A. Toward na etiology of dissociative identity disorder: a neurodevelopmental approach. *Conscious Cogn* 2001; 10(3): 259-93.

Fortes, S.; Villiano, L. A.; Lopes, C. S. Nosological profile and prevalence of common mental disorders of patients seen at the Family Health Program (FHP) units in Petrópolis, Rio de Janeiro. *Rev Bras Psiquiatr* 2008; 30(1): 32-7.

Fraser, G. A. Fraser's dissociative table technique revised: A strategy for working with ego states in dissociative disorders and ego-state therapy. *Journal of Trauma and Disssociation* 2003; 4(4): 5-28.

Friedl, M. C.; Draijer, N. Dissociative disorders in Dutch psychiatric inpatients. *Am J Psychiatry* 2000; 157(6): 1012-3

Gast, U.; Rodewald, F.; Nickel, V.; Emrich, H. M. Prevalence of dissociative disorders among psychiatric inpatients in a German university clinic. *J Nerv Ment Dis* 2001; 18(4): 249-57.

Gilbertson, M. W.; Shenton, M. E.; Ciszewski, A.; Kasai, K.; Lasko, N. B.; Orr, S. P.; et al. Smaller hippocampal volume predicts pathologic vulnerability to psychological trauma. *Nat Neurosci* 2002; 5(11): 1242-7.

Gleaves, D. H.; Maya, M. C.; Eberenz, K. P. Measuring and discriminating dissociative and borderline symptomatology among women with eating disorders. *Dissociation* 1996; 9(2): 110-7.

Gleaves, D. H.; Maya, M. C.; Cardeña, E. An examination of the diagnostic validity of dissociativ identity disorder. *Clinical Psychology Review* 2001; 21(4) 577-608.

Golynkina, K.; Ryle, A. The identification and characteristics of the partially dissociated states of patients with borderline personality disorder *Br J Med Psychol* 1999; 72 (Pt 4): 429-45.

González, A. La multiplicidad de la conciencia. Conreso Nacional de Psicologías Cognitivas; Mallorca, 2008.

Gould, E.; Tanapat, P.; McEwen, B.S.; Flügge, G.; Fuchs, E. Proliferation of granule cell precursors in the dentate gyrus of adult monkeys is diminished by stress. *Proc Natl Acad Sci USA* 1998; 95(6): 3168-71.

Graf, P.; Schacter, D. L. Implicit and explicit memory for new associations in normal and amnesic subjects. *J Exp Psychol Learn Mem Cogn* 1985; 11(3): 501-18.

Greaves, G. B. Precursors of integration in the treatment of multiple personality disorder: clinical reflections. *Dissociation* 1989; 2(4): 224-30.

Guralnik, O.; Schmeidler, J.; Simeon, D. Feeling unreal: cognitive processes in depersonalization. *Am J Psychiatry* 2000; 157(1): 103-9.

Halberstadt-Freud, H. C. Studies on hysteria one hundred years on: a century of psychoanalysis. *Int J Psychoanal* 1996; 77 (Pt 5): 983-96.

Hart, H. ESP projection: spontaneous cases and the experimental method. *J Am Soc Psych Res* 1954; 48: 121-46.

Herman, J. A healing relationship. En: Herman, H. *Trauma and recovery.* New York: Basic Books; 1992. (Traducido al castellano: *Trauma y recuperación.* Madrid: Espasa-Calpe; 2004.)

Herman, J. L.; Schatzow, E. Recovery and verification of memories of childhood sexual trauma. *Psychoanalytic Psychology* 1987; 4: 1-14.

Herman, J. L.Complex PTSD: a sydrome in survivors of prolongued and repeated trauma. *Journal of Trauma Stress* 1992; 5(3): 377-91.

Hilgard, E. R. *Divided consciousness: multiple controls in human thought and action.* New York: John Wiley and Sons, Inc; 1977.

Hilgard, E. R. Neodissociation theory. En: Lynn, S. J.; Rhue, J. W.; eds. *Dissociation: clinical, theoretical and research perspectivs.* New York: Guilford Press; 1994.

Horen, S. A.; Leichner, P. P.; Lawson, J. S. Prevalence of dissociative symptoms and disorders in an adult psychiatric inpatient population in Canada. *Can J Psychiatry* 1995; 40(4): 185-91.

Horevitz, R.; Loewenstein, R. The rational treatment of multiple personality disorder Em: Lynn, S. J.; Rhue, J. W. eds. *Dissociation: clinical, theoretical and research perspectives.* New York: Guilford Press; 1994.

Horowitz, M. J.; Wilner, N.; Kaltreider, N.; Alvarez, W. Signs and symptoms of posttraumatic stress disorder. *Arch Gen Psychiatry* 1980; 37(1): 85-92.

Horton, D. L.; Mills, C. B. Human learning and memory. *Annu Rev Psychol* 1984; 35: 361-94.

International Society for Study of Dissociation. Guidelines for treating dissciative identity disorder in adults (2005). *J Trauma Dissociation* 2005; 6(4): 69-149.

Ironside, W. Conservation-withdrawal and action-engagement: on a theory of survivor. *Psychosom Med* 1980; 42 (1 Suppl): 163-75.

ISTSS. *Childhood trauma remembered.* The International Society for Traumatic Stress Studies; 1998.

Jaffe, J. H.; Martin, W. R. Narcotic analgesics and antagonists. En: Gilman, A. G.; Goodman, L. S.; Rall, T. W.; et al., eds. *The pharmacological basis of therapeutics.* New York: McMillan; 1980.

Janet, P. *The major symptoms of hysteria.* New York: McMillan; 1907.

Jarero, I. *Estrategias avanzadas de EMDR para pacientes con egos debilitados y fragmentados.* Curso impartido en la asociación EMDR España. Madrid; 205.

Kelly, D. D. Stress-induced analgesia. *Ann N Y Acad Sci* 1986; 467: 1-447.

Kernberg, O. F. La teroría de las relaciones objetales y el psicoanálisis. Barcelona: Paidós Ibérica; 2005.

Klein, M. Notes on some schizoid mechanisms. En: Kleina, M. *Writings of Melanie Klein.* Vol. 3 London: Hogarth; 1946.

Kluft, R. P. Playing for time: temporizing techniques in the treatment of multiple personality disorder. *Am J Clin Hypn* 1989; 32(2): 90-8.

Kluft, R. P. First-rank symptoms as a diagnostic clue to multiple personality disorder. *Am J Psychiatry* 1987; 144(3): 293-8.

Kluft, R. P. Current issues in dissociative identity disorder. *Bridging Eastern and Western Psychiatry* 2003; 1(1): 71-87.

Kluft, R. P.; Foote, B. Dissociative identity disorder: recent developments. *Am J Psychother* 1999; 53(3): 283-8.

Kluft, R. P. Treatment of multiple personality disorder. A study of 33 cases. *Psychiatr Clin North Am* 1984; 7(1): 9-29.

Kluft, R. P. The natural history of multiple personality disorder. En: Kluft, R. P.; ed. *Childhood antecendents of multiple personality*. Washington. DC: American Psychiatric Press; 1985.

Kluft, R. P. An update on multiple personality disorder. *Hosp Community Psychiatry* 1987; 38(4): 363-73.

Kluft, R. P. Clinical approaches to the integration of personalities. En: Kluft, R. P.; Fine, C. G.; eds. *Clinical perspectives on multiple personality disorder*. Washington, DC: American Psychiatric Press; 1993.

Kluft, R. P. Countertransference in the treatment of multiple personality disorder. En: Wilson, J. P.; Lindy, J. D>; eds. *Countertransference in the treatment of PTSD*. New York: Guilford Press; 1994.

Kluft, R. P. Current issues in dissociative identity disorder. *Journal of Practical Psychiatry and Behavioral Health* 1999; 15: 3-19.

Kluft, R. P. The difficult-to-treat patient with dissociative disorder. En:Dewan, M. J.; Pies, R. W.; eds. *The difficult-to-treat psychiatric patient*. Washington, DC: American Psychiatric Publishing; 2001.

Kluft, R. P. Dealing with alters: a pragmatic clinical perspective. *Psychiatr Clin North Am* 2006; 29(1): 281-304, xii.

Kluft, R. P., ed. *Incest-related syndromes of adult psychopathology*. Washington, DC: American Psychiatric Press; 1990.

Kluft, R. P. The confirmation and disconfirmation of memories of abuse in dissociative identity disorder patients: a naturalistic clinical sudy. *Dissociation* 1995; 8(4): 253-8.

Knipe, J. *The EMDR toolbox*. European EMDR Conference; London, 2008.

Knipe, J. Loving eyes: procedures to therapeutically reverse dissociative processes while preserving emotional safety. En: Forgash, C.; Copeley, M.; eds. *Healing the heart of trauma and dissociation with EMDR and ego state therapy*. New York: Springer Publishing; 2008.

Knudsen, H.; Draiher, N.; Hareslund, J.; Boe, T.; Boon, S. *Prevalence of dissociative disorders in a Norwegian general psychiatric department (inpatients and daycare)*. V Congreso Annual de la ISSTD; 1995.

Kong, L. L.; Allen, J. J.; Glisky, E. L. Interidentity memory transfer in dissociative identity disorder. *J Abnorm Psychol* 2008; 117(3): 686-92.

Korn, D. L.; Leeds, A. M. Preliminary evidence of efficacy for EMDR resource development and installation in the stabilization phase of treatment of complex posttraumatic stress disorder. *J Clin Psychol* 2002; 59(12): 1465-87.

Korzekwa, M. I.; Dell, P. F.; Pain, C. Dissociation and borderline personality disorder: an update for clinicians. *Curr Psychiatry Rep* 2009; 11(1): 82-8.

Kupka, R. W.; Luckenbaugh, D.A.; Post, R. M.; Suppes, T.; Altshuler, L. L.; Keck, P. E. Jr; et al. Comparison of rapid cycling and non-rapid-cycling bipolar disorder based on prospective mood ratings in 539 outpatients. *Am J Psychiatry* 2005; 162(7): 1273-80.

Langer, E. J. *Mindfulness: la conciencia plena.* Barcelona: Paidós Ibérica; 2007.

Lanius, U. *The neurobiology of dissociation.* Workshop presented in the Annual EMDRIA Conference in Austin, Texas; 2008.

Lanius, R. A.; Williamson, P. C.; Densmore, M.; Boksman, K.; Gupta, M. A.; Neufeld, R. W., et al. Neural correlates of traumatic memories in posttraumatic stress disorder: a functional MRI investigation. *Am J Psychiatry* 2001; 158(11): 1920-2.

Latz, T. T.; Kramer, S. I.; Hughes, D. L. Multiple personality disorder among females inpatients in a state hospital. *Am J Psychiatry* 1995; 152(9): 1343-8.

Leavitt, F.; Katz, L. S. The dissociative factor in symptom reports of rheumatic patients with and without fibromyalgia. *J Clin Med Psychol Med Settings* 2003; 10: 259-66.

LeDoux, J. *El cérebro emocional.* Barcelona: Planeta; 2000.

Leonard, D.; Brann, S.; Tiller, J. Dissociative disorders: pathways to diagnosis, clinician attitudes and their impact. *Aust N Z J Psychiatry* 2005; 39(10): 940-6.

Leverich, G. S.; Perez, S.; Luckenbaugh, D. A.; Post, R. M. Early psychosocial stressors: relationship to suicidality and course of bipolar illness. *Clin Neurosci Res* 2002; 2: 161-70.

Levine, P. A. Walking the tiger. Berkeley: North Atlantic Books; 1997. (Traducido al castellano: *Curar el trauma.* Barcelona: Urano; 1999.)

Liberzon, I.; Taylor, S. F.; Amdur, R.; Jung, T. D.; Chamberlain, K. R.; Minoshima, S.; et al. Brain activation in PTSD in response to trauma-related stimuli. *Biol Psychiatry* 1999; 45(7): 817-26.

Linehan, M. *Manual de tratamiento de los trastornos de personalidad límite.* Barcelona: Paidós Ibérica; 2003.

Liotti, G. Disorganized/disoriented attachment in the etiology of the dissociative disorders. *Dissociation* 1992; 5(4): 196-204.

Lochner, C.; Seedat, S.; Hemmings, S. M.; Kinnear, C. J.; Corfield, V. A.; Niehaus, D. J.; et al. Dissociative experiences in obsessive-compulsive disorder and trichotillomania: clinical and genetic findings. *Compr Psychiatr* 2004; 45(5): 384-91.

Loewenstein, R. J. Na Office mental status examination for complex chronic dissociative symptoms and multiple personality disorder. *Psychiatr Clin North Am* 1991; 14(3): 567-604.

Loewenstein, R. J. Rational psychopharmacology in the treatment of multiple perosnality disorder. *Psychiatr Clin North Am* 1991; 14(3): 721-40.

Loewenstein, R. J. Psychopharmacological treatment for dissociative identity disorder. *Psychiatr Annals* 2005; 35(8): 666-73.

Loewenstein, R. J. TID 101: guia clínica práctica para la fase de estabilización del tratamiento del trastorno de indentidad disociativo. En: Wadden, T. A.; ed. *Trastornos disociativos: una ventana abierta a la psicobiología de la mente*. Barcelona: Masson; 2007.

Loewenstein, R. J.; Putnam, W. F.; Duffy, C. et al. Presentado em la 3ª Conferencia Internacional sobre TPM/estados disociativos. Chicago; 186.

Ludwig, A. M. The psychobiological functions of dissociation. *Am J Clin Hypn* 1983; 26(2): 93-9.

MacLean, P. D. *The triune brain in evolution: role in paleocerebral functions*. New York: Plenum Press; 1990.

Main, M.; Hesse, E. Attaccamento disorganizzato e disorientato nell'infanzia e stati dissociati Nei genitori. En: Ammaniti, M.; Stern, D.; Eds. *Attaccamentoe psicoanalisi*. Bari: Laterza; 1992.

Matarredonda, J.; Pérez, E.; Bonete, J. M. *Efectividad y seguridad del topiramato en el control de impulsos*. Póster presentado en el VII Congreso Nacional de Psiquiatría. Bilbao; 2004.

Molina-Serrano, A.; Linotte, S.; Amat, M.; Souery, D.; Barreto, M. Dissociation in major depressive disorder: a pilot study. *J Trauma Dissociation* 2008; 9(3): 411-21.

Mondon, K.; de Toffol., B.; Praline, J.; Rceveur, C.; Gaillard, P.; El Hage, W.; et al. Psychiatric comorbidity in patients with pseudoseizures: retrospective study conducted in a video-EEG center. *Rev Neurol (Paris)* 2005; 161(11): 1061-9.

Moreno, J. L. *Psicodrama*. Buenos Aires: Hormé; 1978.

Näring G. W.; van Lankveld, W.; Geenen R. Somatoform dissociation and traumatic experiences in patients with rheumatoid arthritis and fibromyalgia. *Clin Exp Rheumatol* 2007; 2(6): 872-7.

Ibuya, M.; Morinobu, S.; Duman, R. S. Regulation of BDNF and trkB mRNA in rat brain by chronic eletroconvulsive seizure and antidepressant drug treatments. *J Neurosci* 1995; 1(11): 7539-47.

Nickel M. K.; Nickel, C.; Kaplan, P.; Lahmann, C.; Mühlbacher, M.; Tritt, K.; et al. Treatment of aggression with topiramate in male borderline patients: a double-blind, placebo-controlled study. *Biol Psychiatry* 2005; 57(5): 495-9.

Nickel, M. K.; Nickel, C.; Mitterlehner, F. O.; Tritt, K.; Lahmann, C.; Leiberich, P. K.; et al. Topiramente treatment of aggression in female borderline personality disorder patients: a double-blind, placebo-controlled study. *J Clin Psychiatry* 2004; 65(11): 1515-9.

Nijenhuis, E. R.; Spindhoven, P.; Van Dyck, R.; Van der Hart, O.; Vanderlinden, J. The development and psychometric characteristics of the somatoform Dissociation Questionnaire (SDQ-20). *J Nerv Ment Dis* 1996; 184(11): 688-94.

Nijenhuis, E. R.; van Dyck, R.; ter Kuile, M. M.; Mourits, M. J.; Spindhoven, P.; van der Hart, O. Evidence for associations among somatoform dissociation, psychological dissociation and reported trauma in patients with chronic pelvic pain. *J Psychosom Obstet Gynaecol* 2003; 24(2): 87-98.

Nijenhuis, E. R. Somatoform dissociation: major symptoms of dissociative disorders *Journal of Trauma & Dissociation* 2000; 1(4): 7-32.

Ochberg, F. M. *Post-traumatic therapy and victims of violence.* New York: Brunner/Mazel; 1988.

Ogden, P.; Fisher, J. *Integrated body, integrated mind: sensoriomotor interventions for trauma, attachment and dissociation.* Taller precongreso del XXV Congreso Internacional de la ISSTD. Chicago; 2008.

Ogden, P.; Minton, K. Sensorimotor psychotherapy: one method for processing traumatic memory. *Traumatology* 2000; 6(3): 149-73.

Ogden, P.; Minton, K.; Pain, C. *Trauma and the body A sensorimotor approach to psychotherapy.* London: W. W. Norton & Co.; 2006.

Orengo-García, F. Sobre la cuestión de la compulsion a la repetición en la psicoterapia grupal de mujeres afectadas por violencia domestic o de género. *Psiquis* 2002; 23(5): 178-84.

Osatuke, K.; Stiles W. B. Problematic internal voices in clients with borderline features: na elaboration of the assimilation model. *Journal of Contructivist Psychology* 2006; 19(4): 287-319.

Pace, P. *Integración del ciclo vital. Conectando los estados del ego a través del tiempo.* Curso impartido en Málaga; 2006.

Pace, P. *Integración del ciclo vital. Conectando los estados del ego a través del tiempo.* Curso impartido en Madrid; 2003.

Pearlman, L. A.; McCann, I. L. VIcarious traumatization: A framework for understanding the psychological effects of working with victims. *Joural of Traumatic Stress* 1990; 3: 131-49.

Pelcovitz, D.; van der Kolk, B.; Roth, S.; Mandel, F.; Kaplan, S.; Resick, P. Development of a criteria set and a structured interview for disorders of extreme stress (SIDES). *J Trauma Stress* 1997; 10(1): 3-16.

Perls, F., *Ego, hunger and agression.* South Arica: Knox; 1942. (Traducido al castellano: *Yo, hambre y aggression.* México: Fondo de Cultura Económica; 1975.)

Perls, F. *El enfoque gestaáltico. Testimonios de terapia.* Chile: Cuatro Vientos; 1976.

Phillips, M.; Frederick, C. *Healing the divided self. Clinical and ericksonian hypnotherapy for dissociative conditions.* New York: W. W. Norton & Co.; 1995.

Portnoy, D. *Overextended and undernourished: a self care guide for people in helping roles.* Hazelden; 1996.

Pribor, E. F.; Yutzy, S. H.; Dean, J. T.; Wetzel, R. D. Briquet's syndrome, dissociation, and abuse. *Am J Psychiatry* 1993; 150(10): 1507-11.

Prohl, J.; Resch, F.; Parzer, P.; Brunner, R. Relationship between dissociative symptomatology and declarative and procedural memory in adolescent psychiatric patients. *J Nerv Ment Dis* 2001; 189(9): 602-7.

Putnam, F. W. Dissociation as a response to an extreme trauma. En: Kluft, R. P.; ed. *Childhood antecedents of multiple personality.* USA: American Psychiatric Press; 1985.

Putnam, F. W. *Diagnosis and treatment of multiple personality disorder.* New York: Guilford Press; 1989.

Putnam, F. W. *Dissociation in children and adolescents: a developmental perspective.* New York: Guilford Press; 1997.

Putnam, F. W.; Guroff, J. J.; Silberman, E. K.; Barban L.; Post, R. M. The clinical phenomology of multiple personality disorder: review of 100 recent cases. *J Clin Psychiatry* 1986; 47(6): 285-93.

Ramos, L. *Tratando los componentes somáticos del trauma con EMDR.* Jornada organizada por la Sociedad Española de Psicotraumatología y Disociación. Madrid; 2007.

Rauch, S. L., van der Kolk, B. A.; Fisler, R. E.; Alpert, N. M.; Orr, S. P.; Savage, C. R.; et al. A symptom provocation study of posttraumatic stress disorder using positrón emission tomography and script-driven imagery. *Arch Gen Psychiatry* 1996; 53(5): 380-7.

Rauch, S. L.; Whalen, P. J.; Shin, L. M.; McIrnerney, S. C.; Macklin, M. L.; Lasko, N. B.; et al. Exaggerated amygdale response to masked facial stimuli in posttraumatic stress disorder: functional MRI study. *Biol Psychiatry* 2000; 47(9): 769-76.

Reinders, A. A.; Nijenhuis, E. R.; Paans, A. M.; Korf, J.; Willemsen, A. T.; den Boer, J. A. One brain, two selves. *Neuroimage* 2003; 20(4): 2119-25.

Rifkin, A.; Ghisalbert, D.; Dimatou, S.; Jin, C.; Sethi, M. Dissociative identity disorder in psychiatric inpatients. *Am J Psychiatry* 1998; 155(6): 844-5.

Roca, V.; Hart, J.; Kimbrell, T.; Freeman, T. Cognitive function and dissociative disorder status among veteran subjects with chronic posttraumatic stress disorder: a preliminary study. *J Neuropsychiatry Clin Neurosci* 2006; 18(2): 226-30.

Rodin, G.; de Groot, J; Spivak, H. Trauma, dissociation and somatization. En: Bremner, J. D.; Marmar, C. R.; eds. *Trauma, memory and dissociation.*Washington, DC: American Psychiatric Press; 1998.

Rojas-Bermúdez, J. *Teoría y técnica psicodramáticas.* Barcelona; Paidós Ibérica; 1997.

Ross, C. A. Case report: a convicted sex offender with dissociative identity disorder. *J Trauma Dissociation* 2008; 9(4): 551-62.

Ross, C. A.; Keyes, B. B.; Yan, H.; Wang, Z.; Zou, Z.; Xu, Y.; et al. A cross-cultural test o the trauma model of dissociation. *J Trauma Dissociation* 2008; 9(1): 35-49.

Ross, C. A. Epidemiology of multiple personality disorder and dissociation. *Psychiatr Clin North Am* 1991; 14(3): 503-17.

Ross, C. A.; Norton, G. R.; Fraser, G. A. Evidence against the iatrogenesis of multiple personality disorder. *Dissociation* 1989; 2(2): 61-5.

Ross, C. A.; Joshi, S. Schneiderian symptoms and childhood trauma in the general population. *Compr Psychiatry* 1992; 33(4):269-73

Ross, C. A. *Multiple personality disorder.* New York: Wiley & Sons; 1989.

Ross, C. A. *The trauma model: a solution to the problem of comorbidity in psychiatry.* Richardson, Texas: Manitou Communications; 2000.

Ross. C. A.; Anderson, G.; Fleisher, W. P.; Norton, G. R. The frequency of multiple personality disorder among psychiatric inpatients. *Am J Psychiatry* 1991; 148(12): 1717-20.

Roth, S.; Newman, E.; Pelcovitz, D.; van der Kolk, B.; Mandel, F. S. Complex PTSD in vicitms exposed to sexual and physical abuse: results from the DSM-IV Field Trial for Posttraumatic Stress Disorder. *J Trauma Series* 1997; 10(4): 539-55.

Rothschild, B. *The body remembers.* New York: W. W. Norton & Co.; 2000.

Rothschild, B. *The body remembers casebook: unifying methods and models in the treatment of trauma and PTSD.* New York: W. W. Norton & Co.; 2003.

Ruths, S.; Silberg, J. L.; Dell, P. F.; Jenkins, C. *Adolescent DID: an elucidation of symptomatology and validation of the MID.* Comunicación presentada en la XIX Reunión Annual de la ISSD. Baltimore; 2002.

Ryle, A.; Kerr, I. B. Psicoterapia cognitiva analítica: teoria y práctica. Bilbao: Editorial Desclée de Brouwer; 2006.

Sapolsky, R. M. Why stress is bad for your brain. *Science* 1996; 273(5276): 749-50.

Sar, V.; Akyüz, G.; Dogan, O.; Oztü, E. The prevalence of conversion symptoms in women from a general Turkish population. *Psychosomatics* 2009; 50(1): 50-8.

Sar, V.; Akyuz, G.; Kugu, N.; Ozturk, E.; Ertem-Vehid, H. Axis I dissociative disorder comorbidity in borderline personality disorder and reports of childhood trauma. *J Clin Psychiatry* 2006; 67(10): 1583-90.

Sar, V.; Koyuncu, A.; Ozturk, E.; Yargic, L. I.; Kundakci, T.; Yazici, A.; et AL. Dissociative disorder in he pshychiatric emergency ward. *Gen Hosp Psychiatry* 2007; 29(1): 45-50.

Sar, V.; Unal, S. N.; Ozturk, E. Frontal and occipital perfusión changesin dissociative identit disorder. *Psychiatry Res* 2007; 156(3): 217-23.

Sar, V.; Ross, C. Dissociative disorders as a confounding factory in pyshchiatric research. *Psychiatr Clin North Am* 2006; 29(1): 129-44.

Sar, V. El âmbito de los trastornos disociativos: una perspectiva internacional. En: Chefetz, R. A., ed. *Trastornos disociativos: una ventana abierta a la psicobiología de la mente.* Barcelona: Elsevier-Masson; 2006.

Sar. V.; Akyüz, G.; Dogan, O. Prevalence of dissociative disorders among women in the general population. *Psychiatry Res* 2007; 149(1-3): 169-76.

Saxe, G. N.; Chinman, G.; Berkowitz, R.; Hall, K.; Lieberg, G.; Schwartz, J.; et al. Somatization in patients with dissociative disorder. *Am J Psychiatry* 1994; 151(9): 1329-34.

Saxe, G. N.; van der Kolk, B. A.; Berkowitz, R.; Chinman, G.; Hall, K.; Lieberg, G.; et al. Dissociative disorders in psychiatric inpatients. *Am J Psychiatry* 1993, 150(7): 1037-42.

Scaer, R. C. *The body bears the burden. Trauma, dissociation and disease.* New York: The Haworth Medical Press; 2001.

Schacter, D.L. The seven sins of memory. Insights from psychology and cognitive neuroscience. *Am Psychol* 1999; 54(3): 182-203.

Schore, A. N. *Affect regulation and the origin of the self. The neurobiology of emotional development.* Hillsdale, NJ: Lawrence Erlbaum Associates; 1994.

Schore, A. N. Early organization of the nonlinear right brain and development of a predisposition to psychiatric disorders. *Dev Pscyhopathol* 1997; 9(4): 595-631

Schore, A. N. Attachment and the regulation of the right brain. *Attach Hum Dev* 2000; 2(1):23-47.

Schore, A. N. The effects of a secure attachment relationship on right brain development, affect regulation, and infant mental health. *Infant Mental Health Journal* 2001; 22: 7-66.

Schore, A. N. The effects of early relational trauma on right brain development, affect regulation, and infant health. *Infant Mental Health Journal* 2001; 22: 201-69.

Schuff, N.; Neylan, T.C.; Lenoci, M. A.; Du, A. T.; Weiss, D. S.; Marmar, C. R.; et al. Decreased hippocampal N-acetylaspartate in the absence of atrophy in posttraumatic stress disorder. *Biol Psychiatry* 2001; 50(12): 952-9.

Shapiro, F. *Desensibilización y reprocsamiento por medio del movimiento ocular.* México DF: Pax México; 2004.

Shin, L. M.; McNally, R.J.; Kosslyn, S.M.; Thompson, W. L.; Rach, S. L.; Alpert, N. M.; et al. Regional cerebral blood flow during script-driven imagery in childhood sexual abuse-related PTSD: A PET investigation. *Am J Psychiatry* 1999; 1564): 575-84.

Shin, L. M.; Kosslyn, S. M.; McNally, R. J.; Alpert, N. M.; Thompson, W. L.; Rauch, S. L.; et al.Visual imagery and perception in posttraumatic sress disorder. A positron emission tomographic investigation. *Arch Gen Psychiatry* 1997; 54(3): 233-41.

Siegel, D. J. *The developing mind: toward a neurobiology of interpersonal experience.* New York: W. W. Norton & Company; 1999.

Spanos, N. P. Multiple identity enactments and multiple personality disorder: a sociocognitive perspective. *Psychol Bull* 1994; 116(1) 143-65.

Spanos, N. P. Multiple identities and false memories: a sociocognitive perspective. Washington, DC: American Psychological Association; 1996.

Steele, K. Reflections on integration, mentalization, and insitutional realization. *J Trauma Dissociation* 2009; 10(1):1-8.

Stefánsson, J. G.; Messina, J. A.; Meyerowitz, S. Hysterical neurosis, conversion type: clinical and epidemiological considerations. *Acta Psychiatr Scand* 1976; 53(2): 119-38.

Stein, M. B.; Koverola, C.; Hanna, C.; Torchia, M. G.; McClarty, B. Hippocampal volume in women victimized by childhood sexual abuse. *Psychol Med* 1997; 27(4): 951-9.

Steinberg, M. *Structured clinical interview for DSM-IV dissociative disorders revised (SCID-D-R)*. Washington, DC: American Psychiatric Press; 1994.

Steinberg, M. *Interviewer's guide to the structured clinical interview for DSM-IV dissociative disorders revised (SCID-D-R)*. Washington, DC: American Psychiatric Press; 1994.

Steinberg, M. *¿Quién soy realmente? La disociación, un trastorno tan frecuente como la ansiedad y la depresión*. Javier Vergara Editor; 2002.Stern, D.N. The interpersonal world of the infant. New York: Basic Books; 1985.

Strehler, B. L. Where is the self? A neuroanatomical theory of consciousness. *Synapse* 1991; 7(1): 44-91.

Tamar-Gurol, D.; Sar, V.; Karadag, F.; Evren, C.; Karagoz, M. Childhood emotional abuse, dissociation, and suicidality among patients with drug dependency in Turkey. *Psychiatr Clin Neurosci* 2008; 62(5): 540-7.

Teicher, M. H.; Andersen, S. L.; Polcari, A.; Anderson, C. M.; Navalta, C. P. Developmental neurobiology of childhood stress and trauma. *Psychiatr Clin North Am* 2002; 25(2): 397-426.

Terr, L. C. Childhood traumas: an outline and overview. *Am J Psychiatry* 1991; 148(1): 10-20.

Tezcan, E.; Atmaca,M.; Kuloglu, M.; Gecici, O. Buyukbayram, A.; Tutkun, H. Dissociative disorders in Turkish inpatients with conversion disorder. *Compr Psychiatry* 2003; 44(4): 324-30.

Tillman, J. G.; Nash, M. R.; Lerner, P. M. Does trauma cause dissociative pathology? En: Lynn, S. J.; Rhue, J. eds. *Dissociation: Theory, clinical, and research perspectives*. New York: Guilord; 1994.

Tirapu-Ustárroz, J.; Muñoz-Céspedes, J. M.; Pelegrín-Valero, C. Hacia uma taxonomia de la conciencia. *Ver Neurol* 2003; 36(11): 1083-93.

Torem, M. S. Medications in the treatment of dissociative identity disorder. En: Spira, J. L.; ed. *Treating dissociative identity disorder*. San Francisco: Jossey-Bass; 1996.

Tsai, G. E.; Condie, D.; Wu, M. T.; Chang, I. W. Functional magnetic resonance imaging or personality switches in a woman with dissociative identity disorder. *Harv Rev Psychiatry* 1999; 7(2): 119-22.

Turkus, J. A.; Kahler, J. A. Intervenciones terapêuticas em los trastornos disociativos. En: Chefetz, R. A.; ed. *Trastornos disociativos: uma ventana abierta a la psicobiologia de la mente.* Barcelona: Elsevier-Masson; 2006.

Tutkun, H.; Sar, V.; Yargiç, L. I.; Ozpulat, T.; Yanik, M.; Kiziltan, E. Frequency of dissociative disorders among psychiatric inpatients in a Turkish University Clinic. *Am J Psychiatry* 1998; 155(6): 800-5.

Twemlow, S. W.; Gabbard, G. O.; Jones, F. C. The out-of-body experience: a phenomonological typology based on questionnaire response. *Am J Psychiatr* 1982; 139(4): 450-5.

Van der Hart, O.; van Dijke, A.; van Son, M.; Steele, K. Somatoform dissociation in traumatized World War I combat soldiers: a neglected clinical heritage. *Journal of Trauma & Dissociation* 2000; 1(4): 33-67.

Van der Hart, O. Multiple personality disorder in Europe: impressions. *Dissociation* 1993; 101(23): 102-18.

Van der Hart, O.; Nijenhuis, E. R. S.; Steele, K. *The haunted self: structural dissociation and the treatment of chronic traumatization.* New York: W. W. Norton; 2006. (Publicado en español como: El yo atormentado: la disociación structural y el tratamiento de la traumatización crónica. Bilbao: Editorial Desclée de Brouwer; 2008).

Van der Kolk, B. A.; van der Hart, O. The intrusive past:: the flexibility of memory and the engraving of trauma. *Am Imago* 1991; 48: 45-5.

Van der Kolk, B. A. *Psychological trauma.* Washington, DC: American Psychiatric Press; 1987.

Van der Kolk, B. A. Beyond the talking cure: somatic experience, subcortical imprintis and the treatment of trauma. En: Shapiro, F.; ed. *EMDR, towards a paradigm shift.* New York: APA Press; 2001.

Van der Kolk, B. A.; Kadish, W. Amnesia, dissociation and the returno f the repressed. En: Van de Kolk, B. A., ed. *Psychological trauma.* Arlington: American Psychiatric Publishing; 1987.

Van der Kolk, B. A.; Pelcovitz, D.; Roth, S.; Mandel, F. S.; McFarlane, A.; Herman, J. L. Dissociation, somatization, and affect dysregulation: the complexity of adaptation of trauma. *Am J Psychiatry* 1996; 153(7 Suppl): 83-93.

Van der Kolk, B. A.; Roth, S.; Pelcovitz, D.; Sunday, S.; Spinazzola, J. Disorders of extreme stress: The empirical foundation of a complex adaptation to trauma. *J Trauma Stress* 2005; 18(5): 389-99.

Van der Kolk, B. A.; Roth, S.; Pelkoitz, D.; Mandel, S. *Complex post-traumatic stress disorder: results from the DSM-IV field trial for PTSD.* Washington, DC: American Psychiatric Press: 1993.

Vermetten, E.; Schmahl, C.; Lindner, S.; Loewenstein, R. J.; Bremner, J. D. Hippocampal and amygdalar volumes in dissociative identity disorder. *Am J Psychiatry* 2006; 163(4): 630-6.

Villareal, G.; Hamilton, D. A.; Petropoulos, H.; Driscoll, I.; Rowland, L. M.; Griego, J. A.; et AL. Reduced hippocampal volume and total white matter volume in posttraumatic stress disorder. *Biol Psychiatry* 2002; 52(2): 119-25.

Walker, L. E. *The battered woman syndrome* New York: Springer Publishing Company; 1984.

Watkins, J.; Watkins, H. *Ego states: theory and therapy*. New York: W. W. Norton & Co.; 1997.

Weniger, G.; Lange, C.; Sachsse, U.; Irle, E. Amygdala and hippocampal volumes and cognition in adult survivors of childhood abuse with dissociative disorders. *Acta Psychiatr Scand* 2008; 118(4): 281-90.

Williams, M. B.; Summer, J. Self care and the vulnerable therapist . En: Stamm, B. H.; ed. *Secondary traumatic stress*. Lutherville, MD: Sidra Press; 1999.

Williams, L. M. Recall of childhood trauma: A prospective study of women's memories of child sexual abuse. *J Consult Clin Psychol* 1994; 62: 1167-76.

Xiao, Z.; Yan, H.; Wang, Z.; Zou, Z.; Xu, Y.; Chen, J.; et AL. Trauma and dissociation in China. *Am J Psychiatry* 2006; 163(8): 1388-91.

Ystgaard, M.; Hestetun, I.; Loeb, M.; Mehlum, L. Is there a specific relationship between childhood sexual and physical abuse and repeated suicidal behavior? *Child Abuse Negl* 2004; 28(8): 863-75.

Zanarini, M. C. *Borderline personality disorder*. Boca Raton, FL: Taylor & Francis; 2005.

Mais Livros da TraumaClinic Edições

Livros em kindle/e-book também disponível no site da **www.amazon.com.br**

Oferecemos desconto para aquisição em quantidade para livros impressos

Leia mais sobre esse livro em nosso site
www.traumaclinicedicoes.com.br

Para adquirir o livro *Curando A Galera Que Mora Lá Dentro* acesse a Amazon

Leia mais sobre esse livro em nosso site
www.traumaclinicedicoes.com.br

Para adquirir o livro *Cure Seu Cérebro, Cure Seu Corpo* acesse a Amazon

Leia mais sobre esse livro em nosso site
www.traumaclinicedicoes.com.br

Para adquirir o livro *Terapia EMDR e Abordagens Auxiliares com Crianças* acesse a Amazon

Anabel Gonzalez

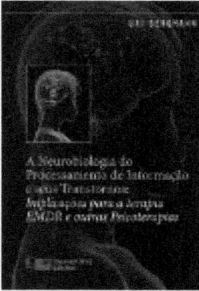

Leia mais sobre esse livro em nosso site
www.traumaclinicedicoes.com.br

Para adquirir o livro *A Neurobiologia do Processamento de Informação e seus Transtornos* acesse a Amazon

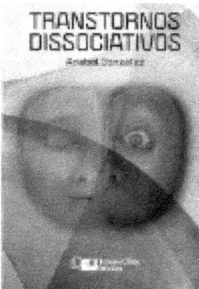

Leia mais sobre esse livro em nosso site
www.traumaclinicedicoes.com.br

Para adquirir o livro *Transtornos Dissociativos* acesse a Amazon

Leia mais sobre esse livro em nosso site
www.traumaclinicedicoes.com.br

Para adquirir o livro *O Cérebro no Esporte* acesse a Amazon

Leia mais sobre esse livro em nosso site
www.traumaclinicedicoes.com.br

Para adquirir o livro *A Revolução EMDR* acesse a Amazon

Leia mais sobre esse livro em nosso site
www.traumaclinicedicoes.com.br

Para adquirir o livro *Definindo e Redefinindo EMDR* acesse a Amazon

Leia mais sobre esse livro em nosso site
www.traumaclinicedicoes.com.br

Para adquirir o livro *Saindo Dessa* acesse a Amazon

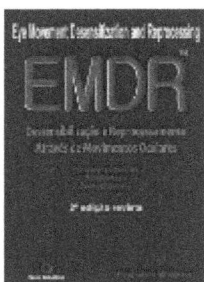

Leia mais sobre esse livro em nosso site
www.traumaclinicedicoes.com.br

Para adquirir o livro *EMDR: Princípios Básicos, Protocolos e Procedimentos* acesse o nosso site.

Leia mais sobre esse livro em nosso site
www.traumaclinicedicoes.com.br

Para adquirir o livro *Cure Emocional em Velocidade Máxima* acesse a Amazon

Anabel Gonzalez

Leia mais sobre esse livro em nosso site
www.traumaclinicedicoes.com.br

Para adquirir o livro *Dia Ruim... Vá Embora!*
acesse a Amazon

Leia mais sobre esse livro em nosso site
www.traumaclinicedicoes.com.br

Para adquirir o livro *Deixando o Seu Passado no
Passado* acesse a Amazon

Leia mais sobre esse livro em nosso site
www.traumaclinicedicoes.com.br

Para adquirir o livro *O Mensageiro EMDR*
acesse a Amazon

**Para conhecer mais o material da TraumaClinic Edições visite nosso
site:** www.traumaclinicedicoes.com.br

**Para receber mais notícias e aviso de promoções do nosso material,
inscreva-se aqui:**
https://app.e2ma.net/app2/audience/signup/1766739/1732906/?v=a